Frontstadt Berlin
Vom Potsdamer Abkommen bis zum Mauerbau

(Dokumente, Fakten, Zeugnisse und Bilder)

Guntram König (Hrsg.) / Bernd Biedermann

Helios

Die technische Bearbeitung wurde von Günter Heinemann vorgenommen

Impressum

Helios Verlags- und Buchvertriebsgesellschaft
Postfach 39 01 12, 52039 Aachen
Tel.: (02 41) 55 54 26; Fax: (02 41) 55 84 93
eMail: Helios-Verlag@t-online.de
www.helios-verlag.de
Bitte fordern Sie beim Verlag aktuelle Informationen zu lieferbaren Titeln an.

ISBN 978-3-86933-017-4

Inhalt

Vorwort 4

Einleitung 5

Auf dem Weg nach Potsdam 10

Kriegsende und bedingungslose Kapitulation Deutschlands 23

Die Dreimächtekonferenz von Berlin – Das Potsdamer Abkommen 29

Vom schweren Neubeginn 33

Reparationen und Marshall-Plan 46

1948/49 – Jahre der Entscheidung 48

Währungsreform 1948 51

Blockade und Luftbrücke 1948-1949 54

„Kommunistischer Staatsstreich“ durch die eine oder „Spaltung Berlins“ durch die andere Seite 61

Der UGO-Putsch 63

Die Gründung der beiden deutschen Staaten und die Situation in Berlin 64

Grenzgänger und Grenzgeschäfte 68

Die Weltfestspiele der Jugend und Studenten 1951 in Berlin 88

Kalter Krieg auf dem Rücken der Berliner (I) 98

17. Juni 1953 – Volksaufstand oder konterrevolutionärer Putsch? 100

Berlin-Krise 1958/59 oder: Der Kalte Krieg auf dem Rücken der Berliner (II) . 110

Die Ausblutung der DDR mit Berlin als Hauptschlagader 115

Der 13. August 1961 – Schließung der Grenzen und Mauerbau 118

Fazit 128

Nachweis der Abbildungen 130

Anhang 133

Vorwort

Schon als Junge war ich von Berlin fasziniert. Aufgewachsen in einer Kleinstadt im Sächsischen zog mich diese Stadt nahezu magisch an. 1958, ich war gerade 18 Jahre alt, fuhr ich ein erstes Mal nach Berlin, dessen östlicher Teil damals Hauptstadt der DDR war. Wie dieses Abenteuer ausging, findet der Leser als kleine Episode in diesem Buch.

Da ich ein leidenschaftlicher Sammler historischen Materials bin, trug ich im Laufe der Jahre alles zusammen, was in Verbindung mit Berlin stand. Jetzt, 20 Jahre nach dem Fall der Mauer, sollen hier die wichtigsten Ereignisse und Zusammenhänge in dokumentarischer Form dargestellt werden, die 1961 zu ihrer Errichtung geführt haben. Viele junge Leute und auch manche von den Älteren wissen nicht mehr warum es zur Teilung Deutschlands und seiner ehemaligen Hauptstadt kam, und wie sich die Dinge danach entwickelt haben.

Mit der vorliegenden Dokumentation möchten wir dem Leser die Möglichkeit geben, sich selbst ein Bild von diesem Abschnitt der jüngeren deutschen Geschichte zu machen. Es lag nicht in unserer Absicht, die Handlungen der Akteure der einen oder anderen Seite zu rechtfertigen. Es macht auch wenig Sinn, auf der Grundlage der alten ideologischen Positionen danach zu suchen, wer hatte woran Schuld. Die Argumente von damals taugen nicht dazu, die Geschichte wahrhaftig darzustellen. Sie haben uns damals nicht geholfen, die Probleme der Zeit zu lösen, und sie könnten es heute schon gar nicht.

Vielmehr sollen Dokumente, Fakten, Zeugnisse und Bilder, die bisher in dieser Form noch nicht veröffentlicht wurden, oder nur wenig bzw. gar nicht bekannt sind, für sich sprechen.

Guntram König, Paulsdorf 2009

Einleitung

Für die Berliner ist ihre Stadt einmalig. Obwohl sie viele Gesichter hat, ist sie doch unverwechselbar. Preußische Prunkbauten gehören ebenso zu Berlin wie die Mietskasernen im Prenzlauer Berg und im Wedding, die Villenviertel in Dahlem und Wilmersdorf, die Plattenbauten von Marzahn und Hohenschönhausen und die wunderschönen Seen und Wälder in ihrer näheren Umgebung.

Seit 1990 ist Berlin wieder Hauptstadt Deutschlands. Aber es ist vor allem und zuerst Lebensmittelpunkt ihrer Einwohner, die inzwischen eine starke multikulturelle Ausprägung erhalten haben.

Berlin ist eine Stadt der Kunst und Kultur, der Wissenschaften, des Sports und der Touristen aus aller Welt.

Die Folgen der langen Teilung und der Mauer sind auch 20 Jahre nach ihrem Fall noch längst nicht überwunden, aber mit „Herz und Schnauze“ sind die Berliner dabei, ihre Stadt wieder zu dem zu machen, was sie einmal war: Eine Weltstadt!

Aus nachvollziehbaren Gründen haben die ehemaligen Westberliner eine andere Sicht auf die Zeit der Teilung der Stadt als die ehemaligen Ostberliner. Die Gründe dafür sind sowohl objektiver als auch subjektiver Natur. Es waren die sehr unterschiedlichen Bedingungen des Lebens da oder dort, die die Menschen prägten.

Erinnern wir uns: Berlin war ***der*** BRENNPUNKT in der jüngeren deutschen Geschichte. Berlin war HAUPTSTADT des Deutschen Reiches und der DDR, die Stadt war aber auch ein ELDORADO der Agenten, Spione und Spekulanten. Vor allem aber war Berlin, wie keine andere Stadt der Welt, fast ein halbes Jahrhundert unmittelbare SCHNITTSTELLE zwischen Ost und West.

Auch wenn es heute noch so manchem schwer fällt, es einzugestehen: Alle maßgeblichen Entscheidungen zur Lage in Deutschland und in Berlin nach Kriegsende wurden von den Alliierten getroffen. Das trifft vor allem für die auf der Potsdamer Konferenz im Juli/August 1945 getroffenen Vereinbarungen zu. Sie legten die Nachkriegsregelungen fest und werden wegen ihrer außerordentlichen Bedeutung zu Recht als „Potsdamer Abkommen“ bezeichnet. Sie waren und sind zum Teil noch heute geltendes Völkerrecht. Hauptziele der Vereinbarungen waren:

- Völlige Abrüstung und Entmilitarisierung Deutschlands,
- Vernichtung der Nazipartei, all ihrer Gliederungen, Unterorganisationen und Ämter,
- Schaffung von Sicherheiten, die verhindern, daß diese Partei und ihre Gliederungen wieder aufleben könnten,
- Umgestaltung des deutschen politischen Lebens auf demokratischer Grundlage,
- Vernichtung der übermäßigen Konzentration der Wirtschaftskraft des deutschen Imperialismus, seiner Kartelle, Syndikate, Trusts und anderer Monopolvereinigungen.

Während die Sowjetunion auf der Potsdamer Konferenz die unverzügliche Bildung einer deutschen Zentralregierung verlangte, um die wirtschaftliche Einheit Deutschlands zu wahren, verweigerten die USA dazu ihre Zustimmung.

An den Verhandlungen zur Nachkriegsregelung war Frankreich zunächst nicht beteiligt, obwohl das französische Volk einen großen Beitrag im Kampf gegen den Faschismus geleistet hatte. Die Sowjetunion hatte schon während des Krieges gefordert, Frankreich einzubeziehen. Die USA und Großbritannien widersetzten sich dem jedoch sehr lange. Erst in der Endphase des Krieges konnte ein Übereinkommen erzielt werden, das Frankreich die gleichen Rechte und Pflichten wie den anderen drei Großmächten übertrug. Es wurde vereinbart, daß der französischen Armee eine Besatzungszone in Deutschland und ein Besatzungssektor in Berlin übertragen wird. Zugleich wurde Frankreich als gleichberechtigtes Mitglied des Alliierten Kontrollrats für Deutschland aufgenommen.

Nach der bedingungslosen Kapitulation wurden die Festlegungen der Großmächte hinsichtlich der territorialen Gliederung Deutschlands und Groß Berlins unmittelbar realisiert. Die Besatzungsmächte richteten sich ein. Es sah nicht so aus, als ob sie bald wieder abziehen würden.

Während sich das „Büro für Strategische Dienste“ (OSS), der Vorläufer der CIA, in einer Villa in Dahlem niederließ, bezog die „Hauptverwaltung Aufklärung der Sowjetarmee“ (GRU) in Karlshorst Quartier. Von nun an sollten Geheimdienste in Berlin eine bedeutende Rolle spielen. Später wird man erfahren, daß mehr als 70 solche Dienste in Berlin tätig waren.

Fiktive Grenzen trennten die Stadt in vier Sektoren. Zum amerikanischen Sektor gehörten: Kreuzberg, Neukölln, Schöneberg, Steglitz, Tempelhof und Zehlendorf.

Charlottenburg, Spandau, Tiergarten und Wilmersdorf bildeten den britische Sektor, der Wedding und Reinickendorf den französischen. Der sowjetische Sektor bestand aus den Stadtteilen Friedrichshain, Köpenick, Lichtenberg (mit dem Ortsteil Karlshorst), Mitte, Pankow, Prenzlauer Berg, Treptow und Weißensee.

Nachdem die Alliierten durch den Internationalen Militärgerichtshof in Nürnberg noch einmal ihre Einigkeit demonstriert hatten, in dem sie die Hauptkriegsverbrecher zur Verantwortung zogen, bestimmten danach mehr und mehr ihre unterschiedlichen strategischen Interessen ihr weiteres Handeln.

Churchill prägte in seiner Rede am 5. März 1946 anläßlich der Verleihung der Ehrendoktorwürde an den US-Präsidenten am Westminster College in Fulton/Missouri den Begriff vom „Eisernen Vorhang in Europa“. Er unterstellte der Sowjetunion, daß sie hinter diesem Vorhang in Osteuropa kommunistische Parteien an die Macht bringt und damit ihre Expansionsabsichten deutlich macht. Diese Rede markierte den Beginn des Kalten Krieges, der bis 1990 andauern sollte.

In den Jahren 1945/46 hatten sich in Ost und West neue politische Parteien formiert (CDU, CSU, FDP, SPD, KPD u.a.). Im April 1946 erfolgte in Ostberlin die Vereinigung von KPD und SPD zur SED.

Fortan ist die Entwicklung in Deutschland, und insbesondere in Berlin, dadurch gekennzeichnet, daß auf jede Aktion der einen Seite eine Reaktion der anderen erfolgt. Exemplarisch seien genannt:

- Nachdem die Sechs-Mächte-Konferenz der westlichen Staaten am 2. Juni 1948 die Gründung eines westdeutschen Staates in Aussicht gestellt hat, wird am 20. Juni die Deutsche Mark offizielles Zahlungsmittel in den westlichen Besatzungszonen (Währungsreform).
- Die Sowjetunion reagierte am 24. Juni mit einer Währungsreform für die Ostzone und Groß Berlin.
- Am darauf folgenden Tag unterbrach die Sowjetunion den Eisenbahnverkehr nach Westberlin und verfügte die Einstellung der Stromlieferungen sowie die Unterbrechung der Versorgung Westberlins mit Lebensmitteln und Brennstoffen (Berlinblockade).
- Daraufhin eröffneten die Alliierten eine Luftbrücke zur Versorgung der Westsektoren der Stadt mit lebensnotwendigen Gütern.

Zu diesem Zeitpunkt war das Bündnis der Siegermächte des 2. Weltkriegs bereits endgültig zerbrochen.

Im Frühjahr 1949 formierte sich die NATO. Nachdem im Frühjahr 1949 das Grundgesetz für einen westlichen Separatstaat unterzeichnet worden war, konstituierten sich im Herbst des gleichen Jahres zwei deutsche Staaten. Auf den Territorien der westlichen Besatzungsmächte entstand die Bundesrepublik Deutschland, in der sowjetischen Besatzungszone die Deutsche Demokratische Republik. Groß-Berlin wurde von beiden Seiten nach wie vor als deutsche Hauptstadt angesehen, konnte aber aus geographischen und anderen Gründen nicht Hauptstadt der Bundesrepublik sein. Die DDR-Regierung, die ihren Sitz in Ostberlin hatte, deklarierte diesen Teil der Stadt bald als „Hauptstadt" der DDR. In der jungen Bundesrepublik machte man Bonn am Rhein zur vorläufigen Hauptstadt.

Die Ausgangssituation der beiden deutschen Staaten hätte unterschiedlicher kaum sein können. Im Westen Deutschlands waren von je her die größten und wichtigsten Industriegebiete konzentriert. Die westlichen Alliierten verzichteten bald auf die ihnen zustehenden Reparationen, und der Marshallplan zeitigte erste Ergebnisse. Im Osten dagegen baute die vom Krieg schwer zerstörte Sowjetunion ganze Betriebe ab, sogar Eisenbahnstrecken wurden aufgenommen und abtransportiert. Nur mühsam kam wieder eine Industrieproduktion in Gang. Zudem setzte schon in den ersten Jahren eine Abwanderung von Ost nach West ein. Das Leben in der Bundesrepublik erschien vielen, vor allem qualifizierten Kräften, wesentlich attraktiver. Außerdem zeigte die gezielte Abwerbung durch den Westen Wirkung.

In Berlin herrschte eine besondere Lage. Immer mehr Ost-Berliner gingen täglich in die Westsektoren, um dort für D-Mark zu arbeiten, lebten aber weiter im Ostteil der Stadt und genossen den Vorteil eines Umtauschkurses, der in keiner vernünftigen Relation zur normalen Kaufkraft stand. Wie die DDR versuchte, diese Entwicklung unter Kontrolle zu bekommen, davon zeugen Dokumente in diesem Buch.

In Folge dieser Entwicklung entfernten sich BRD und DDR immer weiter voneinander. In Berlin allerdings gab es die unmittelbare Nähe von Ost und West, zwar markiert von einer Grenze, aber die war durchlässig. Hier fand der Kampf der Systeme täglich und öffentlich statt. Während Westberlin Fördermittel des Bundes in immer größerem Umfang erhielt, war man in Ostberlin nur auf die eigene Kraft angewiesen.

Im März 1952 schlug Stalin in gleichlautenden Noten den drei westlichen Besatzungsmächten Verhandlungen über einen gesamtdeutschen Friedensvertrag und die Wiedervereinigung Deutschlands vor. Einzige Bedingung war die künftige deutsche Neutralität, womit der Beitritt der BRD zur NATO und zur EVG (Europäische Verteidigungsgemeinschaft) ausgeschlossen wäre. Die Westmächte wollten einen Friedensvertrag erst dann abschließen, wenn nach freien Wahlen eine gesamtdeutsche Regierung gebildet wird. Sie befürchteten eine massive Einflußnahme der Sowjetunion auf die Gestaltung Deutschlands. Deshalb werteten sie die Vorschläge als Störmanöver und lehnten sie ab.

Im gleichen Jahr beschloß die 2. Parteikonferenz der SED den Aufbau der Grundlagen des Sozialismus in der DDR. Die DDR-Führung sah sich mit Forderungen Stalins nach einem beschleunigten Aufbau einer Schwerindustrie und der Schaffung von Streitkräften in der Stärke von 300.000 Mann konfrontiert. Diese Forderungen überschritten die objektiven Möglichkeiten der jungen DDR bei weitem. Unter dem sowjetischen Druck beschloß die SED-Führung eine Reihe von Maßnahmen, die alle mit Abstrichen am ohnehin bescheidenen Lebensstandard verbunden waren. (Generelle Normerhöhungen um 10 Prozent, Streichung von Vergünstigungen für bestimmte Tätigkeiten, Einengung der gewerblichen Freiheiten u.a.) So staute sich ein beträchtliches Unzufriedenheitspotential in der Bevölkerung auf. Es kam vereinzelt zu Arbeitsniederlegungen und Streiks. Aus einem Protestzug streikender Bauarbeiter in Berlin entwickelte sich am 16. Juni 1953 eine Demonstration mit Tausenden Teilnehmern. Westliche Rundfunkstationen, vor allem der RIAS, verbreiteten die Nachricht von den Ereignissen und forderten den Sturz der Regierung. Die vom Politbüro noch am gleichen Tag angekündigte Rücknahme der Normerhöhungen kam zu spät. Am 17. Juni wurde in vielen Orten der DDR die Arbeit niedergelegt. In Ostberlin verloren die Streikführer die Kontrolle über die ausgelösten Aktionen. Auch unter dem Einfluß von außen nahmen die Proteste politischen Charakter an. Die sowjetische Führung sah sich gezwungen, Truppen zur Niederschlagung der Unruhen einzusetzen. Zusammen mit der Volkspolizei schlugen sie den Aufstand nieder. Besonders in Berlin kam es zu Opfern auf beiden Seiten.

Unmittelbar in den Tagen danach war im Politbüro die Absetzung Walter Ulbrichts so gut wie beschlossen. Als Generalsekretär trug er die Hauptverantwortung für die Politik, die die Unruhen ausgelöst hatte. Daß er dann doch im Amt bleiben durfte, hatte er dem neuen starken Mann im Kreml, Nikita S. Chruschtschow, zu verdanken, der zu diesem Zeitpunkt nicht das Risiko eines Wechsels in der DDR-Führung eingehen wollte.

Im Oktober 1954 erhielt die Bundesrepublik auf der Pariser Konferenz von den Westalliierten ihre Souveränität unter dem Vorbehalt, daß ihre Truppen weiterhin auf ihrem Territorium stationiert bleiben. Damit war eine Reglung getroffen, die sowohl die Wiederbewaffnung als auch die Integration der BRD in die NATO sicherstellte. Adenauer stimmte zu, obwohl er sich noch an einen Ausspruch des ersten NATO-Generalsekretärs, Lord Hastings L. Ismay, hätte erinnern müssen: „NATO was founded to keep the Americans *in*, the Russians *out* ud the Germans *down*.“ (Die NATO wurde gegründet, um die Amerikaner drin, die Russen draußen und die Deutschen unten zu halten.)

1955 wurde die Bundeswehr gegründet. Ein halbes Jahr später folgte die Gründung der Nationalen Volksarmee. Die DDR wurde Mitglied des Warschauer Vertrags.

Nachdem bereits die Ereignisse um den 17. Juni 1953 gezeigt hatten, wie zerbrechlich die viel beschworene Einheit von Partei und Volk in der DDR war, führten 1956 Aufstände in Polen und Ungarn der SED-Führung die Gefahr erneuter Unruhen vor Augen. Der materielle und ideologische Einfluß des Westens erschwerte die Konsolidierung der DDR und den propagierten Aufbau des Sozialismus spürbar.

Im November 1958 kündigte die sowjetische Regierung das Viermächteabkommen und setzte dem Westen eine Frist von sechs Monaten, in der über einen neuen Status Berlins verhandelt werden sollte. Aus der Sicht der Sowjetunion soll Westberlin in eine „Freie und entmilitarisierte Stadt“ umgewandelt werden. Andernfalls werde man die Souveränitätsrechte der DDR ausweiten. Im Klartext: Die Sowjetunion überträgt ihre Rechte an Berlin und damit auch die Kontrolle über die Zufahrtswege der Stadt an die DDR. Das US-Außenministerium weist das Ultimatum in scharfer Form zurück. Die Westmächte werden keinesfalls auf ihre Rechte in Berlin verzichten. Nach der Blockade 1948 erlebte die Welt eine zweite Berlinkrise. Das Ultimatum läuft im Mai 1959 ab, ohne daß es in Berlin zu Zwischenfällen kommt. An der Situation der DDR und ihrer Hauptstadt hatte sich nichts gebessert. Die offene Grenze in Berlin ist wie ein permanenter Aderlaß, der unweigerlich zu ihrem Tod führen muß.

In der Nacht vom 12. zum 13. August 1961 werden durch die DDR-Grenzpolizei die Übergänge zwischen dem Osten Berlins bzw. der DDR und den drei Westsektoren abgeriegelt, die Verkehrsverbindungen werden unterbrochen. Die Übergänge dürfen nur noch mit ausdrücklicher Genehmigung der Behörden passiert werden. Westberliner benötigen ebenfalls eine behördliche Erlaubnis der DDR, wenn sie die Grenze übertreten wollen. Damit ist die Teilung Berlins endgültig vollzogen. Daß sie länger als eine ganze Generation dauern sollte, ahnt zu diesem Zeitpunkt wohl kaum jemand.[1]

Im Kalten Krieg war es so, daß jede Seite die jeweils andere Seite allein für alles Ungemach verantwortlich machte. Inzwischen ist es üblich geworden, allein die DDR für die Mauer verantwortlich zu machen.

Ist das nicht zu einseitig, zu unhistorisch?

Heute können sich nur noch wenige Berliner daran erinnern, wie es Ende der 50er/Anfang der 60er Jahre des vorigen Jahrhunderts in ihrer Stadt war. Auch daran erkennt man, wie schnell lebendige Erinnerung vergeht. Etwa 80 Jahre, sagt man, reiche die eines Volkes zurück. Wenn wir es versäumen, sie festzuschreiben, wird sie nach einer weiteren Generation vergessen sein.

1 Die Chronologie der Ereignisse stützt sich hauptsächlich auf „Die Chronik, Geschichte des 20. Jahrhunderts bis heute“, Chronik Verlag im Wissen Media Verlag GmbH, Gütersloh/München, 2006.

Auf dem Weg nach Potsdam

Rufen wir uns einige wichtige Ereignisse und Zusammenhänge in Erinnerung, die das Schicksal Deutschlands und seiner Hauptstadt am Ende des 2. Weltkrieges bestimmt haben.

Am 1. Dezember 1943 unterzeichneten Winston Churchill, Josef Stalin und Franklin D. Roosevelt die **„Teheraner Erklärung der drei Großmächte“**.

Zu einer Zeit also, als noch so mancher in Deutschland an den „Endsieg“ glaubte, stimmten die Alliierten bereits ihre Pläne zur Vernichtung der deutschen Streitkräfte ab. Sie erzielten ein allseitiges Einvernehmen über Ausmaß und Zeit der Operationen, die den Sieg über Deutschland gewährleisten sollten.

Abb.1

Teheraner Erklärung der drei Großmächte
(1. Dezember 1943)

Wir, der Präsident der Vereinigten Staaten von Amerika, der Premierminister von Großbritannien und der Premier der Sowjetunion, haben uns in den vier vergangenen Tagen hier, in der Hauptstadt unseres Verbündeten Iran, getroffen und haben unsere gemeinsame Politik gestaltet und bestätigt.

Wir bringen unsere Entschlossenheit zum Ausdruck, daß unsere Nationen im Kriege und in dem ihm folgenden Frieden zusammenarbeiten werden. Was den Krieg anbelangt, so haben unsere militärischen Stäbe an unseren Besprechungen am Runden Tisch teilgenommen, und wir haben unsere Pläne zur Vernichtung der deutschen Streitkräfte abgestimmt. Wir erreichten völlige Übereinstimmung über Ausmaß und Zeit der Operationen, die von Osten, Westen und Süden angesetzt werden sollen. Das allseitige Einvernehmen, das wir hier erzielt haben, gewährleistet, daß der Sieg unser sein wird.

Und was den Frieden anbelangt, so sind wir sicher, daß unsere Eintracht ihn zu einem dauernden Frieden machen wird. Wir sind uns der hohen Verantwortung voll bewußt, die auf uns und allen Vereinten Nationen ruht, einen Frieden zu schließen, der den überwältigenden Massen der Völker der Welt Bereitwilligkeit abnötigen und die Geißel und den Schrecken des Krieges für viele Generationen bannen wird.

Zusammen mit unseren diplomatischen Ratgebern haben wir die Probleme der Zukunft geprüft. Wir werden die Mitarbeit und aktive Teilnahme aller Nationen, der großen wie der kleinen, suchen, deren Völker sich ebenso wie unsere eigenen Völker mit Herz und Verstand der Ausrottung von Tyrannei und Sklaverei, von Unterdrückung und Intoleranz widmen. Wir werden sie begrüßen, sowie

sie sich bereitfinden, in die Weltfamilie der demokratischen Nationen einzutreten. Keine Macht der Erde kann uns daran hindern, die deutschen Heere zu Lande, ihre U-Boote zur See und ihre Rüstungsanlagen aus der Luft zu zerstören. Unsere Angriffe werden erbarmungslos und mit steigender Wucht geführt werden.
Nun, da wir von diesen freundschaftlichen Besprechungen scheiden, sehen wir vertrauensvoll dem Tag entgegen, an dem alle Völker der Erde, unberührt von Tyrannei, ihren verschiedenen Wünschen und ihrem eigenen Gewissen gemäß ein freies Leben führen können.
Hoffnungsvoll und entschlossen sind wir hierher gekommen. Wir scheiden von hier als Freunde in der Tat, in der Gesinnung und im Ziel.

Gezeichnet zu Teheran am 1. Dezember 1943.

gez. Winston Churchill
gez. Josef Stalin
gez. Franklin D. Roosevelt

Dieses Dokument wird später durch das Abkommen vom 14. November 1944 und durch das Abkommen vom 26. Juli 1945 ergänzt. Die Ergänzungsabkommen betreffen die Festlegungen der Besatzungszonen der Westmächte und die Beteiligung Frankreichs am Abkommen vom 12.9.1944.

Zu beachten ist, daß bereits im ersten Satz des Protokolls vom September 1944 „die bedingungslose Kapitulation Deutschlands" als Voraussetzung für das Abkommen festgelegt wurde. Nur einen Monat später, am 14. November, beschließen die drei Alliierten ein **„Abkommen über das Kontrollverfahren in Deutschland"**.

Abb.2: Stalin, Roosevelt und Churchill 1943 auf der Konferenz in Teheran. Gegenstand dieses ersten Treffens war die Abstimmung der weiteren militärischen Handlungen und die Neuordnung Europas nach dem Krieg.

Nach der Eröffnung der zweiten Front im Juli 1944 intensivierten die Alliierten ihre Verhandlungen, um zu gemeinsamen Vereinbarungen zu kommen, die nach dem Ende des Krieges realisiert werden sollten.

Schon am 12. September 1944 unterzeichneten die Regierungen der drei Groß mächte das **„Protokoll des Abkommens zwischen den Regierungen der Union der Sozialistischen Sowjetrepubliken, der Vereinigten Staaten von Amerika und des Vereinigten Königreichs über die Besatzungszonen in Deutschland und die Verwaltung von Groß Berlin“.**

Abb.3: Die zweite Front wird eröffnet. Landung in der Normandie, Omaha Beach (US National Archives)

Nach langer Vorbereitung und wiederholten Verschiebungen des Termins begannen die alliierten Westmächte am 6. Juni 1944 den Angriff auf den deutschen Atlantikwall. Mit fast 7.000 Schiffen und über 12.000 Flugzeugen rollte die erste Welle über den Ärmelkanal. Dieser Tag ging als „D-Day“ in die Geschichte ein. Nur mit großen Verlusten konnten die Landungstruppen den deutschen Widerstand überwinden. Obwohl die Entscheidung des Krieges zu diesem Zeitpunkt schon gefallen war, nahmen die Kämpfe von nun an einen anderen Verlauf. Die Niederlage der deutschen Streitkräfte rückte rasch näher.

Abb.4

Protokoll des Abkommens zwischen den Regierungen der Union der Sozialistischen Sowjetrepubliken, der Vereinigten Staaten von Amerika und des Vereinigten Königreichs über die Besatzungszonen in Deutschland und die Verwaltung von „Groß Berlin“[1]
(12. September 1944)

Die Regierungen der Union der Sozialistischen Sowjetrepubliken, der Vereinigten Staaten von Amerika und des Vereinigten Königreichs von Großbritannien und Nordirland haben hinsichtlich der Er-

füllung des Art. 11 des Dokuments über die bedingungslose Kapitulation Deutschlands folgendes Abkommen geschlossen:

1. Deutschland wird innerhalb seiner Grenzen, wie sie am 31. Dezember 1937 bestanden, für Besatzungszwecke in drei Zonen aufgeteilt, von denen jeder der drei Mächte eine zugeteilt wird, sowie in ein besonderes Gebiet von Berlin, das von den drei Mächten gemeinsam besetzt wird.

2. Die Grenzen der drei Zonen und des Berliner Gebiets sowie die Verteilung der drei Zonen unter der UdSSR, den USA und dem Vereinigten Königreich werden wie folgt festgelegt:

Ostzone (wie in der beiliegenden Karte „A" ersichtlich) — Das Gebiet Deutschlands (einschließlich der Provinz Ostpreußen), östlich der Linie, die von dem Punkt an der Lübecker Bucht gezogen wird, wo die Grenzen Schleswig-Holsteins und Mecklenburgs zusammentreffen, entlang der Westgrenze Mecklenburgs, bis zu der Grenze der Provinz Hannover, dann entlang der östliche Grenze von Hannover zur Grenze von Braunschweig; dann längs der Westgrenze der preußischen Provinz Sachsen zur westlichen Grenze von Anhalt; dann längs der Westgrenze von Anhalt; dann längs der Westgrenze der preußischen Provinz Sachsen und der Westgrenze Thüringens bis zu der letzten Kreuzung mit der bayerischen Grenze und weiter nach dem Osten längs der nördlichen Grenze Bayerns bis zur tschechoslowakischen Grenze vom Jahre 1937, wird von den bewaffneten Streitkräften der UdSSR besetzt mit Ausnahme des Berliner Gebietes, für das ein besonderes Besatzungssystem weiter unten vorgesehen ist.

Nordwestliche Zone (wie in der beiliegenden Karte „A" ersichtlich) — Das Gebiet Deutschlands, gelegen westlich der oben bezeichneten Linie und begrenzt im Süden von einer Linie, die von dem Punkt aus gezogen ist, wo die westliche Grenze Thüringens die bayerische Grenze schneidet und weiter westlich längs der südlichen Grenze der preußischen Provinzen Hessen-Nassau und der Rheinprovinz bis zur Kreuzung der letzteren mit der Grenze Frankreichs verläuft, wird von den bewaffneten Streitkräften von ... besetzt werden.

Südwestliche Zone (wie in der — Das restliche Gebiet Westdeutschlands, gelegen im Süden von der Linie, wie sie in der Beschreibung der nordwestlichen Zone definiert ist, wird von den

beiliegenden Karte „A“ ersichtlich)	bewaffneten Streitkräften von ... besetzt werden.

Die Grenzen der Länder und der Provinzen innerhalb Deutschlands, auf die in den vorhergehenden Beschreibungen der Zonen Bezug genommen wurde, sind diejenigen, die auf Grund des Erlasses vom 25. Juni 1941 (veröffentlicht im Reichsgesetzblatt, Teil I, Nr. 72 vom 3. Juli 1941) existieren.

Berliner Gebiet (wie auf der beiliegenden Karte „B“ – vier Blätter – ersichtlich)	Das Gebiet von Berlin (unter dieser Bezeichnung wird das Territorium „Groß-Berlin“ verstanden, wie es im Gesetz vom 27. April 1920 bestimmt worden ist) wird gemeinsam von den Streitkräften der UdSSR, der USA und des Vereinigten Königreichs besetzt, die von den entsprechenden Oberbefehlshabern bestimmt werden. Für diesen Zweck wird das Territorium von „Groß-Berlin“ in folgende drei Teile aufgegliedert:

Der nord-östliche Teil von „Groß-Berlin“ (Bezirke Pankow, Prenzlauer Berg, Mitte, Weißensee, Friedrichshain, Lichtenberg, Treptow, Köpenick) wird von den Streitkräften der UdSSR besetzt;

Der nord-westliche Teil von „Groß-Berlin“ (Bezirke Reinickendorf, Wedding, Tiergarten, Charlottenburg, Spandau, Wilmersdorf) wird von den Streitkräften ... besetzt;

Der südliche Teil von „Groß-Berlin“ (Bezirke Zehlendorf, Steglitz, Schöneberg, Kreuzberg, Tempelhof, Neukölln) wird von den Streitkräften ... besetzt.

Den angeführten Beschreibungen liegen die Grenzen der Bezirke von „Groß-Berlin“ zugrunde, wie sie nach Inkrafttreten der am 27. März 1938 veröffentlichten Verfügung bestanden (Amtsblatt der Reichshauptstadt Berlin, Nr. 13, vom 27. März 1938, Seite 215).

3. Die Besatzungsstreitkräfte jeder der drei Zonen, in die Deutschland eingeteilt wird, unterstehen einem Oberbefehlshaber, der von der Regierung desjenigen Landes, dessen Streitkräfte die betreffende Zone besetzen, bestimmt wird.

4. Jede der drei Mächte kann nach ihrem Ermessen in die für Besatzungspflichten zugewiesenen Streitkräfte unter dem Kommando ihres Oberbefehlshabers Hilfskontingente von Streitkräften anderer alliierter Mächte, die an militärischen Operationen gegen Deutsch-

land teilgenommen haben, einbeziehen.

5. Zwecks gemeinsamer Leitung der Verwaltung des Gebietes von „Groß-Berlin“ wird eine Interalliierte Kommandantur errichtet, welche aus drei von den entsprechenden Oberbefehlshabern ernannten Kommandanten besteht.

6. Dieses Protokoll ist in russischer und englischer Sprache jeweils in dreifacher Ausfertigung abgefaßt. Beide Texte sind authentisch. Das Protokoll tritt bei Unterzeichnung der Urkunde der bedingungslosen Kapitulation durch Deutschland in Kraft.

Der obige Text des Protokolls des Abkommens zwischen den Regierungen der Union der Sozialistischen Sowjetrepubliken, der Vereinigten Staaten von Amerika und des Vereinigten Königreichs über die Besatzungszonen von Deutschland und die Verwaltung von „Groß-Berlin“ ist von der Europäischen Beratenden Kommission bei der am 12. September 1944 abgehaltenen Sitzung vorbereitet und einstimmig angenommen worden mit Ausnahme der Verteilung der nordwestlichen und der südwestlichen Besatzungszone in Deutschland sowie der nordwestlichen und südlichen Teile „Groß-Berlin“, die einer weiteren Prüfung und eines weiteren Übereinkommens der Regierungen der UdSSR, der USA und des Vereinigten Königreichs bedürfen.[2]

12. September 1944

(Unterschriften)

Abkommen über das Kontrollverfahren in Deutschland [1]

(14. November 1944)

Die Regierungen der Union der Sozialistischen Sowjetrepubliken, der Vereinigten Staaten von Amerika und des Vereinigten Königreichs von Großbritannien und Nordirland haben bezüglich der Organisierung des Kontrollverfahrens der Allierten in Deutschland für die Zeit der Erfüllung der grundlegenden Forderungen der bedingungslosen Kapitulation durch Deutschland folgendes Abkommen geschlossen:

Artikel 1

Die oberste Gewalt in Deutschland wird von den Oberbefehlshabern der Streitkräfte der Union der Sozialistischen Sowjetrepubliken, der Vereinigten Staaten von Amerika und des Vereinigten Königreichs auf Anweisung ihrer entsprechenden Regierungen ausgeübt, von jedem in seiner eigenen Besatzungszone sowie gemeinsam in allen Deutschland als Ganzes betreffenden Angelegenheiten als Mitglieder des gemäß dem vorliegenden Abkommen errichteten obersten Kontrollorgans.

Artikel 2

Jedem Befehlshaber werden in seiner Besatzungszone Militär-, Marine- und Luftwaffenvertreter der anderen beiden Oberbefehlshaber zur Aufrechterhaltung der Verbindung zugeteilt.

Artikel 3

a) Die drei Oberbefehlshaber bilden, gemeinsam handelnd, das oberste Kontrollorgan, Kontrollrat genannt.

b) Die Funktionen des Kontrollrates bestehen in:
1. Der Gewährleistung entsprechender Einheitlichkeit der Aktionen der Oberbefehlshaber in ihren Besatzungszonen;
2. Der Ausarbeitung von Plänen und dem Ergreifen vereinbarter Entscheidungen über die hauptsächlichsten Fragen, die Deutschland als Ganzes betreffen, auf der Grundlage der Instruktionen, die jeder Oberbefehlshaber von seiner Regierung erhält;
3. Der Kontrolle der deutschen zentralen Verwaltung, die unter der Leitung des Kontrollrates arbeitet und ihm für die Erfüllung seiner Forderungen verantwortlich ist.
4. Die Leitung der Verwaltung von „Groß-Berlin" durch entsprechende Organe.

c) Der Kontrollrat wird mindestens einmal in 10 Tagen und jederzeit auf Verlangen eines seiner Mitglieder einberufen. Die Entscheidungen des Kontrollrates müssen einstimmig sein. Der Vorsitz des Kontrollrates wird abwechselnd von jedem der drei Mitglieder geführt.

d) Jedes Kontrollratsmitglied wird von einem politischen Berater unterstützt, der – wenn notwendig – den Kontrollratssitzungen beiwohnen wird. Jedes Kontrollratsmitglied kann auch – wenn notwendig – bei Sitzungen des Kontrollrates von Marine- oder Luftwaffenberatern unterstützt werden.

Artikel 4

Beim Kontrollrat wird ein ständiger Koordinierungsausschuß, zusammengesetzt aus je einem Vertreter der drei Oberbefehlshaber, nicht unter dem Rang eines Generals oder dem entsprechenden Rang bei der Kriegsmarine oder Luftwaffe, gebildet.
Die Mitglieder des Koordinierungsausschusses werden – wenn notwendig – den Kontrollratssitzungen beiwohnen.

Artikel 5

Zu den Aufgaben des Koordinierungsausschusses, der im Namen des Kontrollrates und durch den Kontrollapparat seine Tätigkeit ausübt, gehört:

a) die Ausführung der Beschlüsse des Kontrollrates;
b) die ständige Überwachung und Kontrolle der Tätigkeit der entsprechenden Organe der deutschen Zentralverwaltung und der Institutionen;
c) die Koordinierung von laufenden Problemen, die einheitliche Maßnahmen in allen drei Zonen erfordern;
d) die vorherige Prüfung und Vorbereitung aller Fragen, die von den einzelnen Oberbefehlshabern dem Kontrollrat unterbreitet werden.

Artikel 6

a) Die Mitglieder des Kontrollapparates, von ihren entsprechenden Staatsbehörden ernannt, werden in folgende Abteilungen eingeteilt: Militär, Kriegsmarine, Luftwaffe, Transport, Politik, Wirtschaft, Finanzen, Reparationen und Lieferungen, interne Angelegenheiten und Nachrichtenwesen, Rechtswesen, Kriegsgefangene, kriegsversprengte Personen und Arbeitskräfte.
Die Präzisierung von Zahl und Funktionen der Abteilungen kann an Hand der gemachten Erfahrungen vorgenommen werden.

b) Jede Abteilung wird von drei hochgestellten Beamten – einem von jeder der drei Mächte – geleitet. Die Aufgaben der drei Abteilungsleiter, die gemeinsam wirken, schließen ein:
1. Kontrolle der entsprechenden deutschen Ministerien und deutschen zentralen Institutionen;
2. Tätigkeit als Ratgeber beim Kontrollrat und – wenn notwendig – Teilnahme an dessen Sitzungen;
3. Übermittlung von Beschlüssen des Kontrollrates, die durch den Koordinierungsausschuß mitgeteilt wurden, an die deutsche Zentralverwaltung.

c) Die drei Abteilungsleiter nehmen an den Sitzungen des Koordinierungsausschusses teil, bei denen Fragen, die die Arbeit ihrer Abteilung betreffen, behandelt werden.

d) Zum Personal der Abteilungen können sowohl Zivil- als auch Militärpersonen gehören. In besonderen Fällen können auch Angehörige anderer Vereinter Nationen als Privatpersonen aufgenommen werden.

Artikel 7

a) Zwecks gemeinsamer Leitung der Verwaltung des Gebietes von „Groß-Berlin“ wird eine Interalliierte Kommandantur errichtet, welche aus drei Kommandanten, einem von jeder Macht, besteht, die von den entsprechenden Oberbefehlshabern ernannt werden. Die Interalliierte Kommandantur wird von einem Hauptkommandanten geleitet, dessen Befugnisse jeder der Kommandanten abwechselnd ausübt.

b) Bei der Interalliierten Kommandantur wird aus dem Personal einer jeden der drei Mächte ein technischer Stab gebildet, dessen Zusammensetzung den Aufgaben der Überwachung und Kontrolle der Tätigkeit der für die Stadtverwaltung verantwortlichen örtlichen Organe von „Groß-Berlin“ entspricht.

c) Die Interalliierte Kommandantur übt ihre Tätigkeit unter der allgemeinen Leitung des Kontrollrates aus und erhält über den Koordinierungsausschuß Befehle.

Artikel 8

Die notwendige Verbindung zu den Regierungen anderer am meisten

interessierter Vereinter Nationen wird dadurch gewährleistet, daß diese Regierungen beim Kontrollrat Militärmissionen ernennen (welchen auch Zivilmitglieder angehören können), die durch geeignete Verbindungen Zugang zu den Kontrollorganen haben.

Artikel 9

Die Organisationen der Vereinten Nationen, denen vom Kontrollrat gestattet werden kann, in Deutschland zu wirken, werden im Hinblick auf ihre Tätigkeit in Deutschland der alliierten Kontrolleinrichtung unterstellt und sind ihr gegenüber verantwortlich.

Artikel 10

Die obengenannten Organe der Alliierten für die Kontrolle und Verwaltung Deutschlands werden während einer Anfangsperiode der Besatzung Deutschlands, die unmittelbar auf die Kapitulation folgt, d. h. während der Zeit, in der Deutschland die grundlegenden Forderungen der bedingungslosen Kapitulation erfüllt, tätig sein.

Artikel 11

Die Frage, welche alliierten Organe erforderlich sind, um die Kontroll- und Verwaltungsfunktionen in Deutschland späterhin auszuüben, wird Gegenstand eines neuen Abkommens zwischen den Regierungen der Union der Sozialistischen Sowjetrepubliken, der Vereinigten Staaten von Amerika und des Vereinigten Königreichs sein.

London, 14. November 1944

(Unterschriften)

Bestätigt von der Regierung der UdSSR am 6. Februar 1945.

Schon im ersten Satz von Artikel 1 heißt es:

„Die oberste Gewalt in Deutschland wird von den Oberbefehlshabern der Streitkräfte der Union der Sozialistischen Sowjetrepubliken, der Vereinigten Staaten von Amerika und des Vereinigten Königreichs ausgeübt, von jedem in seiner Besatzungszone sowie gemeinsam in allen Deutschland als Ganzes betreffenden Angelegenheiten ...“.

Im Artikel 7 des Abkommens, später auch Kontrollratsgesetz genannt, wird zwecks einer gemeinsamen Leitung der Verwaltung des Gebiets von „Groß-Berlin" die Errichtung einer *Interalliierten Kommandantur* festgelegt. Sie sollte in den kommenden Jahren noch eine wesentliche Rolle spielen.

Interessant ist auch die Festlegung in Artikel 9, wonach es den Organisationen der Vereinten Nationen vom Kontrollrat gestattet werden kann, in Deutschland zu wirken. Sie sind allerdings der alliierten Kontrolleinrichtung unterstellt und ihr gegenüber verantwortlich.

In der Zeit, als sich die Alliierten bereits über ihr Vorgehen nach der Vernichtung der deutschen Streitkräfte auf allen Kriegsschauplätzen im wesentlichen geeinigt hatten, holte die Wehrmacht noch einmal zu einer groß angelegten Offensive aus. Die deutsche militärische Führung hatte sich dafür entschieden, die vorrückenden Truppen der zweiten Front in den Ardennen mit starken Kräften nicht nur aufzuhalten, sondern möglichst weit zurück zu drängen. Dazu war sogar eine spezielle Luftoperation, das Unternehmen „Bodenplatte" geplant. Begünstigend für dieses Vorhaben war der Umstand, daß an der Ostfront der Angriff der Sowjetarmee wegen der Überdehnung ihrer Nachschublinien zum Erliegen gekommen war.

Als die deutschen Einheiten im Dezember 1944 zum Gegenangriff antraten, erzielten sie zunächst rasche Erfolge. Die Verbände der USA und Großbritanniens, in deren Reihen auch Soldaten aus einigen europäischen Ländern kämpften, die noch von deutschen Truppen besetzt waren, wurden zunächst aufgehalten und mußten sogar zurückweichen.

Abb.5: Jalta, Februar 1945, v.l., sitzend: Churchill, (der schwerkranke) Roosevelt und Stalin.

Abb.6: Die vier Besatzungszonen nach den Festlegungen des Abkommens

Als den britischen Truppen ein zweites Dünkirchen drohte, wandte sich Churchill an Stalin und bat ihn darum, den Angriff im Osten so bald wie möglich wieder aufzunehmen. Stalin reagierte umgehend, wies auf die Schwierigkeiten seiner Armeen hin, versprach aber, Mitte Januar 1945 wieder anzugreifen. Churchill, dem die Antwort nicht genau genug war, fragte seinen Generalstabschef, was Stalin unter Mitte Januar verstehen könnte. Der antwortete: „Spätestens am 15. Januar." Am 12. Januar 1945 nahmen die sowjetischen Truppen den Angriff in Richtung Berlin wieder auf. Um den Zusammenbruch der Front im Osten zu verhindern, mußte die deutsche Führung viele Einheiten des Heeres und wesentliche Fliegerkräfte von der Westfront abziehen. Danach konnten die Alliierten ihren Vormarsch fortsetzen. Die Ardennenoffensive war gescheitert.

Kurz vor Kriegsende treffen sich Stalin, Roosevelt und Churchill vom 3. bis 11. Februar 1945 noch einmal zu einer Konferenz auf der Krim, die nach ihrem Tagungsort als **Konferenz von Jalta** in die Geschichte einging. Hier wird beschlossen, daß Frankreich von den drei Mächten aufgefordert werden soll, eine Besatzungszone zu übernehmen und als viertes Mitglied an der Kontrollkommission teilzunehmen, falls es dies wünschen sollte. Ausdrücklich betonen die Drei: „Es ist nicht unsere Absicht, das deutsche Volk zu vernichten, aber nur dann, wenn der Nationalsozialismus und Militarismus ausgerottet sind, wird für die Deutschen Hoffnung auf ein würdiges Leben und einen Platz in der Völkergemeinschaft bestehen."

Die Konferenz von Jalta endet nicht mit einem gesonderten Dokument, sondern mit einem Bericht, den die drei Teilnehmer unterschreiben.

Kriegsende und bedingungslose Kapitulation Deutschlands

Mit der Schlußoffensive der Roten Armee an Oder und Görlitzer Neiße, die am 16. April 1945 begann, und dem Zusammentreffen der amerikanischen Armee und der Roten Armee am 25. April bei Torgau an der Elbe war die Niederlage der Wehrmacht besiegelt.

Berlin war am 26. April vollkommen durch die Rote Armee eingeschlossen. Zwei Tage später wurde Generaloberst Bersarin zum ersten Stadtkommandanten von Berlin ernannt.

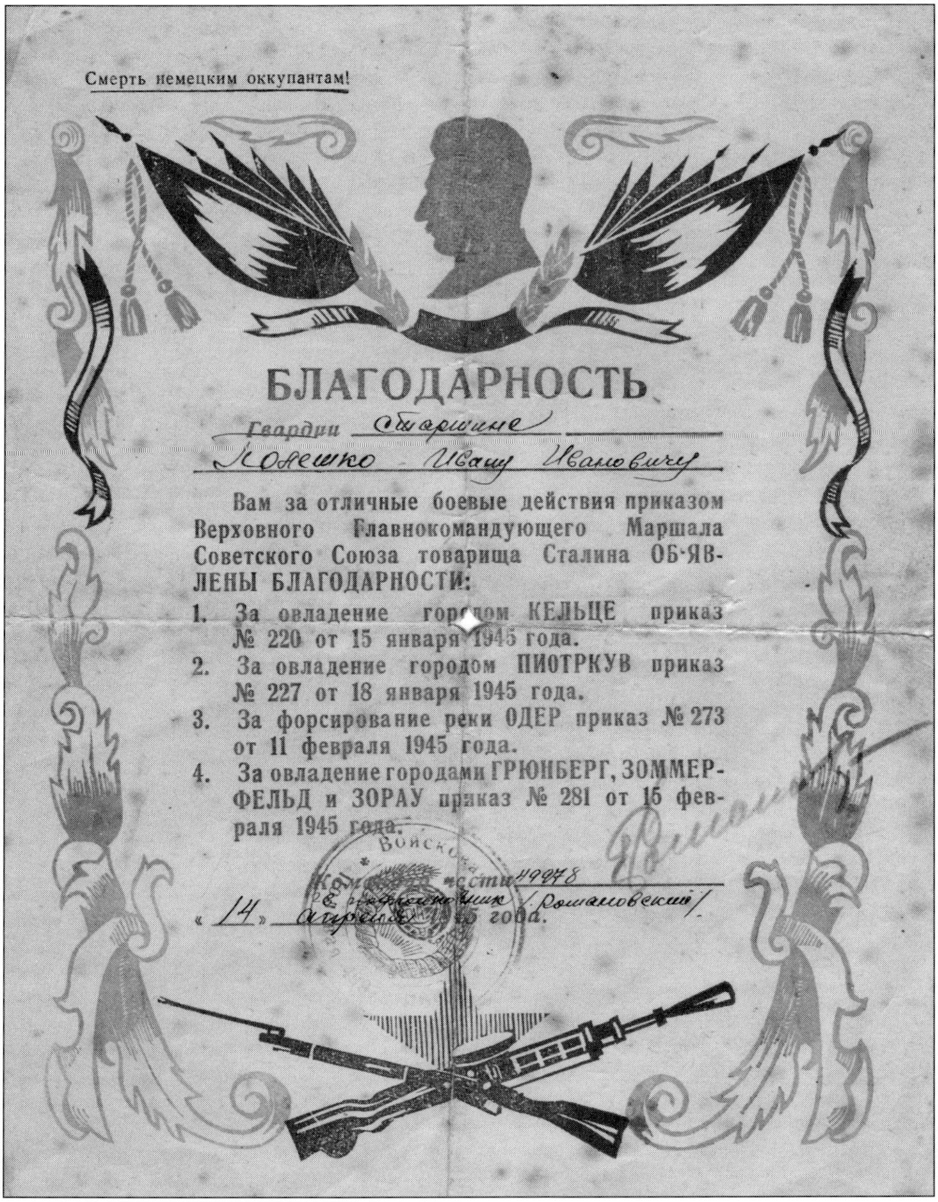
Смерть немецким оккупантам!

БЛАГОДАРНОСТЬ

Гвардии старшине

Конешко Ивану Ивановичу

Вам за отличные боевые действия приказом Верховного Главнокомандующего Маршала Советского Союза товарища Сталина ОБ'ЯВЛЕНЫ БЛАГОДАРНОСТИ:

1. За овладение городом КЕЛЬЦЕ приказ № 220 от 15 января 1945 года.
2. За овладение городом ПИОТРКУВ приказ № 227 от 18 января 1945 года.
3. За форсирование реки ОДЕР приказ № 273 от 11 февраля 1945 года.
4. За овладение городами ГРЮНБЕРГ, ЗОММЕРФЕЛЬД и ЗОРАУ приказ № 281 от 15 февраля 1945 года.

Командир части 49978 /Романовский/

«14» апреля 1945 года.

Abb.8: Dankesurkunde eines Gardeoberfeldwebels des 912. Artillerieregimentes für die Teilnahme an der Überquerung der Oder (Pkt.3) und die Befreiung mehrerer Städte. Die Oder war das letzte große natürliche Hindernis auf dem Weg nach Berlin. Die Schlacht um Berlin war die letzte bedeutende Schlacht des Zweiten Weltkrieges in Europa. Sie hatte die Besetzung Berlins durch die Rote Armee zur Folge. Die Kämpfe forderten Schätzungen zufolge etwa 250.000 Tote und 450.000 Verwundete. Mindestens 100.000 Tote waren Zivilisten.

BEFEHL

des Chefs der Besatzung der Stadt Berlin

27. April 1945 Nr. 1. Stadt BERLIN

Heute bin ich zum Chef der Besatzung und zum Stadtkommandanten von Berlin ernannt worden.

Die gesamte administrative und politische Macht geht laut Bevollmächtigung des Kommandos der Roten Armee in meine Hände über.

In jedem Stadtbezirk werden gemäß der früher existierenden administrativen Einteilung militärische Bezirks- und Revierkommandanturen eingesetzt.

Ich befehle:

1. Die Bevölkerung der Stadt hat volle Ordnung zu bewahren und an ihren Wohnsitzen zu verbleiben.

2. Die Nationalsozialistische Deutsche Arbeiterpartei und alle ihr unterstellten Organisationen (Hitlerjugend, N. S. Frauenschaft, N. S. Studentenbund usw.) sind aufzulösen. Ihre Tätigkeit wird hiermit verboten.

Das gesamte führende Personal aller Dienststellen der N. S. D. A. P., Gestapo, Gendarmerie, des Sicherheitsdienstes, der Gefängnisse und aller übrigen staatlichen Dienststellen hat sich binnen 48 Stunden nach Veröffentlichung dieses Befehls in den militärischen Bezirks- und Revierkommandanturen zwecks Registrierung zu melden.

Binnen 72 Stunden haben sich ebenfalls alle in der Stadt Berlin verbliebenen Angehörigen der deutschen Wehrmacht, der SS und der SA zwecks Registrierung zu melden.

Wer sich zu der festgesetzten Frist nicht meldet oder wer sich der Verbergung solcher Personen schuldig macht, wird gemäß den Gesetzen der Kriegszeit zu strenger Verantwortung gezogen.

3. Die Beamten und Angestellten der Bezirkdienststellen haben sich zu mir zwecks Bericht über den Zustand ihrer Dienststellen und Entgegennahme von Anweisungen über die weitere Tätigkeit dieser Dienststellen zu melden.

4. Alle kommunalen Betriebe wie Kraft- und Wasserwerke, Kanalisation, städtische Verkehrsmittel (Untergrund- und Hochbahn, Straßenbahn und Trolleybus);

alle Heilanstalten;

alle Lebensmittelgeschäfte und Bäckereien haben ihre Arbeit zur Versorgung der Bevölkerung wieder aufzunehmen.

Arbeiter und Angestellte der obengenannten Betriebe haben an ihren Arbeitsstätten zu bleiben und ihre Pflichten weiterzuerfüllen.

5. Angestellte der staatlichen Verpflegungslager sowie Privateigentümer von Lebensmittellagern haben binnen 24 Stunden nach Veröffentlichung dieses Befehls alle vorhandenen Lebensmittelvorräte bei den militärischen Bezirkskommandanten zwecks Registrierung anzugeben und sie nur mit Erlaubnis der militärischen Bezirkskommandanten herauszugeben.

Bis Sonderanweisungen ergehen, erfolgt die Verabfolgung von Lebensmitteln in den Lebensmittelgeschäften gemäß den früher existierenden Normen und Lebensmittelkarten. Lebensmittel sind nicht mehr als für 5—7 Tage auszugeben. Für Ausgabe von Lebensmitteln über die existierenden Normen oder für Ausgabe von Lebensmitteln auf Karten von Personen, die in der Stadt nicht mehr anwesend sind, werden die daran schuldigen dienstlichen Personen zu strenger Verantwortung herangezogen.

6. Inhaber von Bankhäusern und Bankdirektoren haben alle Finanzgeschäfte zeitweilig einzustellen. Alle Safes sind sofort zu versiegeln. Man hat sich bei den militärischen Kommandanturen sofort mit einem Bericht über den Zustand des Bankwesens zu melden.

Allen Bankbeamten ist kategorisch verboten, jegliche Werte zu entnehmen. Wer sich der Übertretung dieses Gebotes schuldig macht, wird nach den Gesetzen der Kriegszeit strengstens bestraft.

Neben den in Umlauf befindlichen Reichszahlungsmitteln werden obligatorisch die Okkupationsmarken der Alliierten Militärbehörde in Umlauf gesetzt.

7. Alle Personen, die Feuerwaffen und blanke Waffen, Munition, Sprengstoff, Radioempfänger oder Radiosender, Fotoapparate, Kraftfahrzeuge, Krafträder, Treib- und Schmierstoff besitzen, haben oben Erwähntes binnen 72 Stunden nach Veröffentlichung dieses Befehls auf den militär[ischen] Bezirkskommandanturen abzuliefern.

Für Nichtablieferung aller oben erwähnten Gegenstände in der fes[t]gesetzten Zeit werden die Schuldigen gemäß den Gesetzen der Kriegsz[eit] streng bestraft.

Die Inhaber von Druckereien, von Schreibmaschinen und anderen Ve[r]vielfältigungsapparaten sind verpflichtet, sich bei den militärischen Bezirk[s-] und Revierkommandanten zwecks Registrierung zu melden. Es ist kateg[o]risch verboten, jegliche Dokumente ohne Erlaubnis der militärischen Kom[]mandanten zu drucken, zu vervielfältigen, auszuhängen oder in der Sta[dt] in Umlauf zu setzen.

Alle Druckereien werden versiegelt. Einlaß erfolgt nur auf Erlaub[nis] des militärischen Kommandanten.

8. Der Bevölkerung der Stadt ist verboten:

a) zwischen 22.00 und 08.00 morgens Berliner Zeit die Häuser z[u] verlassen, auf den Straßen und Höfen zu erscheinen, sich in unbe[]wohnten Räumen aufzuhalten und dort irgendwelche Arbeit zu ver[]richten.

b) nichtverdunkelte Räumlichkeiten zu erleuchten.

c) ohne Erlaubnis der militärischen Kommandanten irgendwelch[e] Personen, darunter auch Angehörige der Roten Armee und der All[i]ierten Truppen, in den Bestand der Familie zu Wohnungs- und Über[]nachtungszwecken aufzunehmen.

d) Eigenmächtiges Wegnehmen der von Dienststellen und Privat[]personen zurückgelassenen Habe und Lebensmitteln.

Einwohner, die die erwähnten Verbote verletzen, werden gemäß de[n] Gesetzen der Kriegszeit zu strenger Verantwortung herangezogen.

9. a) Der Betrieb von Vergnügungsstätten (Kino, Theater, Zirku[s,] Stadion),

b) Gottesdienste in den Kirchen,

c) der Betrieb von Restaurants und Gaststätten ist bis 21.00 Uhr Ber[]liner Zeit erlaubt.

Für die Ausnutzung öffentlicher Betriebe zu der Roten Armee feind[]seligen Zwecken, für die Störung der Ordnung und Ruhe in der Stadt — wird die Verwaltung dieser Betriebe zu strenger Verantwortung gem[äß] den Gesetzen der Kriegszeit herangezogen.

10. Die Bevölkerung der Stadt wird gewarnt, daß sie für feind[]seliges Verhalten gegenüber Angehörigen der Roten Armee und Alliiert[en] Truppen die Verantwortung gemäß den Gesetzen der Kriegszeit trägt.

Im Falle von Attentaten auf Angeh[illegible] Roten Armee oder de[r] Alliierten Truppen oder für Verübung an[illegible] gegenüb[er] dem Personalbestand, dem Kriegsmaterial oder [illegible] von Verbände[n] der Roten Armee und der Alliierten Truppen [illegible] Schuldigen de[m] militärischen Standgericht überliefert.

11. Verbände der Roten Armee und einzelne Militärangehörige, di[e] in Berlin eintreffen, sind verpflichtet, nur in denen von den militärische[n] Bezirks- und Revierkommandanten angewiesenen Unterkünften Quartie[r] zu nehmen.

Angehörigen der Roten Armee ist ohne Erlaubnis der militärische[n] Kommandanten die eigenmächtige Aussiedlung oder Umsiedlung der Ein[]wohner, Entnahme von Gütern und Werten und Haussuchungen bei de[n] Stadteinwohnern verboten.

CHEF DER BESATZUNG UND STADTKOMMANDANT VON BERLIN
OBERBEFEHLSHABER DER N-ten ARMEE
GENERALOBERST N. BERSARIN

STABSCHEF DER BESATZUNG
GENERALMAJOR KUSCHTSCHOW

Auszug aus dem Text:

„Heute bin ich zum Chef der Besatzung und zum Stadtkommandanten von Berlin ernannt worden. Die gesamte administrative und politische Macht geht laut Bevollmächtigung des Kommandos der Roten Armee in meine Hände über. In jedem Stadtbezirk werden gemäß der früher existierenden administrativen Einteilung militärische Bezirks- und Revierkommandanturen eingesetzt.

Ich befehle:

Die Bevölkerung der Stadt hat volle Ordnung zu bewahren und an ihren Wohnsitzen zu verbleiben.

Die Nationalsozialistische Deutsche Arbeiterpartei und alle ihr unterstellten Organisationen (Hitlerjugend, N.S. Frauenschaft, N.S. Studentenbund usw.) sind aufzulösen. Ihre Tätigkeit wird hiermit verboten.

Das gesamte führende Personal aller Dienststellen der N.S.D.A.P., Gestapo, Gendarmerie, des Sicherheitsdienstes, der Gefängnisse und aller übrigen staatlichen Dienststellen hat sich binnen 48 Stunden nach Veröffentlichung dieses Befehls in den militärischen Bezirks- und Revierkommandanturen zwecks Registrierung zu melden.

Binnen 72 Stunden haben sich ebenfalls alle in der Stadt Berlin verbliebenen Angehörigen der deutschen Wehrmacht, der SS und der SA zwecks Registrierung zu melden.

Wer sich zu der festgesetzten Frist nicht meldet oder wer sich der Verbergung solcher Personen schuldig macht, wird gemäß den Gesetzen der Kriegszeit zu strenger Verantwortung gezogen.

3. Die Beamten und Angestellten der Bezirksdienststellen haben sich zu mir zwecks Bericht über den Zustand ihrer Dienststellen und Entgegennahme von Anweisungen über die weitere Tätigkeit dieser Dienststellen zu melden.

4. Alle kommunalen Betriebe wie Kraft- und Wasserwerke, Kanalisation, städtische Verkehrsmittel (Untergrund- und Hochbahn, Straßenbahn und Trolleybus); alle Heilanstalten; alle Lebensmittelgeschäfte und Bäckereien haben ihre Arbeit zur Versorgung der Bevölkerung wieder aufzunehmen.

Arbeiter und Angestellte der obengenannten Betriebe haben an ihren Arbeitsstätten zu bleiben und ihre Pflichten weiterzuerfüllen.

5. Angestellte der staatlichen Verpflegungslager sowie Privateigentümer von Lebensmittellagern haben binnen 24 Stunden nach Veröffentlichung dieses Befehls alle vorhandenen Lebensmittelvorräte bei den militärischen Bezirkskommandanten zwecks Registrierung anzugeben und sie nur mit Erlaubnis der militärischen Bezirkskommandanten herauszugeben. (...)

Der Chef der Besatzung und Stadtkommandant von Berlin
Oberbefehlshaber der N-ten Armee
Generaloberst N. Bersarin“

Abb.9 (Seite 24): Plakat zur Bekanntmachung des Befehls Nr. 1 des Chefs der Besatzung und Stadtkommandanten von Berlin Generaloberst Bersarin vom 27. April 1945

Bereits am 3. Mai 1945 war Generaladmiral Hans v. Friedeburg im Auftrag der Dönitz-Regierung im Hauptquartier von Feldmarschall Sir Montgomery eingetroffen und hatte die Teilkapitulation von drei deutschen Armeen, die sich zwischen Berlin und Rostock vor den Russen zurückzogen, angeboten. Am 6. Mai landete Generaloberst Jodl in Reims, um mit General Eisenhower über die Kapitulation zu verhandeln. Er erreichte, daß die Einstellung der Feindseligkeiten zum 9. Mai 01.00 Uhr erfolgen sollte. Die Unterzeichnung der Urkunde fand am 7. Mai in Reims statt. Eisenhower, der sich über die politische Tragweite dieser Handlung im Klaren war, blieb der Unterzeichnung fern. Für Ihn unterschrieb sein Stellvertreter, Generalleutnant Walter Bedell Smith. Weitere Unterschriften leisteten der Vertreter des sowjetischen Oberkommandos, Generalmajor Suslopanow, und für die französischen Streitkräfte Generalmajor Sevez.

Als Präsident Truman am gleichen Tag in einem Telefonat Stalin darum bat, die Kapitulation Deutschlands bekannt zu geben, beriet dieser sich mit den Spitzen des Generalstabs und der Sowjetregierung. Man kam zu der Einschätzung, alles sei so angelegt, als erfolge vor der Sowjetunion keine Kapitulation. Noch in der Nacht wurden Washington und London über die sowjetische Forderung unterrichtet:

„Das Abkommen von Reims kann man weder ungeschehen machen noch anerkennen. Als überragendes historisches Ereignis darf die Kapitulation aber nicht auf dem Territorium der Sieger erfolgen, sondern muß dort, von wo die faschistische Aggression ausging, in Berlin, entgegengenommen werden, und zwar nicht einseitig, sondern von den Oberkommandos aller Länder der Antihitlerkoalition".[2]

Am 8. Mai 1945 um 23.00 Uhr MEZ (9. Mai 00.00 Uhr Moskauer Zeit) unterzeichneten die deutschen Vertreter, Generalfeldmarschall Keitel, Generaladmiral von Friedeburg und Generaloberst Stumpf die in drei Ausgaben vorliegende bedingungslose Kapitulation (in englischer, russischer und deutscher Sprache). Für das sowjetische Oberkommando unterschrieb Marschall Shukow, für die Alliierten Expeditionsstreitkräfte in Europa der britische Luftmarschall Sir Tedder. Als Zeugen unterzeichneten noch der französische General de Lattre-Tassigny und der US-General Spaatz. Die Unterzeichnung fand im ehemaligen Offizierskasino der Pionierschule 1 der Wehrmacht in Berlin-Karlshorst statt.

Damit fand der II. Weltkrieg dort sein Ende, von wo er ausgegangen war, in Berlin. Der Eroberungskrieg Deutschlands kostete Millionen Opfer und brachte den Völkern unsägliches Leid.

Abb.10 (nächste Seite): Flugblatt vom Mai 1945 der Alliierten mit dem Text der Kapitulationsurkunde, die öffentlich bekannt gemacht werden sollte (ein Fehler hatte sich eingeschlichen: Der Name des Oberbefehlshabers der französischen Armee lautet korrekt de Lattre de Tassigny).

2 Harry S. Truman, Memoiren, Bd. 1, Das Jahr der Entscheidungen (1945), Bern 1955, s. 52.

Deutschland bedingungslos kapituliert!

Urkundenunterzeichnung der bedingungslosen Kapitulation der deutschen Streitkräfte

Die Urkunde der militärischen Kapitulation

1. Wir Unterzeichneten handelten im Namen des deutschen Oberkommandos mit der Einwilligung der bedingungslosen Kapitulation aller unserer Streitkräfte zu Lande, zu Wasser und in der Luft, sowie aller Kräfte, die sich in der jetzigen Zeit unter dem deutschen Kommando befinden, dem Oberkommando der Roten Armee und gleichzeitig dem Oberkommando der alliierten Besatzungskräfte.

2 Das deutsche Oberkommando erläßt unverzüglich Befehle an alle deutschen Befehlshaber des Heeres, der Marine und der Luftstreitkräfte, alle Kräfte zu übergeben, die sich unter dem deutschen Kommando befinden, die Kriegshandlungen am 8. Mai 1945 um 23.01 Uhr MEZ. einzustellen, an der Stelle zu bleiben, wo sie sich z. Zt. befinden, sich völlig zu entwaffnen und alle Waffen und Kriegsgeräte dem örtlichen Verbündeten Kommandierenden und Offizieren, die von den Vertretern des alliierten Oberkommandos ernannt wurden, zu übergeben und Zerstörungen an Dampfern, Schiffen, Flugzeugen, Motoren, Gebäuden, Ausstattungen, sowie Maschinen, Bewaffnung, Apparaten und allen übrigen militärtechnischen Mitteln der Kriegführung zu verhindern.

3. Das deutsche Oberkommando wird unverzüglich entsprechende Kommandeure ernennen, die die Durchführung aller weiteren Befehle, die vom Oberkommando der Roten Armee und vom Oberkommando der alliierten Besatzungskräften erteilt werden, gewährleisten.

4. Diese Urkunde ist kein Hindernis für eine Neuerung mit einem anderen Generaldokument über die Kapitulation zu ersetzen, das von den Vereinigten Nationen oder in ihrem Namen an Deutschland und die deutschen Streitkräfte im Ganzen verfaßt wird.

5. Im Falle, daß das deutsche Oberkommando oder irgendwelche Streitkräfte unter der Führung seiner Kommandos nicht nach dieser Kapitalationsurkunde handeln, wird das Oberkommando der Roten Armee, sowie das Oberkommando der alliierten Besatzungskräfte solche Strafmaßnahmen oder andere Handlungen treffen, die sie für notwendig halten.

6. Diese Urkunde ist in russischer, englischer und deutscher Sprache abgefaßt. Nur die russischen und englischen Texte sind rechtssprechend. Unterzeichnet wurde am 8. Mai 1945 in der Stadt Berlin.

Im Namen des deutschen Oberkommandos:

Keitel, Friedeburg, Stumpf.

In Anwesenheit:
Bevollmächtigt vom Oberkommando
der Roten Armee,
Marschall der Sowjet-Union
Shukow

Bevollmächtigt vom Oberkommando
der Besatzungskräfte der Alliierten,
Hauptmarschall der Flieger
Tedder

Bei der Unterzeichnung wohnten als Zeugen bei:

Der Befehlshaber der strategischen
Luftstreitkräfte der U. S. A., General
Spaats

Der Oberbefehlshaber
der französischen Armee, General
Delatre de Nassigni

Abb.11: Generalfeldmarschall Keitel während der Unterzeichnung der Kapitulation, Berlin-Karlshorst, 8./9. Mai 1945, links Generaloberst Stumpf, rechts Generaladmiral von Friedeburg, © Foto: Timofej Melnik, Sammlung Museum Berlin-Karlshorst e.V.

Abb.12: Luftmarschall Tedder, Marschall Shukow und General Spaatz bei der Unterzeichnung der bedingungslosen Kapitulation in Berlin-Karlshorst (v.l.n.r.), 8. Mai 1945 © Foto: Iwan Schagin, Sammlung Museum Berlin-Karlshorst e.V.

Abb.13: Gebäude des ehemaligen Offizierkasinos der Pionierschule 1 der Wehrmacht in Berlin Karlshorst, in dem am 8.5.1945 die Urkunde der bedingungslosen Kapitulation unterzeichnet wurde

Abb.14: Gedenktafel am gleichen Gebäude, es beherbergt heute das Deutsch-Russische Museum

Die Dreimächtekonferenz von Berlin – Das Potsdamer Abkommen

In der Zeit vom 17. Juli bis 2. August 1945 trafen sich die „Großen Drei", um in einer Vielzahl von Sitzungen einvernehmliche Lösungen für ihr weiteres Vorgehen hinsichtlich Deutschland zu vereinbaren. Zunächst wurde die Konferenz als „Dreimächtekonferenz von Berlin" bezeichnet. Tatsächlich fand sie aber nicht in Berlin, sondern in Potsdam statt. Als Tagungsgebäude hatte die sowjetische Seite Schloß Cecilienhof im Neuen Garten von Potsdam ausgewählt. Frankreich, das erst an der Jahreswende 1944/45 in den Club der Großen aufgenommen worden war, hatte keine Einladung erhalten.

Abb.15: Schloß Cecilienhof, heute Museum und Hotel

Abb.16: Der amerikanische Präsident, Harry S. Truman, der am 15. Juli als erster am Konferenzort eintraf, bewohnte eine Villa in der Kaiserstraße („Little White House"). Die Kaiserstraße heißt jetzt Karl-Marx-Straße, das Haus trägt die Nr.1.Es befindet sich im Besitz der FDP.

Winston S. Churchill, der britische Premierminister, war eine Stunde nach Truman aus Frankreich kommend in Berlin-Gatow gelandet. Er bezog in der Ringstraße die von Mies van der Rohe errichtete „Villa Urbig".

Abb.17: In dieser, von Mies van der Rohe (1886-1969) erbauten Villa, wohnte Churchill

Die Ringstraße heißt jetzt Virchowstraße. Die Villa hat die Hausnummer 23. Sie befindet sich in Privatbesitz.

Josef W. Stalin traf erst am 16. Juli mit einem Sonderzug auf dem Potsdamer Bahnhof ein. Er hatte vorher eine leichte Herzattacke erlitten und war deshalb einen Tag später abgereist. Für ihn hatten seine Leute die Villa Heppich in der Kaiserstraße ausgewählt. Das Anwesen gehört jetzt dem Bau-Industrieverband Berlin-Brandenburg (Karl-Marx-Straße 27).

In Begleitung der Großen Drei befanden sich ihre Außenminister und zahlreiche hohe Militärs und Fachleute ihrer Regierungen.

In einer ersten Phase vom 17. bis 25. Juli wurden zahlreiche Sitzungen abgehalten. Trotz mitunter gravierender Unterschiede in den Standpunkten erzielte man zu allen wesentlichen Fragen gegenseitiges Einvernehmen. In Begleitung der Großen Drei befanden sich ihre Außenminister und zahlreiche Militärs und Fachleute der Regierungen. Sie berieten parallel zu ihren Chefs die Detailfragen des Abkommens.

Wegen der fälligen Ergebnisse der britischen Unterhauswahlen bat Churchill um eine „Auszeit“. Er reiste nach einem letzten Fototermin und einer kurzen Sitzung am 25.7. ab. Da seine konservative Partei eine Niederlage konstatieren mußte, verlor Churchill sein Mandat. An seiner Stelle nahm ab 28. Juli der neue britische Premierminister Clement R. Attlee an der Konferenz teil. Die zweite Phase der Konferenz wurde am 2. August 1945 beendet.

Abb.18: Villa „Heppich“, hier wohnte Stalin während der Zeit der Verhandlungen zum „Potsdamer Abkommen“

Abb.19: Gedenktafel an der Villa „Heppich“

In einer Mitteilung über die Dreimächtekonferenz, die allgemein als Potsdamer Abkommen in die Geschichte einging, wird über die Ergebnisse der Konferenz berichtet.[3]

Zusammenfassend läßt sich feststellen: Das Potsdamer Abkommen enthält zu allen relevanten Fragen der weiteren Politik der Alliierten in Bezug auf Deutschland und die Folgen des 2. WK entsprechende Festlegungen.

Das sind im Einzelnen:

- In der Mitteilung über die Konferenz sind Angaben zum Verlauf, zu den zwei Etappen (17. bis 25. Juli mit Teilnahme von Churchill, 28. Juli bis 2. September mit Attlee) und zu den teilnehmenden Außenministern enthalten. Truman, Stalin und Attlee versichern, daß sie die Konferenz mit der verstärkten Über-

3 Voller Wortlaut des Berichts in der Anlage.

zeugung verlassen, daß die Regierungen und Völker, zusammen mit den Vereinten Nationen, die Schaffung eines gerechten und dauerhaften Friedens sichern werden.

- Über den Rat der Außenminister heißt es: „Es ist ein Rat zu errichten, bestehend aus den Außenministern des Vereinigten Königreiches, der Union der Sozialistischen Sowjetrepubliken, Chinas, Frankreichs und der Vereinigten Staaten von Amerika." Als vordringliche und wichtigste Aufgabe wird ihm aufgetragen, Friedensverträge für Italien, Rumänien, Bulgarien, Ungarn und Finnland aufzusetzen, um sie den Vereinten Nationen vorzulegen.
- Unter III. Deutschland wird besonders hervorgehoben, daß das Ziel der Alliierten darin besteht, Vorsorge zu treffen, damit Deutschland niemals mehr seine Nachbarn oder die Einhaltung des Friedens in der ganzen Welt bedrohen kann. Es sei nicht die Absicht, das deutsche Volk zu vernichten oder zu versklaven. Vielmehr soll ihm die Gelegenheit gegeben werden, sein Leben auf einer demokratischen und friedlichen Grundlage wieder aufzubauen.
- Unter der Überschrift „Politische und wirtschaftliche Grundsätze, deren man sich bei der Behandlung Deutschlands in der Anfangsperiode bedienen muß" werden bis ins Detail entsprechende Festlegungen zur völligen Abrüstung und Entmilitarisierung, zur Ausschaltung der Kriegsproduktion und deren Überwachung getroffen. Hinsichtlich der Wirtschaft wird festgelegt, Deutschland während der Besatzungszeit als eine wirtschaftliche Einheit zu betrachten ist, wozu gemeinsame Richtlinien aufzustellen sind. Zur Einführung und Unterstützung der wirtschaftlichen Kontrolle ist ein deutscher Verwaltungsapparat zu schaffen, der dem Kontrollrat Rechenschaft abzulegen hat.

Mit diesen Vereinbarungen war die Grundlage für ein abgestimmtes und einvernehmliches Vorgehen der Siegermächte in Bezug auf Deutschland geschaffen.

Abb.20: Die „Großen Drei" auf der Potsdamer Konferenz v.l.n.r.: Winston Churchill, Harry S. Truman, Josef W. Stalin, Potsdam, Juli 1945

Vom schweren Neubeginn

Wie überall in Deutschland mangelte es auch in Berlin an allem, an Nahrung, Kleidung, Heizung und vor allem an Wohnungen, und vielen Menschen hatten nach der Katastrophe 1933-1945 jede Hoffnung und jedes Selbstvertrauen verloren. Es begann ein Überlebenskampf zwischen Ruinen und Trümmern. Die Besatzungsmächte sorgten zwar für Ruhe und Ordnung, soweit man unter den schrecklichen Bedingungen überhaupt davon sprechen konnte, aber der Mangel trieb die Menschen zu den abenteuerlichsten Aktionen. Sie suchten zwischen den mit Blindgängern belasteten Häuserresten nach allem, was verwertbar war. So fand mancher, der den Krieg überlebt hatte, dabei noch den Tod. Die Menschen schworen, niemals wieder ein Gewehr in die Hand zu nehmen, auch wenn sie für immer trockenes Brot essen müßten. Diejenigen, deren Männer, Väter, Söhne, Brüder oder Enkel vermißt waren, warteten und hofften auf ein Wunder. Manchmal, leider viel zu selten, trat es ein. So groß die Freude darüber war, daß der Eine oder Andere überlebt hatte, so wenig besserte sich dadurch die allgemeine Lage.

Als Stadtkommandanten von Berlin hatte Shukow Generaloberst Nikolai E. Bersarin eingesetzt. Wie sich bald zeigte, war das eine gute Wahl. Bersarin hat nicht nur die Exzesse marodierender Soldaten konsequent eingedämmt, er kümmerte sich auch um eine ausreichende Versorgung, um die Infrastruktur, sowie um Bildung und Kultur. Was er in den nur wenigen Wochen seiner Tätigkeit als Stadtkommandant geleistet hat, ist noch heute bei vielen Berlinern in dankbarer Erinnerung.

Schon sein Befehl Nr.1 vom 28. April 1945 macht deutlich, daß Bersarin entschlossen war, das Leben in der Stadt bald wieder erträglich zu machen.

Bersarin, der mit Leidenschaft Motorrad fuhr, verunglückte am 16. Juni 1945 tödlich, als er eine deutsche Beutemaschine vom Typ Zündapp KS 750 ausprobieren wollte, die ihm von Offizieren seines Stabes geschenkt worden war. Diese Maschine mit Beiwagen wurde ab 1941 ausschließlich nur für die Wehrmacht gebaut. Sie verfügte über einen Rückwärtsgang, das Rad des Beiwagens war ebenfalls angetrieben. Damit unterschied sich die Zündapp KS 750 doch sehr von der amerikanischen Harley-Davidson, die Bersarin während des Krieges gewöhnlich gefahren war.

Abb.21: Gedenktafel am Bersarinplatz in Berlin

Marschall Shukow und Generalleutnant Telegin informierten Stalin am gleichen Tag über den Tod des Stadtkommandanten von Berlin.

Hier der Wortlaut der deutschen Übersetzung der Mitteilung.

An den Genossen Stalin
Heute, am 16. Juni um 8.15 Uhr ist der Held der Sowjetunion, der Oberbefehlshaber der 5. Stoßarmee und Stadtkommandant von Berlin, Nikolaj Erasstowitsch Bersarin bei einem Motorradunfall tödlich verunglückt.
Der Tod trat unter folgenden Umständen ein:
Um 8.00 Uhr fuhr Gen. Bersarin in einer Beiwagenmaschine zum Armeestab. Er fuhr mit einer Geschwindigkeit von 60-70 km/h die Schloßstraße entlang. An der Kreuzung Wilhelmstraße, an der ein Verkehrsposten gerade eine Lastwagen-Kolonne passieren ließ, verringerte Bersarin nicht das Tempo und verlor die Kontrolle über das Motorrad. Er fuhr in die linke Seite eines Lastkraftwagens vom Typ Ford 6.
Bersarin erlitt einen Schädelbruch, brach sich den rechtem Arm und das rechte Bein. Der Brustkorb wurde zertrümmert. Bersarin war sofort tot. Gemeinsam mit ihm starb seine im Beiwagen befindliche Ordonanz, der Rotarmist Poljakow. In Berücksichtigung der besonderen Verdienste von Generaloberst N. E. Bersarin vor der Heimat und des Umstandes, das Grab nicht auf deutschem Territorium belassen zu wollen, bitte ich um Ihre Erlaubnis zur Beisetzung des Gen. Bersarin in Moskau sowie um die Überführung per Flugzeug.

Die Familie des Gen. Bersarin, seine Frau und 2 Töchter leben in Moskau.

Oberkommandierender
der 1. Bjelorussischen Front
Marschall der Sowjetunion Shukow

Mitglied des Militärrates
der 1. Bjelorussischen Front
Generalleutnant Telegin[4]

Es zählt zu den großen Verdiensten Bersarins, daß bereits am 14. Mai in Berlin ein Magistrat unter Oberbürgermeister Dr. Arthur Werner eingesetzt werden konnte. Dazu veröffentlichte die „Tägliche Rundschau“ am 17.5.45 eine Bekanntmachung über die Bildung einer Berliner Städtischen Selbstverwaltung. Darin heißt es:

Abb.22: Wehrmachtgespann Zündapp KS 750 – mit solch einer Maschine verunglückte Generaloberst Bersarin (Foto: Alexander Stöberl)

4 „Bersarin“, Hrsg. Peter Jahn, Elefanten Press, Berlin 1999, S.116.

„Am 11., 12. und 13. Mai dieses Jahres fanden Versammlungen von Vertretern verschiedener öffentlicher Gruppen der Stadt Berlin statt, bei denen die Fragen über die Lebensmittelversorgung der Bevölkerung, der Wiederherstellung der Kommunalwirtschaft und der schnellsten Einrichtung normalen Lebens in der Stadt aufgeworfen wurden. Auf diesen Versammlungen wurde beschlossen, eine Städtische Selbstverwaltung von Berlin aufzustellen, in deren Bestand folgende Personen aufgenommen wurden: [...]
Die Aufstellung der führenden Mitarbeiter der Berliner Städtischen Selbstverwaltung wurde am 14. Mai des Jahres dem sowjetischen Militärkommando vorgelegt und erhielt dessen Beistimmung."

Als eine der ersten und wichtigsten Aktivitäten, die sich aus dem Potsdamer Abkommen ergaben, proklamierten die Alliierten am 30. August die Schaffung einer Alliierten Kontrollbehörde, den **Kontrollrat**.

Abb.23: Bersarin bei Trümmerfrauen

Abb.24: Der erste Oberbürgermeister Berlins Dr. Arthur Werner (1877-1967), Aufnahme 1946

Alliierte Kontrollbehörde - Kontrollrat

Proklamation Nr. 1

vom 30. August 1945

An das Deutsche Volk !

Die Oberbefehlshaber der stehenden Streitkräfte in Deutschland der Vereinigten Staaten von Amerika, der Union der Sozialistischen Sowjetrepubliken, des Vereinigten Königreichs von Großbritannien und Nordirland und der Provisorischen Regierung der Französischen Republik verkünden hiermit gemeinsam als Mitglieder des Kontrollrats folgendes:

1. Laut Bekanntmachung vom 5. Juni 1945 ist die oberste Regierungsgewalt in bezug auf Deutschland von den Regierungen der Vereinigten Staaten von Amerika, der Union der Sozialistischen Sowjetrepubliken, des Vereinigten Königreiches und der Provisorischen Regierung der Französischen Republik übernommen worden.

2. Kraft der obersten Regierungsgewalt und der Machtbefugnisse, die damit von den vier Regierungen übernommen wurden, ist der Kontrollrat eingesetzt und die oberste Machtgewalt in Angelegenheiten, die Deutschland als Ganzes angehen, dem Kontrollrat übertragen worden.

3. Alle Militärgesetze, Proklamationen, Befehle, Verordnungen, Bekanntgaben, Vorschriften und Direktiven, die von den betreffenden Oberbefehlshabern oder in ihrem Namen für ihre Besatzungszonen herausgegeben worden sind, verbleiben auch weiterhin in diesen ihren Besatzungszonen in Kraft.

(Unterschriften von *Dwight D. Eisenhower,* Armeegeneral; *Georgy Shukow,* Marschall der Sowjetunion, *Briant Robertson,* Generalleutnant; *Luis Koeltz,* General)

Ausgefertigt in Berlin, den 30. August 1945.

Quelle: Sammelheft Nr. 1, 1945,
Kommuniqués, Deklarationen, Proklamationen, Gesetze, Befehle,
Verlag der Sowjetischen Militärverwaltung in Deutschland, Berlin 1946

In seiner Proklamation Nr. 2 wendet sich der Kontrollrat an das deutsche Volk. In diesem umfangreichen Dokument (13 Abschnitte mit insgesamt 48 Punkten) werden Festlegungen zu allen Bereichen des Lebens getroffenen. Damit sollte gewährleistet werden, daß die Entwicklung im Sinne der Siegermächte verlief.[5]

Wie sah die politische Landkarte Deutschlands 1945 aus?

Nachdem sich die Siegermächte endgültig über die vielen Vorschläge zur administrativen Gliederung Deutschlands geeinigt hatten, entstanden die vier Besatzungszonen aus den Ländern und vier Sektoren in Groß Berlin. Für jede Zone und jeden Sektor war eine der Siegermächte zuständig.

Der Kontrollrat traf sich in Berlin regelmäßig und auch außerplanmäßig zur Beratung und Entscheidung der Lebensfragen der Stadt.

Was der Alliierte Kontrollrat für Deutschland war, das war die **Interalliierte Militärkommandantur** für Groß-Berlin, später nur noch **Alliierte Kommandantur** genannt .

---

5 Siehe Anhang, Proklamation Nr. 2, An das deutsche Volk!

Abb.25: Übersicht Besatzungszonen nach einer Karte von 1948

Abb.26: Übersichtskarte Berlin mit Sektorengrenzen

Die 1. Sitzung der Interalliierten Militärkommandantur für Groß-Berlin

Berlin, 11. Juli (Nachrichtenbüro der SMV)

Heute fand hier die erste Sitzung der Interalliierten Militärkommandantur für Groß-Berlin statt. An der Sitzung nahmen teil: der sowjetische Militärkommandant, Generaloberst Gorbatow, der amerikanische Militärkommandant, Generalmajor Parks, der englische Militärkommandant, Generalmajor Lyne, und der Vertreter des französischen Kommandos, General de Beauchesne. Der Sitzung wohnte der russische General der Armee Sokolowskij bei. Den Vorsitz führte Generaloberst Gorbatow.

In der Sitzung wurden die Fragen der Organisationsarbeit der Interalliierten Militärkommandantur und ihres Sitzes besprochen und die Reihenfolge festgelegt, in der der Posten des Groß-Berliner Hauptkommandanten ausgeübt werden soll. Gleichzeitig behandelte die Sitzung die Fragen der städtischen Verwaltung, der Versorgung der Bevölkerung mit Lebensmitteln und der Organisation der kommunalen Wirtschaft.

Die interalliierten Militärkommandanten von Groß-Berlin erklärten sich einmütig dafür, die von dem Sowjetkommando bisher durchgeführten Ordnungsmaßnahmen in vollem Umfange bestehen zu lassen.

Befehl

der Interalliierten Militärkommandantur der Stadt Berlin

11. Juli 1945 Nr. 1 Berlin

Die Interalliierte Militärkommandantur hat die Kontrolle über die Verwaltung der Stadt Berlin am 11. Juli 1945 übernommen.

Alle früher vom Chef der Garnison und Militärkommandanten der Roten Armee der Stadt Berlin und von den unter alliierter Kontrolle stehenden deutschen Behörden ausgegebenen Befehle und Anordnungen, die die Ordnung und Haltung der Bevölkerung der Stadt Berlin regulieren, sowie die Verantwortung der Bevölkerung für die Verletzung der Befehle und Anordnungen und für gesetzwidrige Handlungen gegen die alliierten Okkupationstruppen betreffend, bleiben bis auf besondere Verfügung in Kraft.

Die Militärkommandanten der Stadt Berlin

UdSSR:	USA:	Großbritannien:
Generaloberst *Gorbatow.*	Generalmajor *Parks.*	Generalmajor *Lyne.*

Abb. 27: 1. Sitzung der Interalliierten Militärkommandantur für Berlin -11.7.1945 + Befehl 1

Die vier Kommandanten trafen sich wöchentlich, um die dringenden Fragen des Lebens in der Stadt zu lösen. Es ging um die Versorgung mit Nahrungsmitteln, Treib- und Brennstoff, um die Unterbindung des Zustroms der Provinzbevölkerung, um Finanzfragen und vieles andere mehr.

Um das Leben der Berliner erträglich zu machen, taten die Besatzungsmächte was sie konnten.

Auf der Sitzung der Alliierten Kommandantur vom 21. November 1945 nahmen die Kommandanten Kenntnis von den Mengen der Lebensmittel, die seitens der vier Alliierten bis zum 31. Oktober 1945 nach Groß Berlin eingeführt und an den Magistrat übergeben wurden:

Mehl und Nährmittel	96.748,4 t
Kartoffeln	177.916,4 t
Fleisch	4.437,8 t
Zucker	4.708,0 t
Fette	1.285,7 t

Selbst aus den knappen Beständen der russischen Armee wurden im ersten Jahr nach dem Krieg für die Berliner bereitgestellt:

Getreide	105.000 t
Fleisch	1.900 t
Fett	4.500 t
Milchkühe	5.000

Das Leben in der Stadt wurde bestimmt von sehr gegensätzlichen Erscheinungen. Da waren die Trümmerfrauen, die Tag für Tag mit bloßen Händen Ziegelsteine

Abb.28: Gedenktafel am Präsidialamt zur Erinnerung an die Alliierte Kommandantur in Berlin, Kaiserswerther Straße 16-18

Abb.29: Mit diesem Plakat ruft die Polizei die Bevölkerung zum gemeinsamen Kampf gegen Schieber und Schwarzhändler auf

Abb.30: Gustav Ludwig Völpel in Fotos der Polizeihistorischen Sammlung

aufnahmen, mit einem Hammer vom Putz befreiten und auf Schubkarren oder Feldbahnloren zu immer höher werdenden Stapeln brachten. Daneben entstanden Schutthalden riesiger Ausmaße.

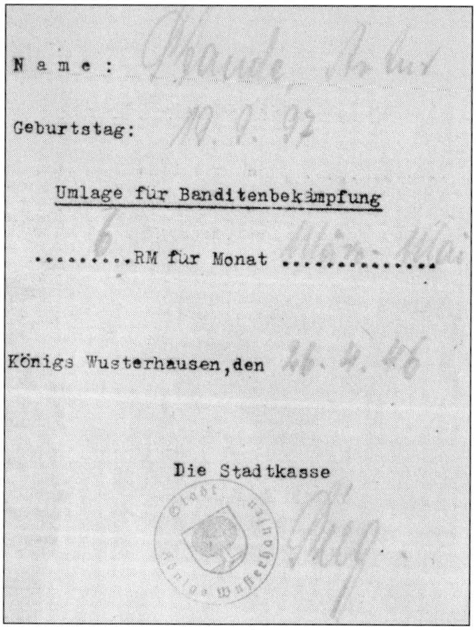

Name:

Geburtstag:

Umlage für Banditenbekämpfung

6 ....RM für Monat ....

Königs Wusterhausen,den 26. 4. 46

Die Stadtkasse

Abb.31: Quittung für die Zahlung einer Umlage zur Banditenbekämpfung. Ausgestellt von der Stadtkasse in Königs Wusterhausen (Berliner Umfeld)

Da war aber auch ein schwunghafter Schwarzhandel. Es wurde mit allem gehandelt, was irgendeinen Wert hatte. Am wertvollsten waren wohl Zigaretten, für die man sogar Gold und Silber eintauschte. Obwohl die Ordnungskräfte der Besatzungsmächte und der neuen zivilen Verwaltung konsequent gegen den Schwarzhandel vorgingen, blieb er noch lange Bestandteil des öffentlichen Lebens.

Außerdem bildeten sich immer wieder kriminelle Banden, die vor keinem Verbrechen zurückschreckten. Der Krieg hatte zu einer seelischen Abstumpfung, zu einer Verrohung der Sitten und der Moral der Menschen geführt. Das Leben in der Stadt war hart. Die lebensbedrohende materielle Not war Ursache für viele Verbrechen.

Allein von August 1945 bis Dezember 1946 wurden im zerstörten Berlin 641 Morde gezählt Wie viele der Mörder zum Tode verurteilt wurden, ist nicht genau bekannt. Auf jeden Fall war der Scharfrichter von Berlin, Gustav Ludwig Vöpel, ein viel beschäftigter Mann. Er war wenige Monate nach dem 8. Mai von den Alliierten in sein Amt berufen worden. Nach eigenen Angaben vollstreckte er 48 Todesurteile. Vöpel führte lange ein Doppelleben. Neben seiner Anstellung als Scharfrichter verübte er zusammen mit einigen Komplizen zahlreiche Verbrechen. Zusammen mit dem wesentlich jüngeren Werner Gladow rekrutierte er eine Bande, die schon bald mit Mord, Totschlag und Überfällen die Stadt in Atem hielt. Am 21. April 1950 verurteilte die Große Strafkammer des (West-) Berliner Landgerichts Vöpel zu sieben Jahren Zuchthaus.[6]

Auch in den Besatzungszonen hatte die Justiz viel zu tun. Allein in der britischen Besatzungszone wurden in den Jahren 1945/46 insgesamt 166 Hinrichtungen vollstreckt.

6 Berlinische Monatsschrift, Heft 12, Dez. 2000, „Zwei verschiedene Handwerke" von Dietrich Nummert, S. 130ff.

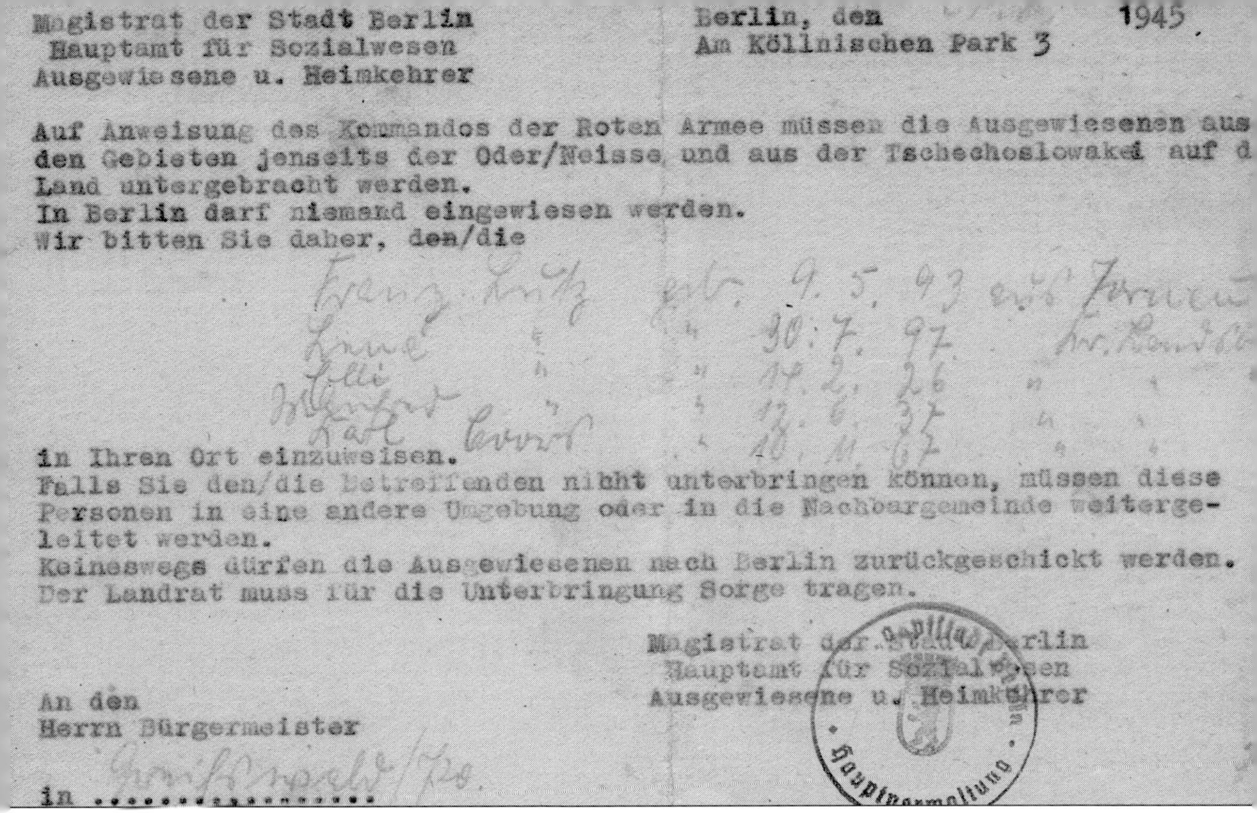

Magistrat der Stadt Berlin
Hauptamt für Sozialwesen
Ausgewiesene u. Heimkehrer

Berlin, den 1945
Am Kölnischen Park 3

Auf Anweisung des Kommandos der Roten Armee müssen die Ausgewiesenen aus den Gebieten jenseits der Oder/Neisse und aus der Tschechoslowakei auf d
Land untergebracht werden.
In Berlin darf niemand eingewiesen werden.
Wir bitten Sie daher, den/die

in Ihren Ort einzuweisen.
Falls Sie den/die Betreffenden nihht unterbringen können, müssen diese Personen in eine andere Umgebung oder in die Nachbargemeinde weitergeleitet werden.
Keineswegs dürfen die Ausgewiesenen nach Berlin zurückgeschickt werden.
Der Landrat muss für die Unterbringung Sorge tragen.

Magistrat der Stadt Berlin
Hauptamt für Sozialwesen
Ausgewiesene u. Heimkehrer

An den
Herrn Bürgermeister

in ....

Abb.32: Zu all den Problemen kamen noch die Aus- und Umsiedler sowie rückkehrende Kriegsgefangene. Die Militärverwaltung der Roten Armee ordnete an, daß Ausgewiesene und Heimkehrer, die nicht in Berlin ansässig waren, dort auch nicht zuziehen dürfen. Hier ein Schreiben an den Bürgermeister von Greifswald mit der Bitte um Aufnahme von fünf Personen.

Die Menschen hatten nur wenig Hoffnung, daß das Leben bald leichter werden könnte. Solange keine ausreichende Versorgung gewährleistet war, gingen viele Menschen hamstern. Sie zogen auf die Dörfer im Umfeld Berlins, tauschten die letzten Wertgegenstände gegen Nahrung, stoppelten auf den Feldern Getreide und Kartoffeln oder bettelten bei den Bauern. Der Winter 1946/47 war besonders lang und hart. Er ging als „Hungerwinter“ in die Geschichte ein. Im Tiergarten, in dem längst alle Bäume gefällt waren, wurde im Frühjahr Gemüse angebaut. Deshalb sind die Bäume, die heute dort stehen, höchstens 50 Jahre alt.

Zu Beginn des Jahres 1947 hatte Berlin 3.201.928 Einwohner mit leicht steigender Tendenz. In der Bevölkerungsbewegung zeigten sich tiefe Spuren des Krieges. Die Zahl der Lebendgeborenen lag um die Hälfte unter der vor dem Krieg. Die Selbstmordrate betrug in diesem Jahr 5 je 10.000 Einwohner. Damit war sie höher als während des Krieges. Trotz schwerster Schäden an der Infrastruktur waren die Strom- und Gasversorgung schon im Mai 45 wieder aufgenommen worden. Die ersten Straßenbahnen fuhren Ende Mai, die S-Bahn ab Juni.

1947 gab es 52 Straßenbahn- und 5 U-Bahnlinien. Ein einfacher Fahrschein kostete einheitlich 0,20 RM.[7]

7 Ebenda, „Holzvergaser und Wärmestuben“ von H. Schwenk, S. 58ff.

Abb.33: Unzustellbarer Brief mit amerikanischer Zensur (links). Rückseitig ist ein Stempel abgeschlagen „Haus zerstört Neue Anschrift liegt nicht vor“

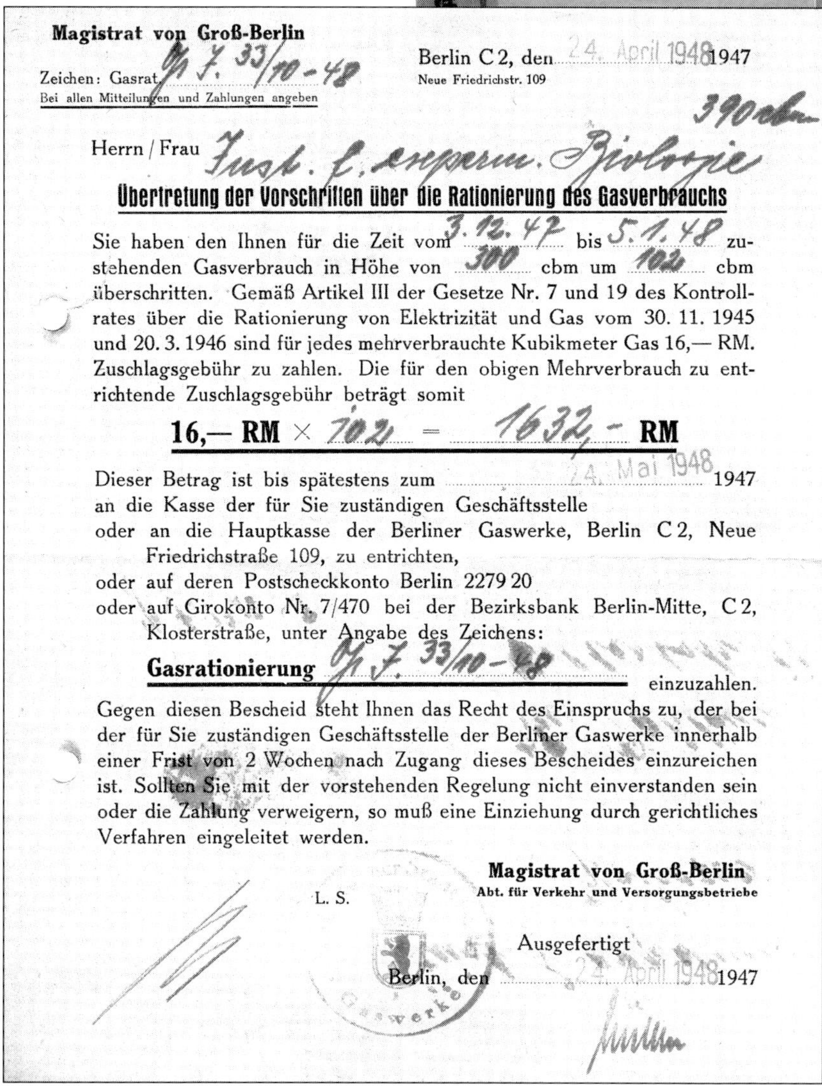

Magistrat von Groß-Berlin

Zeichen: Gasrat Gh F. 33/10-48
Bei allen Mitteilungen und Zahlungen angeben

Berlin C 2, den 24. April 1948 1947
Neue Friedrichstr. 109

390 cbm

Herrn / Frau Inst. f. experim. Biologie

Übertretung der Vorschriften über die Rationierung des Gasverbrauchs

Sie haben den Ihnen für die Zeit vom 3.12.47 bis 5.1.48 zustehenden Gasverbrauch in Höhe von 300 cbm um 102 cbm überschritten. Gemäß Artikel III der Gesetze Nr. 7 und 19 des Kontrollrates über die Rationierung von Elektrizität und Gas vom 30. 11. 1945 und 20. 3. 1946 sind für jedes mehrverbrauchte Kubikmeter Gas 16,— RM. Zuschlagsgebühr zu zahlen. Die für den obigen Mehrverbrauch zu entrichtende Zuschlagsgebühr beträgt somit

16,— RM × 102 = 1632,- RM

Dieser Betrag ist bis spätestens zum 24. Mai 1948 1947
an die Kasse der für Sie zuständigen Geschäftsstelle
oder an die Hauptkasse der Berliner Gaswerke, Berlin C 2, Neue Friedrichstraße 109, zu entrichten,
oder auf deren Postscheckkonto Berlin 2279 20
oder auf Girokonto Nr. 7/470 bei der Bezirksbank Berlin-Mitte, C 2, Klosterstraße, unter Angabe des Zeichens:

Gasrationierung Gh F. 33/10-48 einzuzahlen.

Gegen diesen Bescheid steht Ihnen das Recht des Einspruchs zu, der bei der für Sie zuständigen Geschäftsstelle der Berliner Gaswerke innerhalb einer Frist von 2 Wochen nach Zugang dieses Bescheides einzureichen ist. Sollten Sie mit der vorstehenden Regelung nicht einverstanden sein oder die Zahlung verweigern, so muß eine Einziehung durch gerichtliches Verfahren eingeleitet werden.

Magistrat von Groß-Berlin
Abt. für Verkehr und Versorgungsbetriebe

L. S.

Ausgefertigt
Berlin, den 24. April 1948 1947

Abb.34: In allen Bereichen des täglichen Lebens machte sich der Mangel bemerkbar, überall wurde rationiert und gespart. Selbst Mehrverbrauch bei staatlich gestützten Stellen wurde gerügt und mit empfindlichen Bußgeldern belegt.

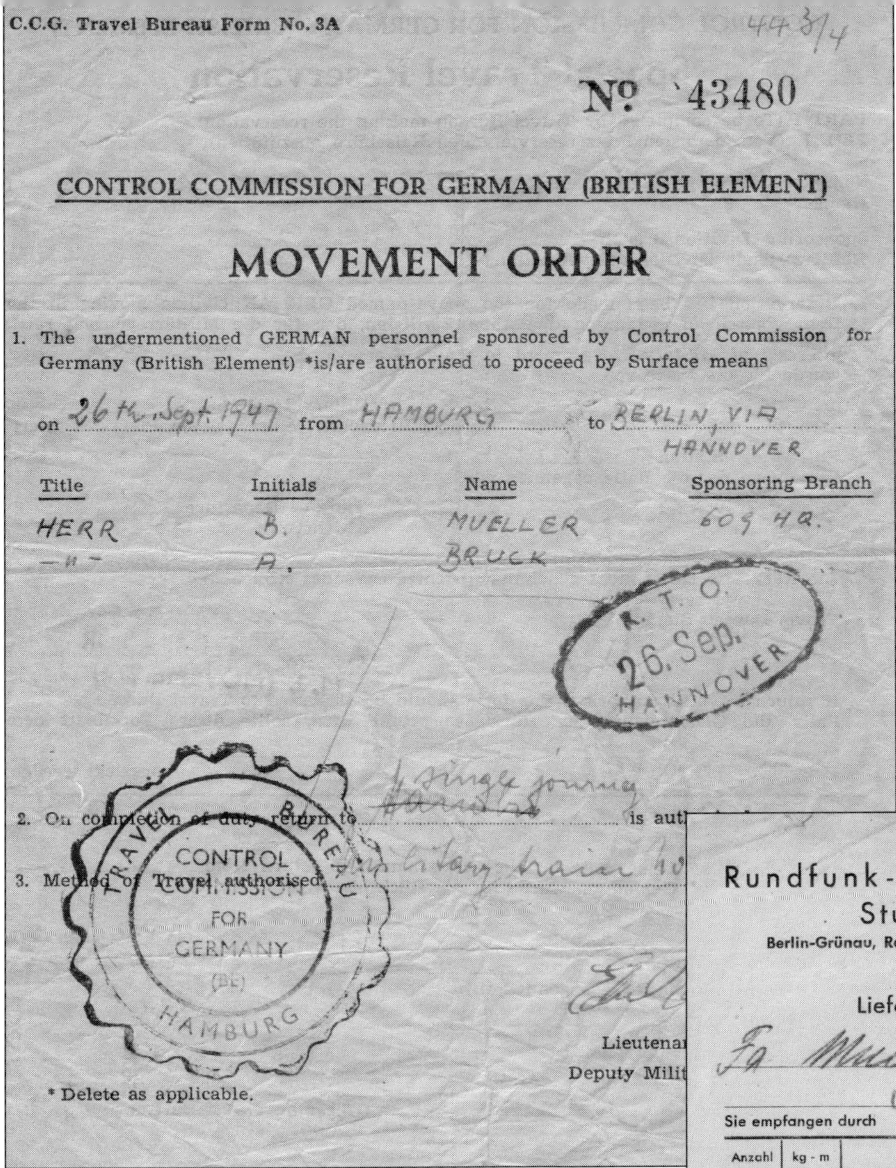

C.C.G. Travel Bureau Form No. 3A

44 3/4

No 43480

CONTROL COMMISSION FOR GERMANY (BRITISH ELEMENT)

MOVEMENT ORDER

1. The undermentioned GERMAN personnel sponsored by Control Commission for Germany (British Element) *is/are authorised to proceed by Surface means

on 26th Sept 1947 from HAMBURG to BERLIN, VIA HANNOVER

Title	Initials	Name	Sponsoring Branch
HERR	B.	MUELLER	609 HQ.
-"-	A.	BRUCK	

R. T. O. 26. Sep. HANNOVER

2. On completion of duty return to ~~Hamburg~~ single journey is aut…

3. Method of Travel authorised military train to…

TRAVEL BUREAU CONTROL COMMISSION FOR GERMANY (BE) HAMBURG

Lieutena…

Deputy Milit…

* Delete as applicable.

Abb.35: Reisegenehmigung von Hamburg nach Berlin über Hannover, ausgestellt von der Britischen Kontrollkommission in Deutschland

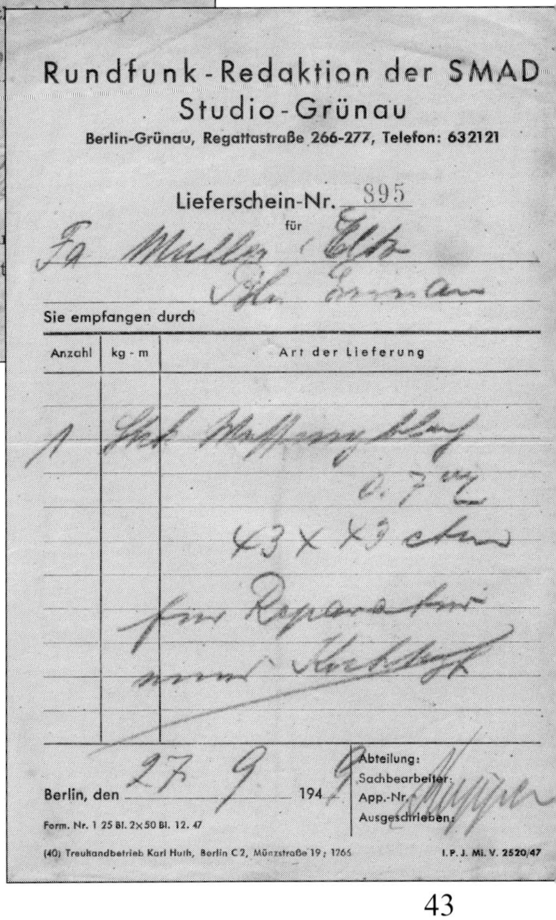

Rundfunk-Redaktion der SMAD

Studio-Grünau

Berlin-Grünau, Regattastraße 266-277, Telefon: 632121

Lieferschein-Nr. 895

für

Fa Müller & Ebe

Pth. Grünau

Sie empfangen durch

Anzahl	kg - m	Art der Lieferung
1		Stck Messingblech 0,7 mm 3 x 3 cm für Reparatur eines Kochtopf

Berlin, den 27 9 1947

Abteilung:
Sachbearbeiter:
App.-Nr.
Ausgeschrieben:

Form. Nr. 1 25 Bl. 2×50 Bl. 12. 47

(40) Treuhandbetrieb Karl Huth, Berlin C 2, Münzstraße 19; 1765 I. P. J. Mi. V. 2520/47

Abb.36: Lieferschein der Rundfunkredaktion der SMAD (Sowjetische Militäradministration in Deutschland) für ein Stück Messingblech, 0,7 mm x 3 x 3 cm, zur Reparatur eines Kochtopfes

Abb.37 und 38: Es geht auch aufwärts. Kfz-Zulassung in vier Sprachen für einen PKW Mercedes-Benz, Baujahr 1939 für die Firma Winter & Krasa vom September 1945

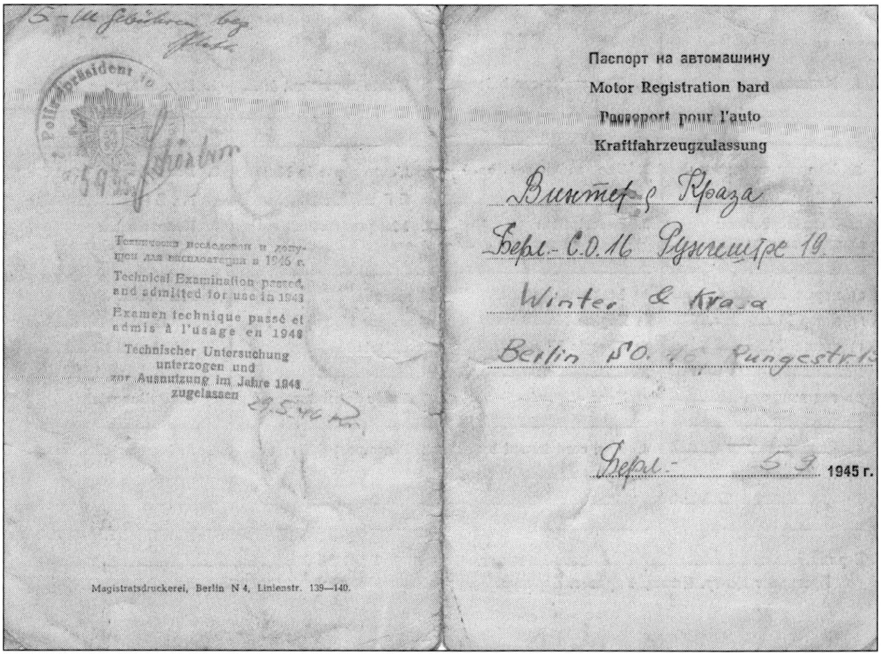
Polizeipräsident in

Технически исследован и допущен для эксплоатации в 194_ г.
Technical Examination passed, and admited for use in 194_
Examen technique passé et admis à l'usage en 194_
Technischer Untersuchung unterzogen und zur Ausnutzung im Jahre 194_ zugelassen
29.5.46

Magistratsdruckerei, Berlin N 4, Linienstr. 139—140.

Паспорт на автомашину
Motor Registration bard
Passeport pour l'auto
Kraftfahrzeugzulassung

Винтер & Краза
Берл.-С.О.16 Рунгештре 19
Winter & Krasa
Berlin SO. 16 Rungestr 19

Берл.- 5.9 1945 г.

Nr. 869

1. Машина принадлежит: Винтер & Краза
2. Машине присвоен №: БГ 4-605
3. Характеристика:
а) тип машины: Легкая
б) марки: Мерседес-Бенц
в) мотор № 441264
г) шасси № 441264
д) год выпуска: 1939
4. Паспорт выдан: Президенто полиции в Берлине

Берлин, 5.9 1945 г.
Президент Центр. Полиц. Управ. г. Берлина.
Шефер

Nr. 869

1. The motor-car belongs to Winter & Krasa
2. The motor-car bears Nr. БГ 4-605
3. Description:
a) Type of motor-car: passenger-car
b) Make: Mercedes-Benz
c) Engine Nr. 441264
d) Chassis Nr. 441264
e) Year of production: 1939
4. Reg. card issued by: Police-president of Berlin.

Nr. 869

1. L'auto appartient à: Winter & Krasa
2. L'auto porte le Nr.: БГ 4-605
3. Marques distinctives:
a) espèce: voiture à passagers
b) marque: Mercedes-Benz
c) moteur No. 441264
d) châssis No. 441264
e) Année de production: 1939
4. Passe-port délivré: Président de la Police à Berlin.

Nr. 869

1. Das Fahrzeug gehör[t]: Winter & Kra[sa]
2. Das Fahrzeug trägt di[e] Nr. БГ 4-60[5]
3. Kennzeichen:
a) Art des Fahrzeugs: PKW.
b) Marke: Mercedes-[Benz]
c) Motor-Nr. 44126[4]
d) Fahrgestell Nr. 441[264]
e) Herstellungsjahr: 1939
4. Paß ausgestellt: Der Polizeipr[ä]sident in Be[rlin]

BERLIN, den 5.9 1945
DER POLIZEIPRÄSIDENT IN BERLIN
i. A.:

Abb.39 (Seite 45): Strafbescheid – 100,-- DM Strafe für Tauschgeschäfte im Oderbruch und die ertauschten Lebensmittel sind auch eingezogen worden.

KREISRAT KAMENZ
Amt für Handel und Versorgung
— Kontrollabteilung —
III GK 1/50

Kamenz, den 6. März 1950
~~Haydnstraße 4, Telefon 851~~
Lessingplatz 5, Tel.: 528

An Frau Gertrud F i s c h e r ,
in P u l s n i t z
Hauptstr. 2

Mit Zustellungsurkunde!

Wirtschaftsstrafbescheid

Sie werden beschuldigt, Anfang Februar 1950 bezugsbeschränkte landwirtschaftliche Produkte gegen Tauschware bei unbekannten Landwirten in Letschin erworben zu haben. Außerdem haben Sie am 2.2.50 in Westberlin Kleidungsstücke gegen sogenannte Westwährung veräußert und das Entgelt, welches in der DDR als nicht gesetzliches Zahlungsmittel gilt, bei sich geführt.

Beweismittel: Strafanzeige der Volkspolizeistation - Kriminalstelle - Eberswalde vom 6.2.50 und Ihre protokollarische Vernehmung vom 6.2.50

Sie werden bestraft nach

Es wird deshalb gegen Sie eine Geldstrafe von

100,-- DM

ausgeworfen.

Der Wirtschaftsstrafbescheid wird vollstreckbar, wenn Sie nicht innerhalb zweier Wochen nach der Zustellung des Strafbescheides bei der Kontrollabteilung des Amtes für Handel und Versorgung schriftlich oder mündlich zu Protokoll Beschwerde einlegen, über welche das Ministerium für Handel und Versorgung, Dresden A 50, endgültig entscheidet. Durch die Einlegung der Beschwerde bei dem Ministerium wird die Beschwerdefrist gewahrt. Die Beschwerde hat keine aufschiebende Wirkung.

Wenn Sie sich dem Wirtschaftsstrafbescheid unterwerfen, so haben Sie nachstehenden Schuldbetrag spätestens bis zum

15. April 1950 ~~194~~

bei der Kasse des Kreisrates Kamenz einzuzahlen oder auf deren Konto bei der ~~Sächsischen Landeskreditbank~~ Kreissparkasse Kamenz, Konto Nr. 5 ~~Nr. 1018/85~~, zu überweisen. Der Strafbetrag nebst Kosten wird im Verwaltungszwangsverfahren eingezogen, wenn Sie die Summe nicht innerhalb der vorgenannten Zeit bezahlen. Die im Zusammenhang mit der strafbaren Handlung sichergestellten 2 Kisten Bücklinge sowie 2,5 kg Speck werden entschädigungslos eingezogen, ebenfalls die in der DDR nicht gültige Währung im Betrage von Mk 11,15.

Im Falle der Unterwerfung sind zu bezahlen:

100,-- DM Strafe
5,-- DM Gebühren
1,08 DM Auslagen
106,08 DM zusammen

KREISRAT KAMENZ

(Lessig)
Landrat

Bei Eingaben und Zahlungen ist die
K.S.Nr. 72/507/110 unbedingt anzugeben,

Reparationen und Marshallplan

Während die westlichen Siegermächte in ihren Besatzungszonen bei der Realisierung der ihnen zustehende Reparationen zurückhaltend und sehr selektiv vorgingen, sah sich die Sowjetunion veranlaßt, möglichst rasch und umfassend durch die Reparationen die Verluste auszugleichen, die sie im Krieg erlitten hatte. Dadurch wurde es im Osten äußerst schwierig, wieder eine geregelte Produktion in Gang zu setzen. Wie sich später zeigen sollte, hat die sowjetisch besetzte Zone nach dem II. Weltkrieg ca. 80 Prozent aller Reparationsleistungen für Deutschlands erbracht.

In dem harten Winter 1946/47 kam es zu einer extremen Notlage in Deutschland. Die Ernährung der Bevölkerung war nicht mehr gesichert, die Energieversorgung brach zusammen und der Verkehr kam fast zum Erliegen.

Der ehemalige US-Außenminister Marshall hatte einen Plan entworfen, den er „European Recovery Plan“ (ERP) nannte. Veröffentlicht wurde er am 5. Juni 1947.

Um ihn in Kraft zu setzen, hatte Marshall eine gemeinsame Initiative der europäischen Staaten dazu verlangt. Im Juli 1947 fand in Paris eine Konferenz statt, an der 16 europäische Staaten teilnahmen. Sie gründeten die OEEC (Organization for European Economic Cooperation). Osteuropäische Staaten waren nicht vertreten. Stalin hatte die Teilnahme untersagt.

Truman hatte am 3. April 1948 den nunmehr bereits „Marshall-Plan“ genannten Plan unterzeichnet. Er war Bestandteil seiner Doktrin des „Containment“ (Eindämmung). Sie hatte die Unterstützung aller „freien Völker“ im Kampf gegen „totalitäre Regierungsformen“ zum Inhalt.

Abb.40: Aber nicht nur Brot und Kartoffeln stehen im Mittelpunkt dieser Tage. Hier wird das berühmte Pergamonmuseum von Schutt beräumt. Bald soll ein Dach folgen, damit die einzigartigen Kunstschätze nicht länger der Witterung ausgesetzt sind.

Von 1948 bis 1952 lieferten die USA Waren im Umfang von 13 bis 16 Milliarden US-Dollar nach Europa. (Die Angaben dazu gehen weit auseinander.) Davon erhielt Großbritannien 3,6 Mrd., Frankreich 3,1 Mrd., Italien 1,6 Mrd. und Westdeutschland 1,4 Mrd. US-Dollar. Die USA schlugen mit dieser Art Finanzhilfe drei Fliegen mit einer Klappe: Erstens leisteten sie Hilfe in der Not. Zweitens betrieben sie damit erfolgreich das Containment der UdSSR. Und drittens erschlossen sie sich einen riesigen Markt für den Absatz der eigenen Überproduktion.

Mit dem Marshallplan erreichten die USA nicht nur diese drei Ziele. Wie sich bis heute zeigt, sicherten sie damit zugleich ihren dauerhaften und dominierenden Einfluß in Wirtschaft und Gesellschaft der westeuropäischen Staaten.

Abb.41 und 42: Links: Sonderstempel aus Anlaß des Aufenthaltes des „Europazuges“ in Berlin (Der Europazug war eine Werbezug, der in der Zeit von 1950 bis 1953 durch 17 europäische Staaten fuhr, um für den Marshall-Plan und damit für *„die Zusammenarbeit der Völker für wirtschaftlichen Wiederaufbau, für Frieden und Freiheit“* zu werben).
Rechts: Sondermarke von 1950 der Berliner Postdirektion aus Anlaß der Eröffnung der Deutschen Industrieausstellung mit Werbung für den Marshall-Plan. Motiv: Atlas trägt die Erdkugel, darin die Buchstaben ERP (European Recovery Program).

Abb.43: Offizielles Logo, welches bei Hilfsprojekten des Marshallplans verwendet wurde

1948/49 – Jahre der Entscheidung

Im Sommer 1948 erfolgten politische Weichenstellungen, die entscheidende Auswirkungen auf die weitere Entwicklung in Deutschland und Europa hatten.

Am 1. Juli 1948 übergaben die Militärgouverneure der USA, Großbritanniens und Frankreichs den 11 Ministerpräsidenten der Länder der Westzonen in Frankfurt drei Dokumente, in denen die Grundzüge der zukünftigen Entwicklung und die Richtlinien für den Aufbau und die Kompetenz eines zukünftigen westdeutschen Staates niedergelegt waren.

Die lange geheim gehaltenen *„Frankfurter Direktiven“* gingen auf die „Londoner Empfehlungen“ zurück, die die Westmächte auf der separaten Deutschlandkonferenz in London beschlossen hatten. Sie waren eindeutig auf die Schaffung eines eigenständigen westdeutschen Staates gerichtet.

Hier der Hauptinhalt der Direktiven.[8]

Dokument Nr. 1 *Grundlinien der Verfassung*

Darin autorisierten die Militärgouverneure die Ministerpräsidenten, eine verfassungsgebende Versammlung einzuberufen. Sie sollte spätestens am 1. September 1948 zusammentreten und eine Verfassung ausarbeiten, *“die für die beteiligten Länder eine Regierungsform föderalistischen Typs schafft, die am besten geeignet ist, die gegenwärtig zerrissene deutsche Einheit schließlich wieder herzustellen, und die Rechte der beteiligten Länder schützt, eine angemessene Zentral-Instanz schafft und die Garantien der individuellen Rechte und Freiheiten enthält“.*

Die Militärgouverneure erklärten, daß sie die Ratifizierung genehmigen werden, wenn der Verfassungsentwurf nicht im Widerspruch zu diesen Grundsätzen steht. Die Ratifizierung habe durch ein Referendum zu erfolgen, bei dem eine einfache Mehrheit der Abstimmenden in jedem Land vorliegen muß.

Sobald die Verfassung von zwei Dritteln der Länder ratifiziert ist, tritt sie in Kraft.

Dokument Nr. 2 *Überprüfung der Ländergrenzen*

Darin wurden die Ministerpräsidenten beauftragt, die Grenzen der einzelnen Länder zu überprüfen, um zu bestimmen, welche Änderungen sie vorzuschlagen wünschen. *„Wenn diese Empfehlungen von den Militärgouverneuren nicht mißbilligt werden, sollten sie zur Annahme durch die Bevölkerung der betroffenen Gebiete spätestens zur Zeit der Auswahl der Mitglieder der Verfassungsgebenden Versammlung vorgelegt werden.“*

Dokument Nr. 3 *Grundsätze eines Besatzungsstatuts*

In diesem Dokument formulierten die Militärgouverneure die Grundsätze, auf denen die Beziehungen zwischen ihnen und der verfassungsmäßigen deutschen Regierung beruhen sollten. Danach sind die Militärgouverneure in die Lage zu versetzen, *„Deutschlands auswärtige Beziehungen vorläufig wahrzunehmen und zu*

8 Auszüge aus einem Artikel von Kurt Schneider, Leipzigs Neue, 13/08 vom 27.07.2008

Abb.44: Frankfurt/Main, 1.7.1948. Im Hauptquartier der amerikanischen Besatzungstruppen in Frankfurt/Main trafen die drei Militärgouverneure der Westzonen mit den elf Ministerpräsidenten der Länder zusammen, um ihnen ihren Plan für eine deutsche Separateinigung vorzulegen.

Am Konferenztisch sitzend v.l.n.r.: Leo Wohleb, Baden; Dr. Hans Erhard, Bayern; Wilhelm Kaisen, Bremen; Max Brauer, Hamburg; Christian Stock, Hessen; Karl Arnold, Nordrhein-Westfalen; Hinrich Kopf, Niedersachsen; Dr. Reinhold Maier, Württemberg-Baden.

leiten; Kontrollen über den deutschen Außenhandel und über innenpolitische Richtlinien und Maßnahmen, die den Außenhandel nachteilig beeinflussen könnten auszuüben; Kontrollen wie zum Beispiel in bezug auf die Internationale Ruhrbehörde, Reparationen, Stand der Industrie, Dekartellisierung, Abrüstung und Entmilitarisierung und gewisse Formen wissenschaftlicher Forschung" vorzunehmen. Zugleich betonten sie, *„die Ausübung ihrer vollen Machtbefugnisse wieder aufzunehmen, falls ein Notstand die Sicherheit bedroht, und um nötigenfalls die Beachtung der Verfassung und des Besatzungsstatuts zu sichern".*

Der politische Berater von General Clay, Robert D. Murphy, informierte das US-Außenministerium am 10. Juni 1948 in folgender Form über die Frankfurter Dokumente: *„Diese Verlautbarungen folgen streng den Londoner Texten und sind nur geringfügig modifiziert aus herausgeberischen Gründen, beziehungsweise um sie für die deutschen Chefs (Länderregierungen) annehmbar zu machen."*

„Der Poelzig-Bau oder das I.G.-Farben-Haus, 1975 bis 1996 offiziell *General Creighton W. Abrams Building*) in Frankfurt am Main wurde von Hans Poelzig entworfen und als Zentralverwaltung für die I.G. Farben von 1928 bis 1931 errichtet. Nach Kriegsende zog die amerikanische Militärverwaltung dort ein. Seit 2001 beherbergt das Gebäude einen Teil der Johann Wolfgang Goethe-Universität Frankfurt am Main. Seit dem 16. Juni 2009 ist es in Pölzig-Bau umbenannt."(Beschreibung aus wikipedia)

Die Ministerpräsidenten der Länder in den westdeutschen Besatzungszonen legten am gleichen Tag eine Antwortnote zu den Frankfurter Direktiven vor. Darin begrüßten sie vorbehaltlos, *„daß die Besatzungsmächte entschlossen sind, die ihrer Jurisdiktion unterstehenden Gebietsteile Deutschlands zu einem einheitlichen Ganzen zusammenzufassen“.* Sie wollten an der Lösung der gestellten Aufgaben zügig mitarbeiten, *„um das gesteckte Ziel möglichst schnell und wirksam zu erreichen“.* Wegen der deutschlandweiten Proteste sahen sie sich jedoch gezwungen, sie müßten *„besonderen Wert darauf legen, daß bei den bevorstehenden Neuregelungen alles vermieden wird, was geeignet sein könnte, die Spaltung zwischen Ost und West weiter zu vertiefen.“*

Sie legten den Militärgouverneuren nahe, von einem Volksentscheid über das zu schaffende Grundgesetz Abstand zu nehmen, weil dadurch dem Grundgesetz ein Gewicht verliehen würde, das nur einer endgültigen Verfassung zukommen sollte. Die Ministerpräsidenten gaben an, *„daß ihrer Meinung nach eine deutsche Verfassung erst dann geschaffen werden kann, wenn das gesamte deutsche Volk die Möglichkeit besitzt, sich in freier Selbstbestimmung zu konstituieren“.* Sie plädierten dafür, die Ratifizierung des Grundgesetzes durch die Landtage vornehmen zu lassen, was dann auch geschah.

Abb.45: I.G.-Farben-Haus, Uni-Campus West der Johann Wolfgang Goethe-Universität Frankfurt am Main; Ausschnitt (Foto: Eva Kröcher)

Währungsreform 1948

Schon auf einer Sitzung des Alliierten Kontrollrats im Februar 1948 wurde auf Antrag des sowjetischen Vertreters der Beschluß gefaßt, daß innerhalb von 60 Tagen ein Bericht über die Probleme einer Währungsreform auszuarbeiten ist. Dieses Dokument sollte die Grundlage für eine Viermächteentscheidung zur künftigen Währung in Deutschland werden. Auf der gleichen Sitzung weigerte sich jedoch der amerikanische Vertreter, einem weiteren sowjetischen Vorschlag zuzustimmen, wonach die Währungsreform nur gesamtdeutschen Charakter tragen dürfe. Er wurde dabei von seinen britischen und französischen Kollegen unterstützt. Die westlichen Alliierten hatten offensichtlich nicht die Absicht, eine einheitliche Währung in allen Besatzungszonen einzuführen. Zu dieser Zeit, als man noch über eine einheitliche deutsche Währung verhandelte und der amerikanische Vertreter im Alliierten Kontrollrat sich weigerte, nur eine gesamtdeutsche Währungsreform durchzuführen, liefen in den USA bereits seit Herbst 1947 die Druckmaschinen, auf denen die Banknoten für die neue deutsche Währung produziert wurden. Zwischen Februar und April 1948 trafen 23.000 Kisten aus New York in Bremerhaven ein. Dort wurde die Fracht gelöscht, nach Franfurt transportiert und in den Kellern der alten Reichsbank zwischengelagert – für den Tag X[9] (Honni soit qui mal y pense! – Ein Narr, der Böses dabci denkt!) .

Als turnusmäßiger Vorsitzender des Kontrollrates verhinderte US-General Lucius D. Clay nach Ablauf der Frist von 60 Tagen die, am 10. April 1948 fällige Kontrollratssitzung.

Inwieweit das von Millionen Deutschen geforderte Volksbegehren für ein einheitliches Deutschland bei der amerikanischen Entscheidung eine Rolle spielte, ist nicht belegt. Noch am 18. Juni 1948 versicherten die US-Generäle Robertson und Clay dem sowjetischen Oberbefehlshaber in Deutschland, Sokolowski, daß sich die bevorstehen Maßnahmen zur Einführung einer separaten Währung in den westlichen Besatzungszonen nicht auf ihre Sektoren in Berlin beziehen würden.[10]

Abb.46: Amerikanische Soldaten verladen unter Aufsicht der Militärpolizei Kisten mit „Deutsche Mark" für die Währungsreform auf LKW.

9 Mark Altten „Die CIA stellt in Berlin die Weichen", Verlag Das Neue Berlin, Berlin 2009.
10 Siehe: Dokumente zur Westberlinfrage, S.28.

Abb.47: Karton mit 50 DM-Scheinen, gepackt am 10. Februar 1948

Abb.48: Ein neuer 20-DM-Schein, 1948 (Haus der Geschichte, Bonn)

Am gleichen Tag gab dann ein amerikanischer Sprecher über den Rundfunk bekannt, daß am 20. Juni für die drei Westzonen eine neue Währung gelten würde.

Hunderttausende von Schiebern und Spekulanten versuchten, ihre mit Schwarzmarktgeschäften ergaunerten Millionen, die im Westen nun wertlos geworden waren, in die sowjetische Besatzungszone und insbesondere nach Ostberlin zu bringen, wo noch die Reichsmark galt.

Die neue Westwährung machte die Mark in der sowjetischen Zone wertlos. Die gesamte Produktion der Ostzone hätte mit der neuen Westmark aufgekauft werden können.

Der Journalist W. G. Burchett schreibt in seinem Buch „Der Kalte Krieg in Deutschland" dazu:

„Deutschland wurde wie mit dem Messer eines Chirurgen in zwei Hälften geteilt, als die Banken der drei westlichen Zonen am Sonntag, dem 20. Juni 1948, jedem der fünfzig Millionen Einwohner der britischen, amerikanischen und französischen Zone fünfzehn neue gegen fünfzehn alte Mark umtauschten".

Die sowjetische Seite sah sich zu sofortigem Handeln gezwungen. Marschall Sokolowski ordnete für den 23. Juni eine Währungsreform in der sowjetischen Besatzungszone an und wollte sie auf alle vier Sektoren Berlins ausdehnen. Die westlichen Stadtkommandanten erklärten postwendend diese Weisung in ihren Sektoren für unwirksam. Am 24. Juni 1948 wurde die D-Mark (West) auch in Berlin eingeführt. Da nicht genügend neue Geldscheine zur Verfügung standen, wurde auf alte RM-Scheine ein „B" gestempelt. Von da an waren ungeachtet des Verbots des DM-Besitzes im Ostsektor ab sofort zwei Währungen in Berlin in Umlauf.

Bereits am Abend des ersten Umtauschtages in Ost-Berlin wurde die Ostmark zu einem Kurs von 5:1 gegen die D-Mark gehandelt. Die Westalliierten hielten die D-Mark gewollt knapp. Löhne und Gehälter in West-Berlin wurden nur zu einem

Viertel in DM gezahlt. Für bewirtschaftete Lebensmittel, Mieten, Strom und Gas blieb es bei der Bezahlung in Ostmark.[11]

Bei den Westalliierten setzte sich bald die Erkenntnis durch, daß das Wechselgeschäft dem Schwarzen Markt entzogen und in geregelte Bahnen gebracht werden mußte. Dazu wurden in den Westsektoren besondere Umtauschstellen eingerichtet. Die erste Wechselstube öffnete am 2. August 1948 im britischen Sektor. Vor dem Hintergrund eines ständig steigenden Kurses der West- zur Ostmark und unter den Bedingungen der Blockade entwickelt sich in Berlin eine angespannte Situation. Die Lage hatte sich in Folge der Ereignisse um die Währungsreform äußerst zugespitzt.

Abb.49a: 24.6.1948, Kupongeldschein, weil die Geldscheinmenge in der SBZ ins uferlose angestiegen wäre, alte Reichsbanknoten gab es im Westen genug, die dort ungültig waren, wurden als erste Gegenmaßnahme („Währungsreform“) die alten Reichsbankscheine mit einem wertgleichen Kupon beklebt und als „Notgeld“ in Verkehr gebracht. Es sollte noch ca. vier Wochen dauern, bis die neu geschaffene Deutsche Notenbank auch neues Geld in Umlauf brachte.

Abb.49b: „Ost“ DM-Schein der 1. Serie von 1948

11 Nach WIKIPEDIA, Währungsreform 1948 (Westdeutschland).

Blockade und Luftbrücke 1948-1949

Am 25. Juni 1948 verkündete die sowjetische Seite, daß ab sofort der freie Zugang nach Westberlin nicht mehr erlaubt ist. Die Straßen- und Eisenbahnverbindungen wurden unterbrochen, ebenso die Binnenwasserstraßen. Damit war Westberlin von allen lebensnotwendigen Verbindungen mit den westlichen Besatzungszonen abgeschnitten. Die Stromlieferungen von Ost nach West wurden eingestellt. Damit befand sich die Bevölkerung Westberlins schlagartig in einer äußerst kritischen Situation.

Am gleichen Tag erwog der Unterstaatssekretär R. Lovett auf einer Kabinettsitzung in Washington die Möglichkeit, wie man Berlin verlassen und so wenig wie möglich Gesicht verlieren konnte.

Präsident Truman antwortete ganz spontan: *„Von Abzug kann keine Rede sein. Wir sind in Berlin, und wir werden dort bleiben.“*

Für eine militärische Lösung der, durch die Blockade eingetretenen Situation, hatten die USA zu dieser Zeit weder die entsprechenden militärischen Kräfte vor Ort, noch den politischen Willen.

Dennoch war die militärische Präsenz der westlichen Alliierten in Berlin nicht nur von symbolischer Bedeutung. Im Laufe der Jahre veränderte sich zwar deren Struktur und Stärke, aber sie waren stets den militärischen Erfordernissen angepaßt.

Die US-Army hatte z.B. zwischen 1952 und 1961 mit dem Berlin Command bzw. der Berlin Brigade in der Stärke von drei Bataillonen und drei selbständigen Kompanien mit ca. 6.000 Mann eine beachtliche militärische Schlagkraft. Dazu kam noch die Air Base Group, die aber nicht der Brigade unterstand.

Großbritannien hatte ebenfalls drei Infanteriebataillone in Berlin und ein zusätzliches Kontingent von Angehörigen der Royal Air Force auf dem Flugplatz Gatow.

Die französischen Streitkräfte waren mit ihrem 11. Regiment de Chasseurs a Cheval (Infanteriebataillon) in einer Stärke von ca. 1.700 Mann vertreten.

Insgesamt lag die Stärke der militärischen Einheiten der Alliierten etwa bei 12.000 Mann. Zusammen mit der Polizei Westberlins und der Reserve standen rund 20.000 Mann zur Verfügung.

Die Alliierten richteten ihre eigenen Feldpostverbindungen dauerhaft ein.

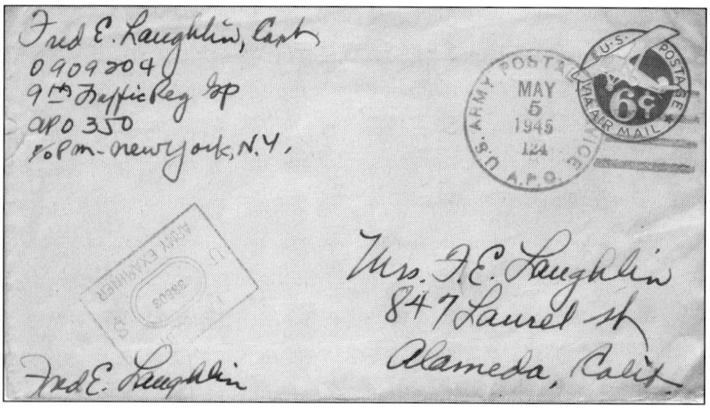

Abb.50: Feldpostbrief eines amerikanischen Soldaten, verschickt über das APO 124 vom 5.5.1945 (APO- Army Post Office). Im Absender APO 350, für den Truppenteil zuständig, war noch in Frankreich und kam nur langsam vorwärts. Deshalb nutzten die Soldaten das nächstgelegene APO, gehörten aber weiterhin zum ursprüngliche Feldpostamt. Ein Zweigpostamt des APO 124 war für das amerikanische Personal bei den Nürnberger Kriegsverbrecherprozessen ab 26.5.1945 eingerichtet.

Abb.51: Britischer Dienstfeldpostbrief auf wiederverwendeten Umschlag nach Hamburg vom 10. 5.1946

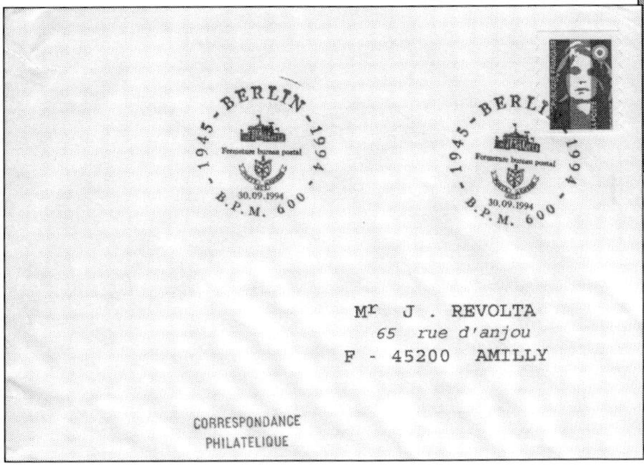

Abb.52: Französische Feldpost mit Sonderstempel des B.P.M. 600, das in Berlin tätig war (B.P.M. – Bureau Postal Militaire)

Die einzige Möglichkeit, die man im Westen sah, um West-Berlin nach der Errichtung der Blockade am Leben zu erhalten, war die Einrichtung einer Luftbrücke.

Dafür standen drei Luftkorridore und eine Kontrollzone über Berlin zur Verfügung, die bereits am 30. November 1945 vom Alliierten Kontrollrat genehmigt und eingerichtet worden waren.

Danach konnten Flüge zwischen Berlin und den westlichen Besatzungszonen über folgende Korridore erfolgen:

Berlin – Frankfurt
Berlin – Hannover (Bückeburg)
Berlin – Hamburg

Im Gebäude des Alliierten Kontrollrats wurde eine Luftsicherheitszentrale (Berlin Air Safety Center, BASC) eingerichtet, die die permanente Einhaltung der Flugvorschriften überwachte. Die Flugvorschriften legten in vier Abschnitten alle Einzelheiten für die Nutzung der Luftkorridore fest, einschließlich der Definitionen für einzelne Begriffe. Nach einer Änderung am 22.10.1946 behielten diese Vorschriften ihre Gültigkeit bis zum Wegfall der Korridore im Zuge der Vereinigung der beiden deutschen Staaten.

Abb.53a und 53b: Vorder- und Rückseite eines sowjetischen Feldpostbriefes. Die Falttechnik ersparte den Umschlag und erleichterte der Zensur die Arbeit. Der Brief wurde am 31.5.1945 beim Feldpostamt gestempelt und war bereits am 9.6.45 beim Empfänger in Leningrad. Absender war ein Angehöriger der Seekriegsflotte.

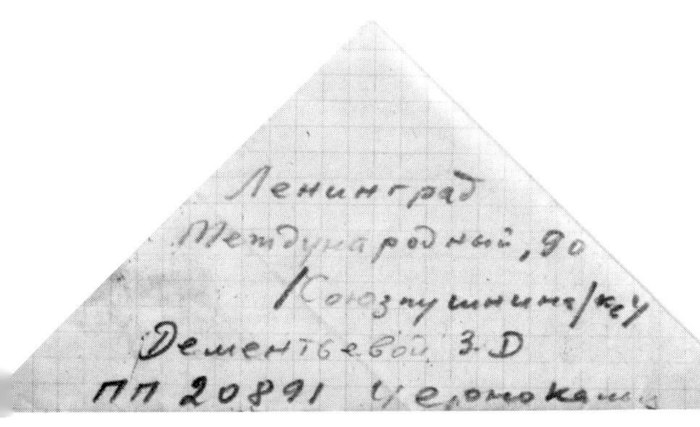

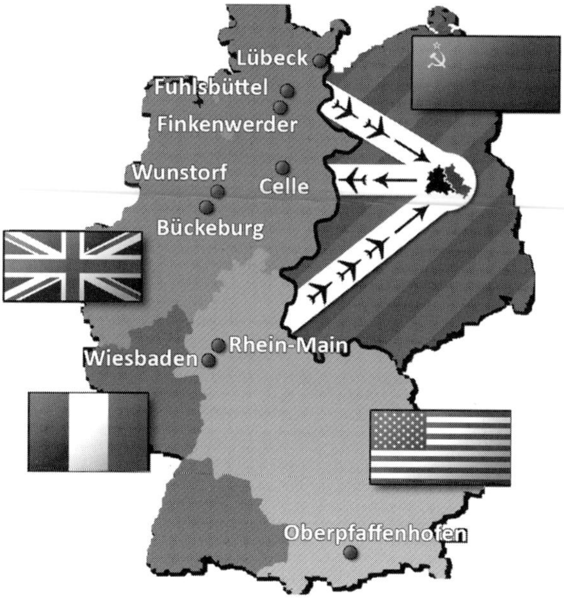

Abb.54: Die Luftkorridore wie sie für die Luftbrücke genutzt wurden. Einbahnstraßen nach und von Berlin (www.west-alliierte-in-berlin.de)

Hauptverladestation während der Luftbrücke war der Rhein-Main-Flughafen Frankfurt. Sechs weitere Plätze kamen hinzu: Hamburg, Wiesbaden, Fassberg, Celle, Wunsdorf, Lübeck

Die drei Luftkorridoren, die Westberlin mit der Bundesrepublik verbanden, wurden ab sofort als Einbahnstraßen genutzt: Im nördlichen Korridor flogen die Maschinen von Hamburg nach Westberlin, ebenso im südlichen Korridor, wo die Flugzeuge vom Rhein-Main-Flughafen Frankfurt/Main starteten. Über den mittleren Korridor fanden die Rückflüge nach Hannover statt. Jeder Pilot hatte in Berlin nur einen Landeanflug. Mißlang der, mußte er mit seiner Ladung zurück fliegen. So gelang es, daß alle drei Minuten eine Maschine landete, die dann in 30 Minuten entladen werden mußte, um den weiteren Ablauf einhalten zu können. Im Verlauf der Aktion wurde das Verfahren weiter verbessert. In Spitzenzeiten landeten mitunter 40 Flugzeuge in einer Stunde.

Mit dieser logistischen Leistung gelang es schließlich, Westberlin mit dem Nötigsten zu versorgen.

Hier die tägliche Lebensmittelration für West-Berlin:

3 t Hefe
19 t Salz
43 t Milchpulver
64 t Fett
85 t Zucker
109 t Fleisch
25 t Getreide
144 t Trockengemüse
180 t Trockenkartoffeln
646 t Mehl
gesamt ca. 1.400 t
Dazu kamen: 3.000 t Kohle und Rohstoffe für Wärme und industrielle Tätigkeiten.

Als Luftbrückendenkmal bezeichnet man drei nach Plänen von Eduard Ludwig (1906-1960) errichtete Skulpturen in Berlin, Frankfurt am Main und Celle, die an die Berliner Luftbrücke mit ihren Opfern erinnern sollen. Das Berliner Mahnmal war ursprünglich als Einzelstück geplant. Zur Berliner Skulptur korrespondierende Duplikate wurden im Jahr 1985 an der ehemaligen Rhein-Main Air Base auf dem Gelände

Abb.55: Landeanflug eines „Rosinenbombers“, eine Douglas DC 3. Die Kinder warten auf den Abwurf von Kaugummi und Schokolade.

Abb.56: Das Luftbrückendenkmal in Berlin.

des Frankfurter Flughafens sowie – in etwas kleinerer Ausführung – bei der ehemaligen Royal-Air-Force-Station Celle – heute Heeresflugplatz Celle geschaffen. Das zeitlich erste Luftbrückendenkmal wurde 1951 in Berlin am Platz der Luftbrücke unmittelbar vor dem Flughafen Tempelhof errichtet. Im Berliner Volksmund wird sie auch als *Hungerharke* oder *Hungerkralle* bezeichnet. Die drei Streben („Krallen“) des als Bogenansatz nach Westen ausgerichteten Denkmals stehen sinnbildlich für die drei Luftkorridore zwischen West-Berlin und der damaligen Trizone (spätere Bundesrepublik Deutschland). Die Inschrift am Rundsockel lautet: *„Sie gaben ihr Leben für die Freiheit Berlins im Dienste der Luftbrücke 1948/1949“*. Darunter sind die Dienstgrade und Namen aller bei den Unfällen Verstorbenen verzeichnet (www.wikipedia.de).

Auf einer Kundgebung zu Beginn der Luftbrücke sprach Ernst Reuter, der Bürgermeister Westberlins. Reuter, der kein besonders guter Redner war, übertraf sich mit einer sehr emotionalen Ansprache selbst. Hier ein Auszug aus seiner Rede:

> *[…] Heute ist der Tag, wo das Volk von Berlin seine Stimme erhebt. Dieses Volk von Berlin ruft heute die ganze Welt. […] Ihr Völker der Welt, ihr Völker in Amerika, in England, in Frankreich, in Italien!* ***Schaut auf diese Stadt*** *und erkennt, daß ihr diese Stadt und dieses Volk nicht preisgeben dürft, nicht preisgeben könnt.“ (Hervorhebung von B. Biedermann)*

Durch die Luftbrücke gelang es zwar, die wichtigsten Versorgungsgüter nach Westberlin zu bringen und die Stadt am Leben zu erhalten, aber Berlin konnte ohne finanzielle Hilfen von außen nicht existieren. Es war keineswegs so, daß die Lieferungen kostenlos waren. Für jede Tonne Kohle zum Beispiel mußten die Berliner 100 US-Dollar bezahlen.

Am 18. Oktober 1948 erließ der Wirtschaftsrat der Bizone das „Gesetz über das Notopfer Berlin“. Zu Lasten der westdeutschen Steuerzahler erhielt West-Berlin von da an beträchtliche finanzielle Hilfen. Während der Zeit der Luftbrücke erhielt West-Berlin zunächst 170 Mill. DM monatlich. Später zahlte der Bund etwa eine Mrd. DM jährlich. Das „Gesetz über das Notopfer Berlin“ blieb auch nach der Gründung der Bundesrepublik bis 1990 in Kraft, wobei die Höhe der Hilfe nicht immer gleich war.

Angesichts der prekären Lage kam es im August 1948 zu Verhandlungen zwischen den vier Alliierten in Moskau. Dort wurde am 30.8.1948 ein Übereinkommen erzielt, das vorbehaltlich der Erzielung einer Einigung zwischen den vier Militärgouverneuren in Berlin folgende Schritte gleichzeitig unternommen werden sollen:

A) *Die Beschränkungen für Nachrichtenverbindungen, Verkehr und Handel zwischen Berlin und den Westsektoren sowie für den Verkehr von Schiffsladungen von und nach der Sowjetzone Deutschlands, die vor kurzem auferlegt wurden, sind aufzuheben.*

B) *Die Deutsche Mark der Sowjetzone ist als einzige gültige Währung in Berlin einzuführen, und die Westmark mit dem Aufdruck B ist in Berlin aus dem Verkehr zu ziehen.*[12]

Offensichtlich waren die Westalliierten nicht bereit, eine solche Einigung vorzunehmen.

Die Aufhebung der Berliner Blockade kam erst durch ein Abkommen zwischen den drei Westmächten und der Sowjetunion zustande, das am 4. Mai 1949 in New York unterzeichnet wurde.

Wenn die Einschätzung von John Forster Dulles zutraf, die er am 24. Januar 1949 in einer Rede vor Schriftstellern in Paris äußerte und nicht nur so dahin gesagt war, dann stellt sich die Luftbrücke im nachhinein etwas anders dar als bisher gemeinhin angenommen. Dulles sagte damals: *„Zu jeder Zeit hätte man die Situation in Berlin klären können. […] Die gegenwärtige Lage ist jedoch aus propagandistischen Gründen für die USA sehr vorteilhaft. Dabei gewinnen wir das Ansehen, die Bevölkerung von Berlin vor dem Hungertod bewahrt zu haben, die Russen aber erhalten die ganze Schuld wegen ihrer Sperrmaßnahmen. Wenn wir uns in der Berlin-Frage einigen, so müssen wir uns mit Deutschland in seiner Gesamtheit befassen. Dann müssen wir jedoch sofort auf einen russischen Vorschlag rechnen, der die Forderung nach einer Zurückziehung der Besatzungstruppen und eine Rückgabe Deutschlands an die Deutschen enthält“.*[13]

Abb.58: Ersttagsbrief mit Briefmarke der Postdirektion Berlin und Sonderstempel anläßlich des 100. Geburtstages Reuters (1889-1953)

12 „Berlin. Das britische Weißbuch zur Krise“, Hamburg 1948, S. 37ff.
13 G. S. Wheeler, „Die amerikanische Politik in Deutschland“, Berlin 1958, S. 223.

Abb.59: Gedenktafel für Ernst Reuter am Haus Hardenbergstraße 35 in Berlin Charlottenburg

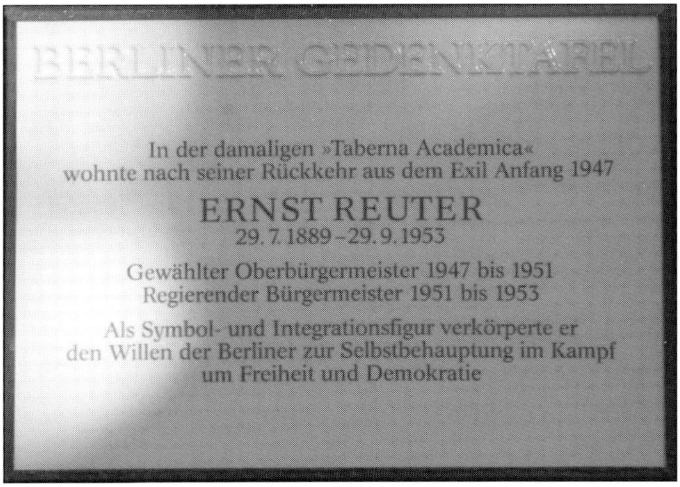

Abb.60: Nach dem Ende der Berlin-Blockade und der Luftbrücke verabschiedete der Wirtschaftsrat des vereinigten Wirtschaftsgebietes am 8. November 1948 das „Gesetz zur Erhebung einer Abgabe Notopfer Berlin im vereinigten Wirtschaftsgebiet“. Danach mußte auf die meisten innerdeutschen Postsendungen (außer von und nach West-Berlin und auch nicht in die DDR) zusätzlich zum normalen Porto eine Steuermarke, das sogenannte „Notopfer“, geklebt werden. Diese zwei Pfennig sollten der, durch die Berlin-Blockade in wirtschaftliche Not geratenen, West-Berliner Bevölkerung zugute kommen. Ab Januar 1949 wurde die Notopfermarke, wenn sie in der SBZ bzw. der DDR auf Sendungen angetroffen wurde, beanstandet (Postkrieg), Text, auszugsweise: www.wikipedia.de

Abb.61: Postkarte innerhalb Berlins mit sogenannter Zehnfachfrankatur. Die bisher gültigen Marken waren nur noch ein Zehntel ihrer Nominale Wert. Für eine 16 Pf-Karte waren 1,60 RM zu verkleben (hier 9 Pf zuviel)

Zur Rolle der Luftkorridore

Die Luftkorridore waren einerseits für die westlichen Alliierten unerläßlich, während sie andererseits für die Sowjetunion und die DDR in all den Jahren ihrer Existenz ein permanentes Ärgernis darstellten.

Sie waren am 27. November 1945 vom Koordinierungskomitee (Coordinating Commitee) gebilligt und am 30. November 1945 vom Alliierten Kontrollrat genehmigt worden. An dieser 13. Sitzung nahmen Marschall Shukow und Feldmarschall Montgomery teil. Sie einigten sich rasch zu den generellen Punkten der vorgeschlagenen drei Luftwege für Interzonenflüge. Im Laufe der nächsten Monate wurden detaillierte Flugvorschriften für Flüge in den Luftkorridoren erarbeitet und in Kraft gesetzt. Im Einzelnen wurde festgelegt: Die Einrichtung einer „Kontrollzone BERLIN". Sie war definiert als der Luftraum zwischen dem Boden und 3.000m Höhe innerhalb eines Radius von 32 km vom Alliierten Kontrollratsgebäude, in dem sich die Luftsicherheitszentrale Berlin (Berlin Air Safety Center - BASC) befindet. Mit einem Durchmesser von 64 km erfaßte diese Zone quasi den gesamten Berliner Luftraum.

Jeder der drei Luftkorridore hatte eine Breite von 32 km. Zur Gewährleistung sicherer Flüge waren die Flughöhen für Hin- und Rückflug genau definiert. Die unterste Flughöhe lag bei 300 m, nach oben gab es keine Begrenzungen.

Gefährliche Annäherungen von Flugzeugen in den Luftkorridoren waren die Ausnahme. Die Regel war allerdings, daß die Flüge von Anfang an zu Zwecken der Spionage ausgenutzt wurden. War es zunächst noch die rein optische Aufklärung mit Luftbildkameras, so wurden später auch Mittel der Funk- und Funktechnischen Aufklärung in die Maschinen installiert. Die Möglichkeiten, sich gegen diese Art der Aufklärung zu schützen, waren begrenzt. Es war nicht vermeidbar, daß militärische Objekte, die in oder in der Nähe der Luftkorridore lagen, aufgeklärt wurden. Das traf für den Raum um Berlin ebenso zu wie entlang der Korridore. Immer wieder mußte man auf östlicher Seite tatenlos zusehen, wenn ein Pilot aus der Mitte eines Korridors in Richtung auf den äußeren Rand flog, um dort in einer Kurve sein Flugzeug in eine starke Schräglage zu bringen, die es ermöglichte, noch weiter in das Territorium der DDR hinein zu fotografieren bzw. die Antennen der Funk- und Funkmeßaufklärungsgeräte entsprechend auszurichten.

Die wenigen Fälle, in denen einzelne Maschinen die Grenzen der Luftkorridore verletzten, wurden von der Luftraumaufklärung der NVA und der GSSD grundsätzlich erfaßt und dokumentiert. Man wäre zwar in der Lage gewesen, gegen solche Luftraumverletzer zu handeln, verzichtete aber angesichts der politischen Brisanz meistens darauf. Aktive Handlungen gegen Luftraumverletzungen dieser Art waren selten. Sie konnten ohnehin nur durch Jagdflugzeuge erfolgen, die die Möglichkeit hatten, den Luftraumverletzer zur Landung aufzufordern bzw. ihn wieder in den Korridor zu zwingen. Der Einsatz bodenständiger Mittel der Luftverteidigung (Flak-Artillerie oder Fliegerabwehrraketen) hätte das Risiko eines sofortigen Abschusses in sich getragen und wurde deshalb immer vermieden.

„Kommunistischer Staatsstreich“ durch die eine oder „Spaltung Berlins“ durch die andere Seite?

Infolge der Währungsreform und der sich anschließenden Blockade war die Lage in Berlin am Ende des Jahres 1948 äußerst gespannt. Sie erhielt eine weitere Verschärfung im Zusammenhang mit den anstehenden Wahlen für Stadtverordnetenversammlung (SVV).

Vor dem Hintergrund der bevorstehenden Gründung eines westdeutschen Staates, die nach der Londoner Sechs-Mächte-Konferenz im Juni 1948 in greifbare Nähe gerückt war, übernahm die westliche Seite die Initiative des Handelns. Sie drängte auf rasche Wahlen in Berlin.

Bei den ersten Wahlen im Oktober 1946, die in Gesamtberlin stattgefunden hatten, waren 92,3 Prozent der Wahlberechtigten an die Urnen getreten. Von den gültigen Stimmen entfielen auf die SPD 48,7, die CDU 22,2 und auf die SED 19,8 Prozent. (Die SED hatte in West-Berlin 13,7 Prozent der Wählerstimmen erhalten.)

Im Jahre 1948 standen neue Wahlen an. Am 8. September protestierten die Mehrheitsparteien der SVV gegen die Behinderung der parlamentarischen Arbeit im sowjetischen Sektor und suchten um die Genehmigung von Kommunalwahlen nach. In diesem Protest heißt es:

> *„In zahlreichen Gesetzen und Verordnungen sind lebenswichtige Fragen für die Berliner Bevölkerung beraten und beschlossen worden. Infolge der inneren Gegensätze in der Kommandantur sind viele dieser Maßnahmen leider nicht wirksam geworden. [...] Der Kulminationspunkt dieser Entwicklung findet seinen Ausdruck in der Blockade der arbeitswilligen und demokratisch gesinnten Bevölkerung Berlins. Die SED hat diese schwierige Situation (der Blockade – Anmerkung vom Autor) genutzt, um in den Sitzungen ... eine sachgemäße parlamentarische Arbeit unmöglich zu machen. Sie führt damit die putschistische Tätigkeit der Jahre vor 1933 unter Duldung der sowjetischen Besatzungsmacht weiter fort“.*[14]

In einem Schreiben vom 20.10. bestätigt der sowjetische Stadtkommandant, daß Kommunalwahlen in Berlin in nächster Zeit notwendig sind. Er begründet diese Notwendigkeit damit, daß die Demokratisierung des öffentlichen Lebens seit den Wahlen 1946 hintertrieben worden ist. Im weiteren konstatiert er in den westlichen Sektoren eine militaristische Propaganda, und der Magistrat und die SVV hätten sich in ein Werkzeug der britisch-amerikanischen Behörden verwandelt, die eine Politik der Spaltung betreiben. Einheitliche, ungehinderte und demokratische Wahlen könnten zur Verbesserung der Lage beitragen, wenn gewährleistet wird, daß die Kommunalorgane der Stadt einheitlich und ihre Wirtschaft ungeteilt sind. Im Hinblick darauf sei es notwendig, in den westlichen Sektoren die verbotenen Freien Deutschen Gewerkschaften, die demokratischen Organisationen der Intelligenz, den Kulturbund u.a. Organisationen wieder zu genehmigen. Die Verfolgung ihrer Mitglieder müßte eingestellt, verhaftete Personen dieser Organisationen aus der Haft entlassen werden. Außerdem wären die Organisationen und Formationen militärischen und faschisti-

14 „Stenographischer Bericht“ der Sitzung der SVV von Groß-Berlin vom 8. September 1948.

schen Charakters aufzulösen, die entsprechende Propaganda einzustellen und die Kriegshetzer von den Wahllisten zu streichen. Am Ende schreibt er:

„Die Sowjetische Kommandantur Berlins rechnet damit, daß der Berliner Magistrat Maßnahmen ergreift, die geeignet sind, die erwähnten Voraussetzungen für die schnellste Durchführung der demokratischen Wahlen zu gewährleisten."[15]

Ungeachtet der sowjetischen Haltung ruft die Stadtverordnetenversammlung von Groß-Berlin auf ihrer 90. Sitzung am 26.11. alle Wähler und Wählerrinnen der Westsektoren zur Wahl am 5. Dezember 1948 auf. Im sowjetischen Sektor erlaubt der Stadtkommandant keine Wahlvorbereitungen. Dafür wendet sich nunmehr am 29. November der Oberste Chef der Sowjetischen Militärverwaltung (SMA) in Deutschland, Marschall Sokolowski, an den Oberbefehlshaber der britischen Besatzungstruppen, General Roberston. Sokolowski schreibt:

„Die Separatwahlen in den Westsektoren am 5. Dezember haben das Ziel, die einheitlichen städtischen Verwaltungsorgane zu beseitigen und einen separaten Magistrat in den Westsektoren zu schaffen, damit dort die westlichen Militärbehörden unkontrolliert schalten und walten können, sowie die Aktivitäten der antidemokratischen und unverhüllten reaktionären Elemente in der Stadt zu fördern."[16]

In einer Außerordentlichen Stadtverordnetenversammlung am 29. November im Ostberliner Admiralspalast beschließt der Demokratische Block Berlin einstimmig:

„Die Mehrheit des infolge der Wahlen vom 20. Oktober 1946 eingesetzten Magistrats hat durch Mißachtung elementarster Lebensinteressen Berlins und seiner Bevölkerung und ständiger Verletzung der Verfassung die ihr obliegenden Verpflichtungen nicht erfüllt. ***Der Magistrat wird deshalb abgesetzt.*** *(Hervorhebung von B. Biedermann) Zur Sicherung der einheitlichen Verwaltung und zur Vorbereitung allgemeiner demokratischer Wahlen in ganz Berlin wird ein provisorischer demokratischer Magistrat gebildet."*[17]

Umgehend legen die Militärgouverneure der drei Westmächte bei dem Chef der SMA einen gemeinsamen Protest ein. Darin bestreiten sie jegliche Spaltungsabsicht.

Dafür faßt die SVV von Groß-Berlin am 1. Dezember einen Beschluß über den "kommunistischen Staatsstreich im sowjetischen Sektor Berlins". Nach ihrer Auffassung hat sich eine Interessentengruppe unter Führung des Kommunisten Fritz Ebert in einem Putsch unter dem Schutz einer Besatzungsmacht Amtshandlungen im Widerspruch zur Verfassung angemaßt. Die Wahlen am 5. Dezember 1948 finden nur in den Westsektoren Berlins statt. 86,3 Prozent der Wahlberechtigten machen von ihrem Stimmrecht Gebrauch. Mit 64,5 Prozent aller Stimmen wird die SPD stärkste Partei. Es folgen die CDU mit 19,4 und die LDP/FDP mit 16,1 Prozent. Die SED nahm nicht an der Wahl teil.

15 „Die städtischen Körperschaften in der Berliner Krise", Hrsg. Magistrat von Groß-Berlin, Berlin 1949, S. 64ff.

16 Ebenda, S. 74 ff.

17 „Neues Deutschland" vom 1. Dezember 1948.

Der UGO-Putsch

Abb.62: Plakat „FDGB der Träger des Aufbaus“, 1945

Im August 1948 hatte sich in West-Berlin die „Unabhängige Gewerkschaftsorganisation (UGO)“ gegründet.

Im Zusammenhang mit der Währungsunion und der Blockade gerieten die 13.000 Westberliner Mitarbeiter der Reichsbahn in eine schwierige Lage. Sie wurden in Ostmark entlohnt und erhielten keine Westwährung. Nach wiederholten Aufrufen der UGO zum Streik, der wegen mangelnder Beteiligung jedoch nicht zustande kam, setzte sie im Mai 1949 eine Urabstimmung durch und fühlte sich stark genug, den Streik zu beginnen. Als nur etwa 2.500 Eisenbahner zum Streik antraten, rekrutierte die UGO betriebsfremde Personen, um in den Westsektoren liegende Bahnhöfe betriebsunfähig zu machen. Am Bahnhof Zoo eskalierten die Auseinandersetzungen zwischen UGO-Leuten und Reichsbahnern. Die UGO-Chefs fühlten sich stark, wussten sie doch Irving Brown von der „American Federation of Labor – AFL“ und Jay Lovestone hinter sich. Dieser Lovestone offenbarte 1951 auf einer Sitzung des Landesbezirksausschusses des DGB in Berlin: „Wir in Amerika waren für die UGO, bevor die UGO überhaupt da war.“

Solange die Verbindungswege von und nach West-Berlin unterbrochen waren, hielt der Streik an. Es kam zu Verletzten und einem Todesopfer. Der 15-jährige Bernhard Neumann aus Charlottenburg wurde aus sieben Metern Entfernung erschossen. Es blieb bis heute offen, wer den Schuß abgegeben hatte und warum. Als die Sperrung der Verbindungswege durch die Sowjets aufgehoben wurde, verlor der Streik seinen Sinn.

Am 28. Juni 1949 rollte der Verkehr in Berlin wieder normal.

Abb.63a und 63b:
BVG Sonderfahrschein B (undatiert), Vorder- und Rückseite – Fahrschein in Verbindung mit dem Ost-Personalausweis. „Der Fahrschein gilt nur innerhalb der Westsektoren für **eine Fahrt** auf der U-Bahn oder den bekanntgegebenen Straßenbahnlinien in Richtung zur Sektorengrenze Ost.“

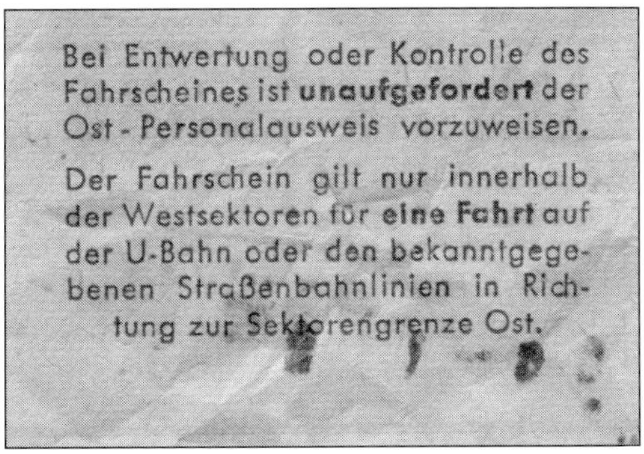

Zur Gründung der beiden deutschen Staaten und die Situation in Berlin

Schon während der Arbeiten am Entwurf des Grundgesetzes der Bundesrepublik Deutschland stand die Frage der Einbeziehung West-Berlins. In der Presse erschienen Artikel, in denen davon berichtet wurde, daß der Hauptausschuß des „Parlamentarischen Rates" den Beschluß gefaßt habe, „Berlin als 12. Land in den westdeutschen Bundesstaat einzugliedern".

Das Informationsbüro der Sowjetischen Militärverwaltung in Deutschland gab dazu am 10. Februar 1949 eine Erklärung ab, in der die Absicht des „Parlamentarischen Rates" als abenteuerliche und nicht ernst zu nehmende Politik bezeichnet wird. *„Der provokatorische Charakter und das Abenteuerliche dieses Beschlusses bestehen in der bewußten Nichtberücksichtigung der Tatsache, daß Berlin nur die Hauptstadt eines einheitlichen deutschen Staates sein kann, und daß, da es in der sowjetischen Besatzungszone liegt und mit ihr verbunden ist, Berlin auf keinen Fall in einem separaten westdeutschen Staat eingeschlossen werden kann."*[18]

Die Militärgouverneure der drei Westmächte sahen sich veranlaßt, in einem Memorandum vom 2.3.1949 zum Entwurf der Grundgesetze der Bundesrepublik dem „Parlamentarischen Rat" folgendes mitzuteilen:

> *… 10. Schließlich möchten meine Kollegen und ich Sie wissen lassen, daß wir die sorgende Teilnahme verstehen, die der Parlamentarische Rat für Berlin gezeigt hat. Dennoch muß mit Rücksicht auf die gegenwärtige Lage der Teil des Artikel 22, der sich auf Berlin bezieht, suspendiert werden. Nichtsdestoweniger würden keine Bedenken dagegen bestehen, daß die verantwortlichen Behörden in Berlin eine kleine Anzahl von Vertretern dazu bestimmen, den Sitzungen des Parlaments beizuwohnen."*[19]

In einem Schreiben der Militärgouverneure der drei Westmächte vom 22. April 1949 über die Auffassungen der Außenminister ihrer Länder zum Entwurf des Grundgesetzes der Bundesrepublik heißt es: *„Die Militärgouverneure übermitteln hiermit im Auftrag ihrer Regierungen die Auffassungen der Außenminister ihrer Länder zum Grundgesetz. Diese Auffassungen sind die folgenden:*

> *A. Die Außenminister können gegenwärtig* ***nicht zustimmen, daß Berlin als ein Land*** *in die ursprüngliche Organisation* ***der deutschen Bundesrepublik einbezogen wird."***[20] *(Hervorhebung von B. Biedermann)*

Die Staatsgründung im Westen

Am 23. Mai 1949 wurde in Bonn das Grundgesetz der Bundesrepublik Deutschland verkündet. 68 Abgeordnete des Parlamentarischen Rates einschließlich der West-Berliner Vertreter hatten es unterzeichnet. Nur der Abgeordnete Heinz Renner von der KPD lehnte die Unterzeichnung mit den Worten ab: „Ich unterschreibe

18 „Tägliche Rundschau" vom 11.2.1949.

19 E. R. Huber, „Quellen zum Staatsrecht der Neuzeit", Tübingen 1951, Bd.2, S. 213f.

20 „Parlamentarischer Rat", Drucksache Nr. S 44 a bis c.

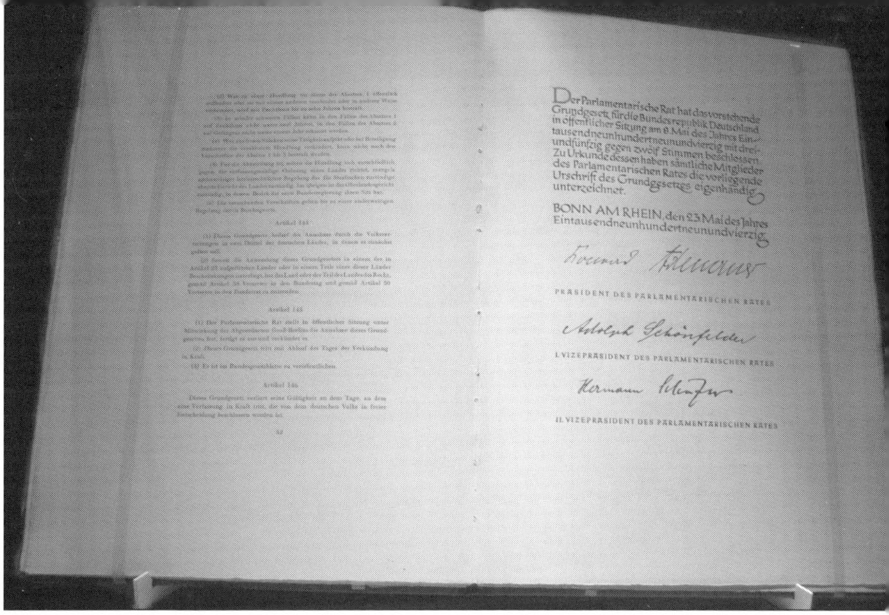

Abb.64: Faksimile des Grundgesetzes von 1949, wie es jedes Mitglied des Parlamentarischen Rates erhielt (Exemplar von Theodor Heuss im Theodor-Heuss-Haus Stuttgart; Eigentum Familienarchiv Heuss), Foto: Andreas Praefcke

Abb.65: Porträt von Bundeskanzler Dr. Konrad Adenauer vom 23.6.1952, (Foto Katherine Young, New York)

nicht die Spaltung Deutschlands." Das Grundgesetz war am 8. Mai mit 53 gegen 12 Stimmen vom Parlamentarischen Rat verabschiedet worden. Am 14. August fanden in den drei Westzonen die Wahlen zum ersten Bundestag statt. Stärkste Fraktion wurde die CDU/CSU mit 139 von 402 Stimmen. Die SPD erreichte 131 Stimmen. Die feierliche Eröffnung der beiden gesetzgebenden Organe Bundestag und Bundesrat erfolgte am 7. September. Die Bundesversammlung wählte am 12. September den FDP-Abgeordneten Theodor Heuss zum ersten Präsidenten der Bundesrepublik. Er konnte sich erst im zweiten Wahlgang gegen den SPD-Vorsitzenden Kurt Schumacher durchsetzen. Mit 202 der 402 Stimmen – seine eigene Stimme brachte ihm die erforderliche Mehrheit – wurde Konrad Adenauer am 15. September 1949 zum ersten Kanzler der Bundesrepublik gewählt.

Die Geburtsstunde der DDR

Eine Woche nachdem in Bonn das Grundgesetz der BRD verkündet worden war, billigte der im Mai gewählte dritte Deutsche Volkskongreß in Ost-Berlin mit 1.999 gegen eine Stimme die Verfassung der Deutschen Demokratischen Republik. Es wurden 330 Mitglieder des Volksrats (Nationalparlament) gewählt. Mit 210 Abgeordneten verfügte die SED über eine absolute Mehrheit. Der Volksrat proklamierte auf seiner 9. Tagung am 7. Oktober 1949 die Deutsche Demokratische Republik. In einer gemeinsamen Sitzung wählten am 11. Oktober Volkskammer und Länderkammer per Akklamation den SED-Vorsitzenden Wilhelm Pieck zum ersten Prä-

Abb.66: Gründung der Deutschen Demokratischen Republik am 7.10.1949, im Gebäude der DWK (Deutsche Wirtschaftskommission) in der Leipziger Straße in Berlin fand am 7.10.1949 die 9. Sitzung des Volksrates statt, die sich unter Vorsitz von Wilhelm Pieck zur provisorischen Volkskammer umbildete

sidenten der Deutschen Demokratische Republik. Einen Tag später bestätigte die Volkskammer die vom ersten Ministerpräsidenten Otto Grotewohl (SED) vorgelegte Kabinettsliste.

Von Anfang an beanspruchte die Bundesregierung die Alleinvertretung für ganz Deutschland. Im Zuge dieser Politik wurde immer wieder versucht, West-Berlin in die Bundesrepublik einzubeziehen. Die Sowjetunion und die DDR wehrten sich im Rahmen ihrer Möglichkeiten dagegen, ohne dadurch verhindern zu können, daß der DDR die vollständige völkerrechtliche Anerkennung lange versagt blieb.

Die Anfang der 50er Jahre von dem Staatssekretär des Auswärtigen Amtes, Walter Hallstein, entwickelte Doktrin war darauf gerichtet, die staatliche Anerkennung der DDR durch Drittstaaten zu blockieren. Jedem Staat, der neben der BRD auch die DDR anerkannte, wurde der Abbruch der diplomatischen Beziehungen angedroht. Ausgenommen davon war nur die Sowjetunion. Die Hallstein-Doktrin wurde allerdings nur in wenigen Fällen rigoros angewendet. 1957 unterbrach man die Beziehungen zu Jugoslawien, 1963 die zu Kuba.

Abb.67: Otto Grotewohl und Wilhelm Pieck 1949 in Berlin

Abb.68: Grotewohl auf der 2. Parteikonferenz in Berlin, 1947

Im Falle Jugoslawiens sah man sich gezwungen, die Beziehungen 1968 wieder aufzunehmen. Dennoch bewirkte die Hallstein-Doktrin, daß sich die vollständige völkerrechtliche Anerkennung der DDR lange verzögerte und erst mit dem Grundlagenvertrag 1972 endgültig vollzogen wurde.

Zugleich versuchte die Regierung in Bonn immer wieder, West-Berlin in das politische Geschehen der Bundesrepublik einzubeziehen (Tagungen des Bundestages, Wahl des Bundespräsidenten in Berlin u.a.). Als am 7./8. April 1965 zum Beispiel eine Bundestagssitzung in der Kongreßhalle im Tiergarten – von den Berlinern respektlos nur „Schwangere Auster“ genannt – stattfand, reagierten die Sowjets in unerwarteter Weise. In immer neuen Wellen flogen ihre Kampfjets in extrem geringen Höhen über das Gebäude. Ihrer Triebwerke verursachten einen höllischen Lärm. Sie störten so den Verlauf der Veranstaltung erheblich, konnten sie aber letztlich nicht verhindern.

Grenzgänger und Grenzgeschäfte

Mitten in Berlin, wo die Friedrichstraße von der Zimmerstraße gekreuzt wird, verlief die Grenze zwischen dem sowjetischen und dem amerikanischen Sektor. An dieser Kreuzung wurde im August 1961 der sog. „Checkpoint Charlie" eingerichtet. Bis dahin waren die Berliner dort, wie an vielen anderen Stellen auch, von Ost nach West und von West nach Ost gewechselt, so wie sie wollten. Der Gang über die Grenze gehörte zum alltäglichen Leben. Je nach Wohnsitz war man gerade „beim Russen", „beim Ami", Engländer oder Franzosen.

Auf den Verlauf der Sektorengrenzen wiesen an bestimmten Straßen und Plätzen nur die Schilder hin, auf denen in vier Sprachen stand: „Sie verlassen jetzt den … Sektor." oder „Sie betreten jetzt den … Sektor."

Es waren zwei Faktoren, die auch nach der Einteilung der Stadt in Sektoren noch deren Einheit wahrten: Eine einheitliche Währung und ein ungehinderter Personenverkehr vor allem durch S- und U-Bahn. Daran änderten auch polizeiliche Kontrollen und eingeschränkte Telefonverbindungen im Prinzip nichts. Als am 24. Juni 1948 auf Betreiben der US-Regierung in den drei Westsektoren die Deutsche Mark der Bank deutscher Länder eingeführt wurde, erlitt diese Einheit einen ersten spürbaren Schaden. Nach der unmittelbar dadurch ausgelösten Währungsreform in der sowjetischen Besatzungszone und in Ost-Berlin gab es von da an zwei Währungen in der Stadt. Dadurch vollzogen sich in den Lebensverhältnissen der meisten Berliner gravierende Veränderungen. Sie wurden an drei Erscheinungen deutlich: *Wechselstuben, Warentransfer, Grenzgänger.* Durch die amtlich zugelassenen Wechselstuben wurden dem Fiskus hohe Steuereinnahmen gesichert. Die damit zugleich verbundene Absicht, den wilden Wechslern das Handwerk zu legen, ließ sich dadurch aber nicht realisieren. In Grenznähe und an Verkehrsknotenpunkten standen im Westen Händler wie auf dem Straßenstrich und warteten auf ihre Kunden. Der Umtauschkurs begann zunächst mit 2:1. Für zwei Ostmark erhielt man also eine Westmark. Schon drei Monate später stand der Kurs bei 4:1. Als im März 1946 fast 60 Wechselstuben in Betrieb waren, lag der Kurs bei 5,50:1. Danach schwankte er je nach Nachfrage. Je nachdem wie viele Flüchtlinge ihre Ostmark nach West-Berlin brachten oder in den Westberliner Medien Panik gemacht wurde, stieg oder fiel der Wechselstu-

Abb.69: Tafel mit Warnhinweis in vier Sprachen.

benkurs. Auch Versorgungsschwierigkeiten oder Mangelerscheinungen in der DDR erhöhten die Nachfrage nach der D-Mark und trieben den Kurs nach oben. West-Berlin war zum Schaufenster des Westens geworden. Einwohner aus allen Teilen der DDR kamen nach Berlin, um moderne Schuhe, Modeartikel, Südfrüchte und natürlich Jeans zu kaufen, die es bei ihnen zu Hause nicht oder kaum gab. Akzeptiert wurden beide Währungen jeweils zum aktuellen Umtauschkurs. Der Umsatz im Grenzhandel erreichte durchaus schon einmal die Höhe von 500.000 Ostmark an einem Tag. Zugleich verkauften Schwarzmarkthändler Zigaretten, Fleisch- und Wurstwaren, Tuche, Lederfabrikate und Wäsche von bekannten Firmen aus der Lausitz, Sachsen und Thüringen, die dort nicht zu bekommen waren.

Mit der D-Mark wurde auch der Arbeitsmarkt gespalten. Neben den Berlinern, die in einem der beiden Währungsgebiete wohnten und arbeiteten, gab es zunächst 122.000 Grenzgänger von West nach Ost und 76.000 von Ost nach West sowie etwa 13.000 Westberliner Eisenbahner, die bei der Reichsbahn (Ost) arbeiteten, von der auch die S-Bahn betrieben wurde.[21]

Die dringend erforderliche Klärung der Stellung der Grenzgänger durch ein Abkommen blieb aus. In West-Berlin wurde eine Lohnausgleichskasse eingerichtet. Westberliner, die im Osten arbeiteten, bekamen 60 Prozent ihrer Ostbezüge in D-Mark umgetauscht, jedoch nicht mehr als 200 DM. Ab 1953 betrug die Obergrenze 350 DM. Ostberliner, die im Westen arbeiteten, erhielten 30 Prozent ihrer Bezüge in Westmark.

Grenzgänger waren Wanderer zwischen zwei Welten. Sie spürten die anormale Berliner Situation täglich am meisten und wurden aus unterschiedlichen Gründen angefeindet.[22]

Am 6. Juni 1961 befaßte sich das Politbüro der SED letztmalig mit Grenzgängerproblemen.

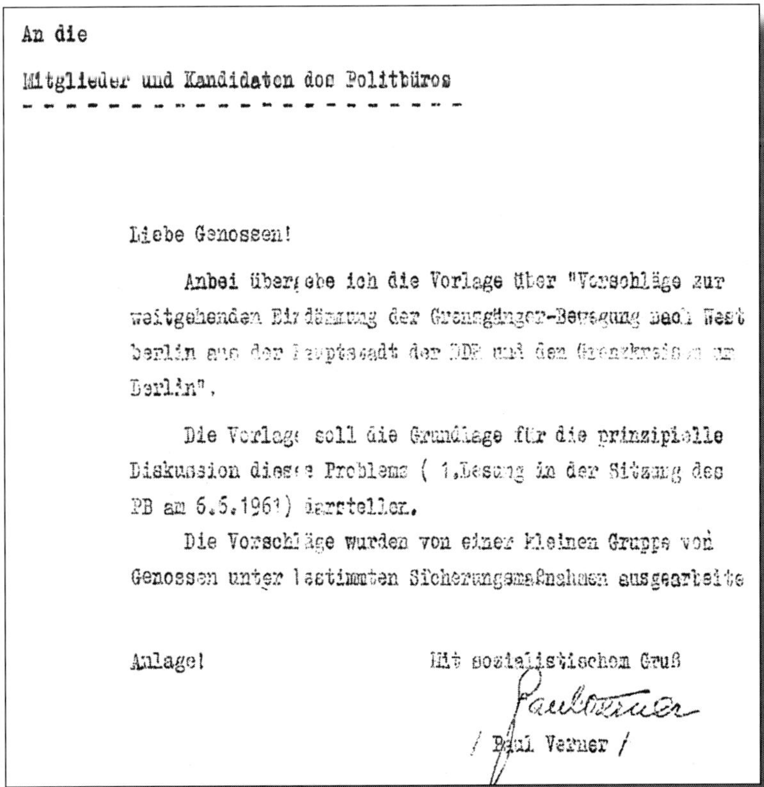
An die

Mitglieder und Kandidaten des Politbüros

Liebe Genossen!

Anbei übergebe ich die Vorlage über "Vorschläge zur weitgehenden Eindämmung der Grenzgänger-Bewegung nach Westberlin aus der Hauptstadt der DDR und den Grenzkreisen um Berlin".

Die Vorlage soll die Grundlage für die prinzipielle Diskussion dieses Problems (1.Lesung in der Sitzung des PB am 6.6.1961) darstellen.

Die Vorschläge wurden von einer kleinen Gruppe von Genossen unter bestimmten Sicherungsmaßnahmen ausgearbeitet

Anlage!

Mit sozialistischem Gruß

Paul Verner

/ Paul Verner /

Abb.70a-c: Auszug aus der Vorlage von Paul Verner zur Eindämmung des Grenzgängerbewegung nach Westberlin aus dem Protokoll der Sitzung des Politbüros vom 6.6.1961

21 Berlinische Monatsschrift, Heft 3, März 2001, Beitrag von Karl-Heinz Arnold, S. 31-32.
22 Ebenda, S. 32.

Anlage Nr. 4

Streng geheim!
30 Exemplare
7. Exemplar.

V o r l a g e

zur weitgehenden Eindämmung der Grenzgänger-Bewegung nach Westberlin aus der Hauptstadt der DDR und den Grenzkreisen um Berlin.

- -

I

Die Grenzgänger-Bewegung aus der Hauptstadt Berlin und aus Kreisen der Bezirke Potsdam und Frankfurt /O. nach Westberlin ist durch den Schwindelkurs zwischen unserer Mark und der Westmark und vor allem auf Grund der gegenwärtigen wirtschaftlichen Hochkonjunktur in Westberlin stark angewachsen. Diese Konjunktur wird aus Gründen der systematischen Schädigung der DDR und ihrer Wirtschaft von den Monopolen Westdeutschlands und der USA sowie der Bonner Regierung und des westberliner Senats noch besonders gestützt und gefördert. So beträgt gegenwärtig die Zahl der in Westberlin beschäftigten Bürger der Deutschen Demokratischen Republik (Grenzgänger) rund 65.000. Im Dezember 1953 waren es 30.889 registrierte Grenzgänger. In diesen Angaben sind nicht die sogenannten Schwarzarbeiter wie Gelegenheitsarbeiter, Scheuerfrauen usw. enthalten. Der jährliche Produktionsverlust durch den Abzug dieser Arbeitskräfte beläuft sich auf mindestens eine Milliarde DM.

Den wachsenden Arbeitskräftemangel in Westberlin, besonders bei qualifizierten Facharbeitern und in Berufen der Elektroindustrie, die für Frauen geeignet sind, versuchen die Frontstadtpolitiker und Unternehmer durch vielfältige Maßnahmen, vor allem mit Hilfe des spekulativen Wechselkurses, weitgehendst zu lösen.

Das Grenzgängertum – und bei diesen Menschen handelt es sich in der Hauptsache um politisch rückständigere Personen, die sich durch den Schwindelkurs zwischen Westmark und unserer Mark per-

- 2 -

sönliche Vorteile verschaffen - trägt Zersetzung und Zweifel in die Reihen unserer Werktätigen, schwächt die Staatsdisziplin, untergräbt den gesunden Bürgersinn und die Moral der Menschen. Darin besteht aber genau die politische Absicht und Zielsetzung der Frontstadtpolitiker und der Monopolherren.

Die übergroße Mehrheit unserer Werktätigen, die ehrlich und gut arbeiten, sind über die Grenzgänger und ihre schmarotzerhafte Einstellung zur Arbeit und zum Leben empört. Die Grenzgänger leisten keine produktive Arbeit in unserer Volkswirtschaft, sie schaffen keine Werte für unsere Gesellschaft, kommen aber in den vollen Genuß unserer Errungenschaften, so der billigen Mieten, der Dienstleistungen, der kulturellen Einrichtungen und Leistungen der Sozialversicherung unserer Republik. Durch den Schwindelkurs sind die Grenzgänger auch in ihrer täglichen Lebenshaltung besser gestellt als unsere Arbeiter. Unsere Werktätigen drängen deshalb immer stärker darauf, daß die Staatsorgane alle notwendigen Maßnahmen ergreifen, um das Grenzgängerproblem zu lösen, und das umsomehr, als mit politisch-ideologischer Aufklärung allein keine grundlegende Veränderung herbeigeführt werden kann.

Auch viele Aussprachen mit westberliner Arbeitern haben deutlich gemacht, daß Maßnahmen gegen Grenzgänger bei großen Teilen westberliner Werktätiger Zustimmung finden würden. Sie sind damit unzufrieden, daß in zahlreichen Fällen Grenzgänger von den Unternehmern als Lohndrücker und zersetzende Elemente gegenüber westberliner Arbeitern benutzt werden.

Da für die Arbeitsaufnahme in westberliner Betrieben durch unsere Bürger in der Hauptsache der starke ökonomische Anreiz wirkt, muß die dringend erforderliche Korrektur der eingetretenen Entwicklung durch wirkungsvolle politisch-ideologische, administrative und vor allem ökonomische Maßnahmen herbeigeführt werden.

Bei der Ausarbeitung von Maßnahmen wurde darauf orientiert, daß sie nicht mit den Problemen des Friedensvertrages und der friedlichen Lösung der Westberlin-Frage gekoppelt werden können. Deshalb tragen die vorgeschlagenen Maßnahmen ihrem Wesen nach ökono-

Die Sitzung wurde von Walter Ulbricht geleitet. Neben dem Berichterstatter Paul Verner nahmen nur Willy Stoph und Erich Honecker als Mitglieder des Politbüros sowie Kurt Hager und Alois Pisnik als Kandidaten. Sie berieten eine Vorlage zur weitgehenden Eindämmung der Grenzgänger-Bewegung nach Westberlin aus der Hauptstadt der DDR und den Grenzkreisen um Berlin. Das streng geheime Dokument enthält auf 13 Seiten unter anderem eine zweite Durchführungsbestimmung zur Anordnung über Umtausch und Verrechnung von DM der Deutschen Notenbank (Ost) gegen Westgeld, eine Verordnung über den Umtausch von Einkünften aus Arbeitsverhältnissen in Westberlin und eine gemeinsame Richtlinie des Ministeriums der Finanzen und des Komitees für Arbeit und Löhne zur Durchführung der gesetzlichen Bestimmungen über die Umtauschpflicht der Grenzgänger.

In der Vorlage werden zwei interessante Zahlen genannt. Die Summe der jährlich von den Grenzgängern in Westberlin umgetauschten Mark der Deutschen Notenbank (Ostmark) soll etwa 500 Millionen betragen haben. Es wird eingeschätzt, daß im Verlaufe der letzten drei Jahre eine Summe von insgesamt 600 Millionen Ostmark in Westberlin angesammelt wurde und dort als Reserve gehortet wird.

Der Strom der DDR-Bürger, die den freien Zugang nach West-Berlin nutzten, um sich mit Waren zu versorgen, die es bei ihnen zu Hause nicht gab, riß über all die Jahre bis 1961 nicht ab.

Man fuhr schon mal schnell von Leipzig oder anderswo nach Berlin, überschritt die Sektorengrenze und kaufte in West-Berlin ein Paar schicke Schuhe, Original-Jeans oder einige Standen Zigaretten. Diese Einkäufe konnten auch durch rigorose Kontrollen und exemplarische Strafen nicht eingeschränkt werden.

(Die komplette Vorlage aus dem Protokoll der Sitzung vom 6.6.1961 finden Sie im Anhang.)

Wie es dem 18-jährigen Guntram König 1958 erging, als er nach einem Abstecher in Westberlin auf der Heimreise kontrolliert wurde, belegen die folgenden Dokumente.

Abb.71: Der Herausgeber im Alter von 18 Jahren

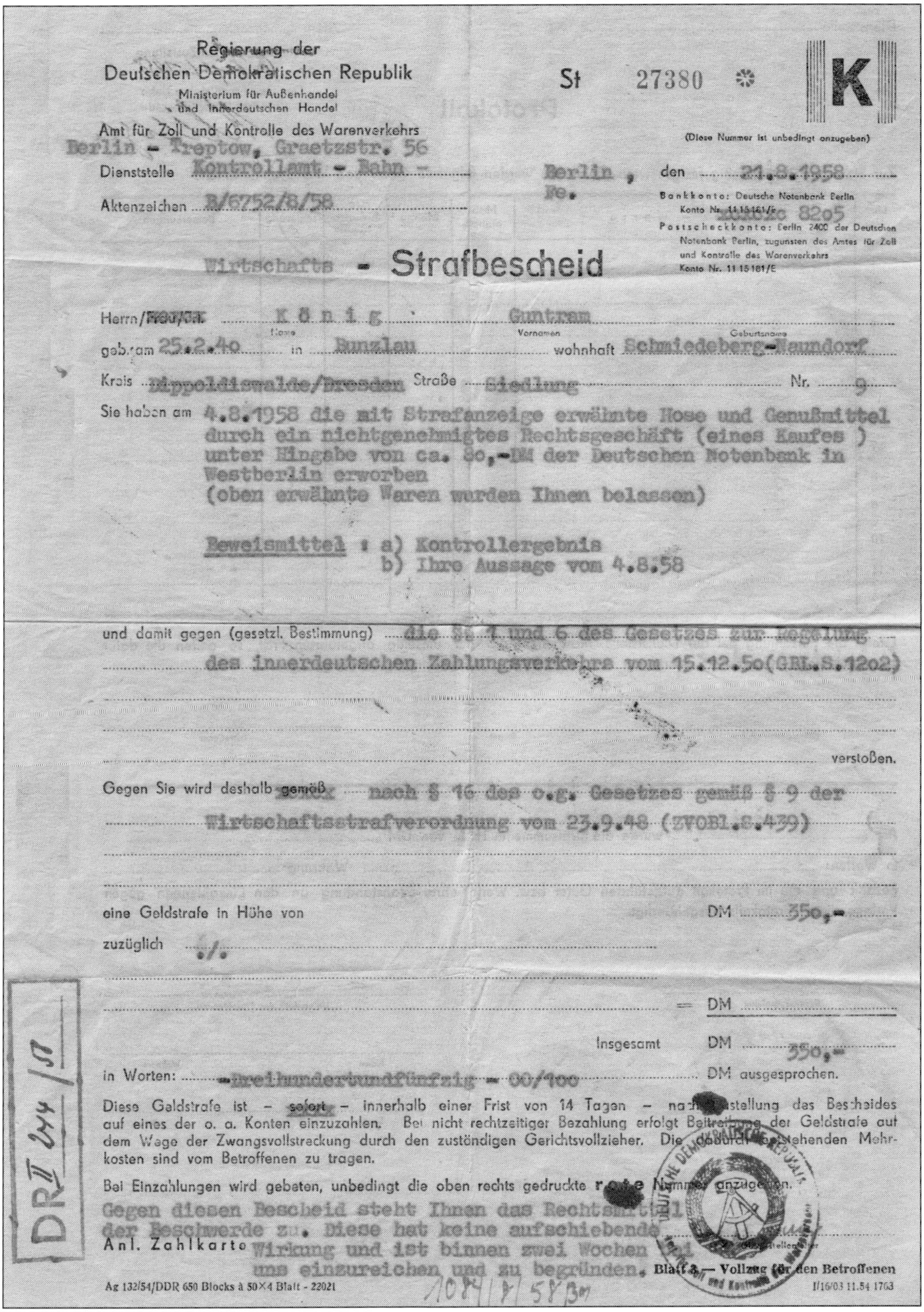

Regierung der
Deutschen Demokratischen Republik
Ministerium für Außenhandel
und Innerdeutschen Handel
Amt für Zoll und Kontrolle des Warenverkehrs
Berlin - Treptow, Graetzstr. 56

St 27380 K

(Diese Nummer ist unbedingt anzugeben)

Dienststelle Kontrollamt - Bahn - Berlin, den 21.8.1958

Aktenzeichen B/6752/8/58 Fe.

Bankkonto: Deutsche Notenbank Berlin
Konto Nr. 11 15 161/E
Postscheckkonto: Berlin 2400 der Deutschen Notenbank Berlin, zugunsten des Amtes für Zoll und Kontrolle des Warenverkehrs
Konto Nr. 11 15 161/E

Wirtschafts - Strafbescheid

Herrn/~~Frau/Frl.~~ König Guntram
Name Vornamen Geburtsname

geb. am 25.2.4o in Bunzlau wohnhaft Schmiedeberg-Naundorf

Kreis Dippoldiswalde/Dresden Straße Siedlung Nr. 9

Sie haben am 4.8.1958 die mit Strafanzeige erwähnte Hose und Genußmittel durch ein nichtgenehmigtes Rechtsgeschäft (eines Kaufes) unter Hingabe von ca. 8o,-DM der Deutschen Notenbank in Westberlin erworben
(oben erwähnte Waren wurden Ihnen belassen)

Beweismittel : a) Kontrollergebnis
b) Ihre Aussage vom 4.8.58

und damit gegen (gesetzl. Bestimmung) die §§ 1 und 6 des Gesetzes zur Regelung des innerdeutschen Zahlungsverkehrs vom 15.12.5o(GBl.S.12o2) verstoßen.

Gegen Sie wird deshalb gemäß nach § 16 des o.g. Gesetzes gemäß § 9 der Wirtschaftsstrafverordnung vom 23.9.48 (ZVOBl.S.439)

eine Geldstrafe in Höhe von DM 350,-

zuzüglich ./.

= DM

Insgesamt DM 350,-

in Worten: -Dreihundertundfünfzig - 00/100 DM ausgesprochen.

Diese Geldstrafe ist - sofort - innerhalb einer Frist von 14 Tagen - nach Zustellung des Bescheides auf eines der o. a. Konten einzuzahlen. Bei nicht rechtzeitiger Bezahlung erfolgt Beitreibung der Geldstrafe auf dem Wege der Zwangsvollstreckung durch den zuständigen Gerichtsvollzieher. Die dadurch entstehenden Mehrkosten sind vom Betroffenen zu tragen.

Bei Einzahlungen wird gebeten, unbedingt die oben rechts gedruckte rote Nummer anzugeben.

Gegen diesen Bescheid steht Ihnen das Rechtsmittel der Beschwerde zu. Diese hat keine aufschiebende Wirkung und ist binnen zwei Wochen bei uns einzureichen und zu begründen.

Anl. Zahlkarte

Blatt 3 — Vollzug für den Betroffenen

Ag 132/54/DDR 650 Blocks à 50×4 Blatt - 22021 I/16/03 11.54 1763

Abb.72: Strafbescheid über 350,- DM (Ost) wegen Verstoßes gegen das Gesetz zur Regelung des innerdeutschen Zahlungsverkehrs vom 15.12.1950

Zum Strafbescheid

Glücklich über das Gesehene und stolz auf meine Niethose gingen wir über die 1958 offene Grenze mitten in Berlin. Fast Herzstillstand – unbemerkt wurden wir wohl beobachtet – und aufgefordert zu folgen. Wir kamen in ein Gebäude. In einem großen Saal saßen, standen, lagen schon viele Menschen. Uns war nicht bewußt, was wir fleißigen DDR-Bürger verbrochen hatten. Spät am Abend wurde ich in ein Zimmer gerufen. So richtig verhöhnt, angeschrieen – aber nicht geschlagen. Nach wohl einer halben Stunde konnte ich zu meinen Freunden wieder in den Saal gehen. Ohne Essen und auf dem Boden die Nacht verbracht, wurde am nächsten Tag der „Nichtflüchtling“ König nochmals streng verhört und dann konnten wir das Gebäude verlassen. Durch ein Schreiben meines Vaters wurde die Strafe von 350,00 Mark auf 250,00 herabgesetzt. Mein Monatslohn war gewiß nicht höher. Wir waren enttäuscht – wie auch immer – wir fuhren alle drei mit dem Zug wieder ins Erzgebirge.

Wie kam es zu dem Strafbescheid?

Aus der Provinz des schönen Sachsenlandes machten wir drei Jugendfreunde aus den Sachsendorf Reichstädt einen schönen Zelturlaub an der Ostsee. Wir fuhren hin und zurück mit dem Zug. Im uns unbekannten Berlin machten wir heimwärts einen Zwischenstopp. Wir hatten ja Urlaub

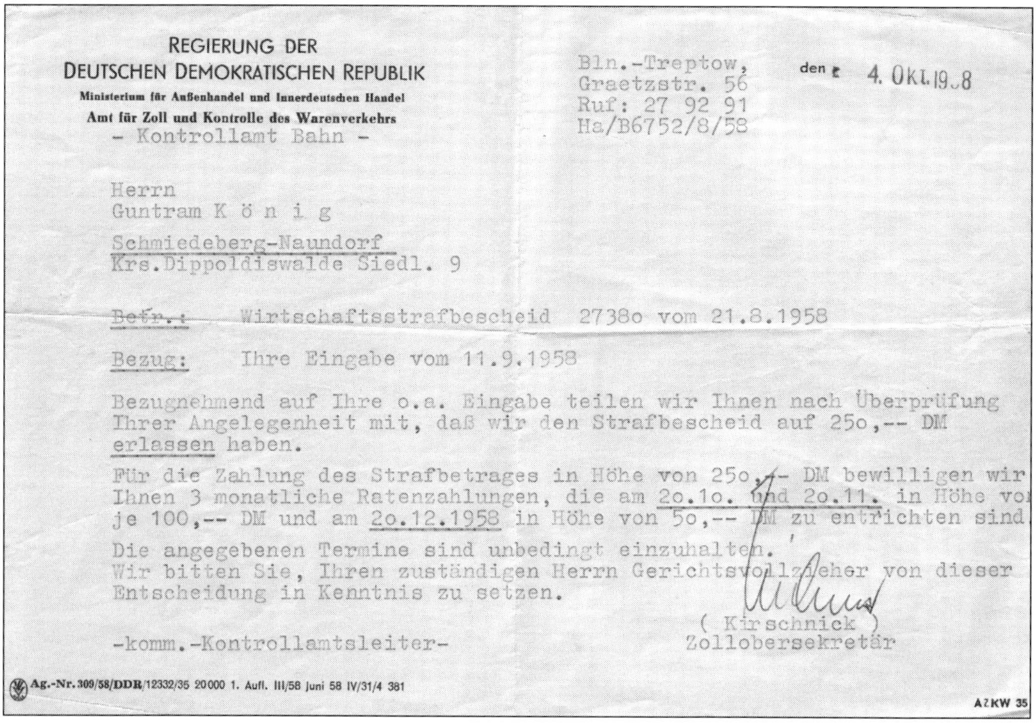

REGIERUNG DER
DEUTSCHEN DEMOKRATISCHEN REPUBLIK
Ministerium für Außenhandel und Innerdeutschen Handel
Amt für Zoll und Kontrolle des Warenverkehrs
- Kontrollamt Bahn -

Bln.-Treptow,
Graetzstr. 56
Ruf: 27 92 91
Ha/B6752/8/58

den 4. Okt. 1958

Herrn
Guntram K ö n i g
Schmiedeberg-Naundorf
Krs.Dippoldiswalde Siedl. 9

Betr.: Wirtschaftsstrafbescheid 2738o vom 21.8.1958

Bezug: Ihre Eingabe vom 11.9.1958

Bezugnehmend auf Ihre o.a. Eingabe teilen wir Ihnen nach Überprüfung Ihrer Angelegenheit mit, daß wir den Strafbescheid auf 25o,-- DM erlassen haben.

Für die Zahlung des Strafbetrages in Höhe von 25o,-- DM bewilligen wir Ihnen 3 monatliche Ratenzahlungen, die am 2o.1o. und 2o.11. in Höhe von je 100,-- DM und am 2o.12.1958 in Höhe von 5o,-- DM zu entrichten sind.

Die angegebenen Termine sind unbedingt einzuhalten.
Wir bitten Sie, Ihren zuständigen Herrn Gerichtsvollzieher von dieser Entscheidung in Kenntnis zu setzen.

(Kirschnick)
Zollobersekretär

-komm.-Kontrollamtsleiter-

Ag.-Nr. 309/58/DDR/12332/35 20000 1. Aufl. III/58 Juni 58 IV/31/4 381

AZKW 35

Abb.73: „Großzügige“ Verminderung der Höhe des Strafbefehls und Bewilligung der Ratenzahlung auf Grund einer Eingabe

und in Reichstädt lief uns nichts davon. Wir waren all im gleichen Alter – 18 Jahre. Von unserem erarbeiteten Urlaubsgeld war noch einiges übrig. Also auf in das verführerische Westberlin. Wir wollten nur einige Stunden bleiben. Durch das harte Gesetz der DDR wurden es drei Tage. Sehr, sehr ungern erinnerbare Tage. Wie Kinderaugen strahlten unsere Augen in den Geschäften und Kaufhäusern in Westberlin. Wie im Schlaraffenland. Was gab es da nicht alles zu kaufen. Das konnte doch nicht wahr sein. Zuerst ins Kino – toll – wir waren begeistert. Diese Reklame. Wir aus dem Tal der Ahnungslosen konnten so viel Konsum kaum fassen. Wir waren ja schon 2 Jahre fleißig arbeiten, damals war es üblich, ab 16 Jahre volles Geld zu verdienen. Ich war Schlosser, meine Freunde – heute noch – Maurer. Geld in der Geldbörse gezählt und rein ins Kaufhaus. Eine Niethose mit einem Seil schwingenden Reiter auf einer der Gesäßtaschen hatte es mir angetan.
Natürlich Schokolade – zwei Tafeln – billig und schmeckend.

HO WARENHAUS
AM ALEX BERLIN
102 Berlin, Alexanderplatz 2
Ruf 51 05 51
Telegramm HOKALEX Berlin

Es ist nicht gestattet, diese Ware nach den Westsektoren von Groß-Berlin, der Deutschen Bundesrepublik oder dem Ausland zum Zwecke des Verkaufens, Verschenkens, Verleihens, Vermietens oder Lagerns zu transportieren.

Der illegale Transport dieser Waren aus der Deutschen Demokratischen Republik und dem demokratischen Sektor von Groß-Berlin nach den Westsektoren von Groß-Berlin, der Deutschen Bundesrepublik oder dem Ausland wird nach den geltenden Gesetzen bestraft.

Ich habe hiervon Kenntnis genommen:

....

(Eigenhändige Unterschrift des Käufers)

Abb.73a: Belehrung für den Käufer bei der HO

Es gab allerdings auch einen Käuferstrom aus der anderen Richtung. Besonders die Angehörigen der in West-Berlin stationierten militärischen Einheiten kauften in Ost-Berlin bestimmte Waren, die sie besser und preiswerter nirgendwo bekommen konnten. Dabei zeichneten sich die Angehörigen der US-Brigade, die unter dem Slogan „Going east“ mit schwarz getauschten DDR-Mark an den Wochenenden in Ost-Berlin einkauften, besonders aus. Sie kauften massenhaft hochwertige Fotoapparate (Spiegelreflexkameras), Ferngläser der Firma Carl Zeiss Jena und Meißner Porzellan. Geld spielte kaum eine Rolle. In den Kaufhäusern rund um den Alexanderplatz drängten sich Hunderte von jungen amerikanischen Soldaten. Selbst Kinderspielzeug, Sportgeräte und Campingartikel wurden en gros gekauft. Für die Ostberliner war das ein besonderes Ärgernis zumal sie rechtlich nichts dagegen unternehmen konnten. Die Uniformierten genossen eine Art diplomatischen Status. Der DDR-Zoll durfte sie weder bei der Ein- noch bei der Ausreise über den Checkpoint Charlie kontrollieren, auch wenn sie hoch subventionierte Waren wie Bettzeug oder Kinderbekleidung mit nach Hause nahmen. Als der preiswerte Kaufrausch auch den US-Militärbehörden peinlich wurde, schränkten sie die Zahl der organisierten Fahrten mit ihren Bussen ein und begrenzten die Einkaufssumme auf 500 DDR-Mark. Die konnten die GI's in den Wechselstuben schon für 33 US-Dollar haben. In typisch amerikanischer Unbekümmertheit ließen sie dann schon mal in den Restaurants viele Flaschen Krim-Sekt auffahren. Kommentar eines DDR-Kellners: „Und das auch noch für DDR-Mark, wenn sie wenigstens mit Dollar bezahlen würden!"

Ein leidiges und immer wiederkehrendes Problem war die Regelung des Verkehrs zwischen dem Ostsektor und dem Gebiet der DDR durch West-Berlin hindurch. Durch eine Verordnung des Ministers des Inneren vom 19. Juli 1951 war es grundsätzlich verboten, den Weg aus DDR-Gebiet durch West-Berlin nach Ost-Berlin oder umgekehrt zu nehmen.

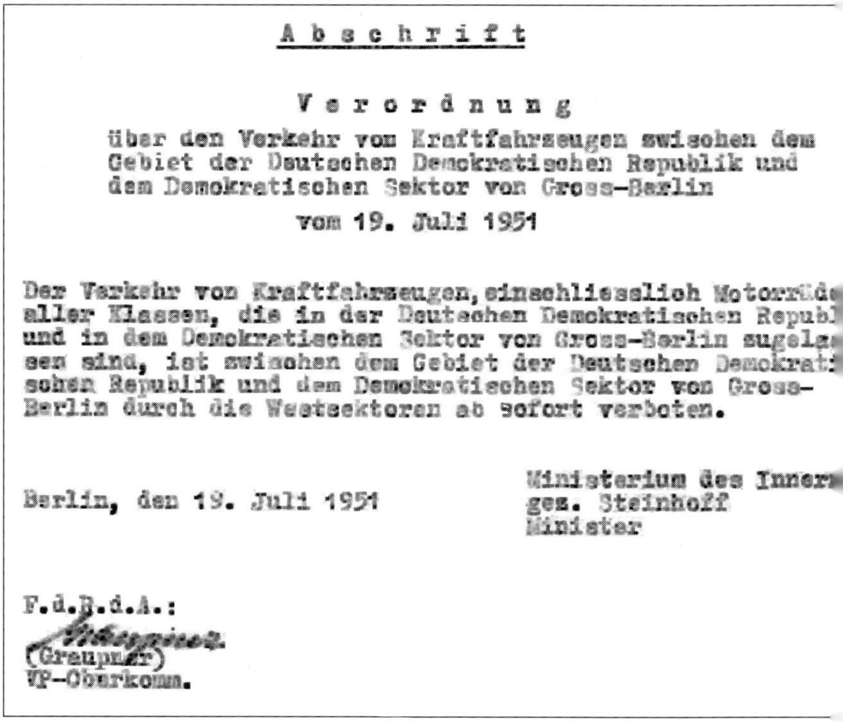

A b s c h r i f t

V e r o r d n u n g
über den Verkehr von Kraftfahrzeugen zwischen dem Gebiet der Deutschen Demokratischen Republik und dem Demokratischen Sektor von Gross-Berlin
vom 19. Juli 1951

Der Verkehr von Kraftfahrzeugen, einschliesslich Motorräde aller Klassen, die in der Deutschen Demokratischen Republ und in dem Demokratischen Sektor von Gross-Berlin zugela sen sind, ist zwischen dem Gebiet der Deutschen Demokrati schen Republik und dem Demokratischen Sektor von Gross-Berlin durch die Westsektoren ab sofort verboten.

Berlin, den 19. Juli 1951

Ministerium des Inner
gez. Steinhoff
Minister

F.d.R.d.A.:
(Greupner)
VP-Oberkomm.

Abb.74: Abschrift der Verordnung über das Verbot des Durchfahrens der Westsektoren

Diese Verordnung hatte eine Fülle von Anträgen auf Sondergenehmigungen zur Folge. Wie aus dem Schreiben vom Sekretariat des Staatssekretärs Warnke, Gröschel, an das Sekretariat des Ministers zu erkennen ist, hatte man begriffen, daß Ausnahmen gestattet werden müssen. Wie hoch die Sache angebunden war, wird daran erkennbar, daß man sich an einen Mitarbeiter des Zentralkomitees (Gen. Plenikowski) wandte, der dann mit dem Stellvertretenden Ministerpräsidenten W. Ulbricht die Sache klären wollte. Als nach Wochen des Wartens nichts geschah, wurde erneut Rücksprache mit Staatssekretär Warnke genommen.

Im Laufe der Jahre häuften sich die Anträge, die Durchfahrt von Ost-Berlin in die angrenzenden Gebiete der DDR über Westberliner Territorium zu genehmigen. Sie waren in vielen Fällen durchaus begründet, um weite Umwege zu vermeiden.

Deutsche Demokratische Republik
Ministerium des Innern

26. Okt. 1951
H 8585 Jü

(Haus-)
Mitteilung

von Sekretariat Staatssekretär Warnke — Tag 25.10.1951

an · Sekretariat des Ministers, Kollegen Thomas

Ihr Zeichen: — Ihre Nachricht vom: — Unser Zeichen: II 1046/51 — Hausapparat: 458

Betrifft: — Name: Grötschel

Verbot des Durchfahrens der Westsektoren.

In Ermangelung einer Durchführungsbestimmung hinsichtlich der Verordnung über das Verbot des Durchfahrens der Westsektoren konnten weder von der HVDVP noch vom VPP Ausnahmebewilligungen erteilt werden. Deshalb haben sich eine Unmenge Anträge im Ministerium des Innern bei der HVDVP und beim VPP angesammelt, über die nicht entschieden werden konnte.

Da nach meinem Dafürhalten für besondere Fälle, (wie: Krankentransporte, besondere Kapazitäten auf dem ärztlichen Gebiet, die zugleich mehrere Stationen zu betreuen haben, unmittelbar am Westsektor Wohnende, die einen Umweg von mindestens 100 km fahren müssen) Ausnahmen gestattet werden müssen, habe ich mich an Genossen Plenikowski beim ZK mit dem abschriftlich beigefügten Antrag gewendet. Genosse Plenikowski wollte die Angelegenheit mit dem Stellvertretenden Ministerpräsidenten Walter Ulbricht klären. Bis zum heutigen Tage ist eine solche Regelung nicht erfolgt. Deshalb habe ich nochmals Rücksprache mit Herrn Staatssekretär Warnke genommen, um den Verfahrensweg festzulegen.

Er schlägt vor, daß unter Bezugnahme auf den vorerwähnten Antrag an das ZK nochmals ein solcher gerichtet und auf die Notwendigkeit des Erlasses einer Durchführungsbestimmung hingewiesen wird. Dabei soll als zuständige Dienststelle das VPP vorgeschlagen werden. Dieses soll in eigener Verantwortung die Genehmigungen erteilen, wobei der Grundsatz zu gelten hat, daß nur die in der Verordnung besonders erwähnten Fälle Berücksichtigung finden dürfen.

Ich würde Dich bitten, zunächst mit Genossen Plenikowski kurz Rücksprache zu nehmen, um auch seinen Vorschlag zu berücksichtigen.

(Grötschel)

Anlage

Wird mündl. an VP.Insp. Ehrhardt bespr.
Chef Uerom soll über die Anträge entscheiden.
(Entscheid. d. Min.) [illegible]

Abb.75: Da der Minister das Durchfahren mittels Verordnung (VO) verboten hatte und keine weiteren Bestimmungen festgelegt wurden, kam es zu Irritationen in der Anwendung der VO

12. Jan. 1952

RAT DER EVANGELISCHEN KIRCHE IN DEUTSCHLAND

DER BEVOLLMÄCHTIGTE BEI DER REGIERUNG DER DEUTSCHEN DEMOKRATISCHEN REPUBLIK

(1) BERLIN C 2, MARIENKIRCHHOF 7, DEN 10.1.52
FERNRUF: 51 42 54

An die

Deutsche Demokratische Republik
Ministerium des Innern
z.Hd.d.Pers. Referenten
Herrn G r ö t s c h e l

B e r l i n W 8
Mauerstr. 25

Akt.Z.: II 1195/51

Sehr geehrter Herr Grötschel!

Bischof Dibelius und ich müssen am Sonntag, dem 13.1. mit Begleitung nach Potsdam fahren. Ich wäre Ihnen sehr dankbar, wenn Sie gemäss Ihrem freundlichen Schreiben vom 15.12.,uns die Durchfahrtsgenehmigung erwirken könnten.

Wir werden 18.45 Uhr die Brücke der Einheit Potsdam-Glienicke auf der Hinfahrt passieren und ca. 23.00 Uhr auf der Rückfahrt.

Bischof Dibelius benutzt das Fahrzeug GB 004250, ich GB 011702.

Mit hochachtungsvoller Begrüssung

(73) S 7557. 2. 9. 51

Abb.76: Antrag für den Bischof Dibelius. Vermerk unten links: „Am 13/1.52 mit Insp. Stock abgesprochen; es wird erledigt."

Abb.77a-77b (Seite 79 und 80): Anträge der DEFA mit detaillierter Auflistung der Personen, die das Privileg der Durchfahrt erhielten.

DEFA DEUTSCHE FILM-AG
Jetzt: DEFA Babelsberg-Filmstadt
HAUPTVERWALTUNG: BERLIN W8, JÄGERSTRASSE 51

Drahtwort: DEFAFILM BERLIN
Telefon: Sammel-Nr. 52 04 01
Postscheckkonto: Berlin Nr. 3976
Berliner Stadtkontor Konto Nr. 71 353

An
Ministerium des Innern

Berlin W 8
Mauerstr.

3 0. Jan. 1952
0157/01

Ihre Zeichen | Ihre Nachricht vom | Unsere Zeichen Lu/Dö. | Tag 17. 1. 1952

Betr.: Durchfahrterlaubnis an den Kontrollpunkten Brücke der Einheit und Dreilinden.

Wie gestern in der persönlichen Rücksprache mit Herrn Thomas und unserem Mitarbeiter Lungwitz zum Ausdruck kam, hat sich die erteilte Durchfahrtgenehmigung an den Kontrollpunkten Brücke der Einheit Potsdam und Dreilinden, Babelsberg bei Anlegung des aller strengsten Maßstabes als nicht ausreichend erwiesen. Das ist zu einem großen Teil auf die Tatsache der Zusammenlegung aller Atelierbetriebe in Filmstadt Babelsberg und Johannisthal und der Kopierwerke Köpenick und Johannisthal mit der DEFA zurückzuführen. Die Erweiterung des Aufgabenbereiches der DEFA-Hauptverwaltung in Berlin macht einen wesentlich verstärkten Einsatz unserer Kraftfahrzeuge erforderlich. Dieser Umstand konnte jedoch bei unserer ersten Antragstellung noch nicht berücksichtigt werden, da von der Vereinigung der ehemaligen VEB-Betriebe mit der DEFA zu diesem Zeitpunkt noch nichts bekannt war. Gleichzeitig müssen wir hervorheben, daß unser bereits genehmigter Antrag - genau so wie der vorliegende - nur den dringendsten Bedarf beinhaltete und uns aus diesem Grunde in der gegenwärtigen Situation keinerlei Möglichkeit bleibt, den sich aus der Erweiterung ergebenden Kraftfahrzeugbedarf zu befriedigen.
Aufgrund der mit vorliegendem Schreiben dargelegten Gründe und der Ihnen bekannten mündlichen Ausführungen vom 16.1.1951 bitten wir Sie, für nachstehend aufgeführte Fahrzeuge zusätzlich die Genehmigung zur Durchfahrt an den Kontrollpunkten Brücke der Einheit und Dreilinden zu erteilen:

	Pol.Kennzeichen:	Fahrer:
1. PKW Steyer	SB 11 - 3033	Franz Seger
2. PKW BMW	GB 004-950	Court Bois
3. PKW Mercedes	GB 013 - 854	Erwin Geschonneck
4. PKW	SB 11 - 2549	Eduard Kubat
5. PKW Mercedes	SB 11 - 1995	Waltraud Heinrich Hellberg
6. PKW Opel-Capitän	SB 11 - 0534	Adolf Fischer
7. PKW Citroen	GB 009 - 946	Adolf Schobert
8. PKW Wanderer	GB 009 - 884	Franz Marin

b.wenden !

	Pol.Kennzeichen:	Fahrer:
9. PKW BMW	SB 11 - 3518	Heinrich Block
10. Omnibus Opel-Blitz	SB 11 - 2940	Hans Hewelt

Zu Position 2.):

Bei diesem Antrag handelt es sich um das Fahrzeug des am Deutschen Theater verpflichteten Schauspielers Kurt Bois, der gleichzeitig einen langjährigen Vertrag mit der DEFA hat und aus diesem Gründen sehr häufig zu unseren Atelierbetrieben fahren muß.
Der Wagen ist Eigentum von Herrn Bois.

Zu Position 3.):

Der Antrag für Herrn Geschonneck wird weitgehendst aus Produktionsgründen gestellt, da Herr Geschonneck neben seiner Tätigkeit am Theater in sehr vielen unserer in der Produktion stehender Filme mitwirkt und sich aus dieser Tatsache Überschneidungen in den Einsätzzeiten ergeben.
Der Wagen ist Eigentum von Herrn Geschonneck.

Zu Position 4.):

Zu diesem Antrag ist zu sagen, daß Herr Kubat Regisseur und Produktionsleiter der DEFA ist und sich daraus die Genehmigung des Antrages als dringend notwendig erweist.
Das Fahrzeug ist Eigentum von Herrn Kubat.

Zu Position 5.):

Herr Hellberg ist als Regisseur bei der DEFA tätig und in mehreren Filmen eingesetzt. Es besteht auch hier ganz dringend die Notwendigkeit der Durchfahrtgenehmigung.
Das Fahrzeug ist Eigentum von Herrn Hellberg.

Zu Position 6.):

Zu diesem Antrag ist zu sagen, daß Herr Fischer in einem festen Angestelltenverhältnis als Produktionsleiter bei der DEFA tätig ist und sich aus diesem Grunde die Durchfahrt an den genannten Kontrollpunkten als Notwendig erweist.
Das Fahrzeug ist Eigentum von Herrn Fischer.

Alle anderen aufgeführten Fahrzeuge, die Positionen 7.) - 10.), sind Eigentum der DEFA und werden von bei der DEFA angestellten Kraftfahrern gefahren.

In diesem Zusammenhang teilen wir Ihnen mit, daß für das Fahrzeug mit dem Polizeilichen Kennzeichen

SB 11-2766 Fahrer Willy Schischke

die Durchfahrtgenehmigung nicht mehr benötigt wird.

Hochachtungsvoll
DEFA
Deutsche Filmgesellschaft m.b.H.

(Dr.Schoeppe) (Lungwitz)

BERLINER RUNDFUNK

Hauptabteilung Technik

Berlin W 8 · Friedrichstraße 169/170

Postschließfach Berlin W 8 Nr. 155
Fernruf: 42 77 91 und 42 57 91
Haus des Rundfunks: Masurenallee 8
Fernruf: Sammelnummer 92 02 01

11. Okt. 1951
8442

4/7

Berlin, den 5. Oktober 1951

B e s c h e i n i g u n g

Unser Mitarbeiter Herr Fritz F e r g e r, wohnhaft Finkenkrug b. Berlin, Ringstr. 24, hat als Betriebsingenieur und Abteilungsleiter der Übertragungsabteilung des Berliner Rundfunks, Berlin-Charlottenburg, Masurenallee 8-14, häufig unvorhergesehene Einsätze bei politischen Großveranstaltungen oder sonstigen Übertragungen. Bei Benutzung der Vorortbahn zwischen seiner Wohnung und dem Funkhaus in Charlottenburg ist ein pünktliches Erscheinen nicht gewährleistet.

Wir bitten deshalb, dem Dienstwagen GB Nr. 008 - 394 in Verbindung mit dem Dienstausweis des Kollegen Ferger, Nr. 1411, die Durchfahrt durch die Sperre in Staaken zu genehmigen.

Berliner Rundfunk
Hauptabteilung Technik

Entscheidg. d. Min.:
nein
Th

Postscheckkonto: Berlin 2040 - Bankkonto: Berliner Stadtkontor, Kurstraße, Konto 8455
und Berliner Stadtkontor, Bezirksbank Mitte Nr. 7/860/74

Abb.78: Antrag des Berliner Rundfunks für einen Mitarbeiter, Vermerk unten links: „Entscheidg. d. Min.: nein", Kürzel Th[omas]

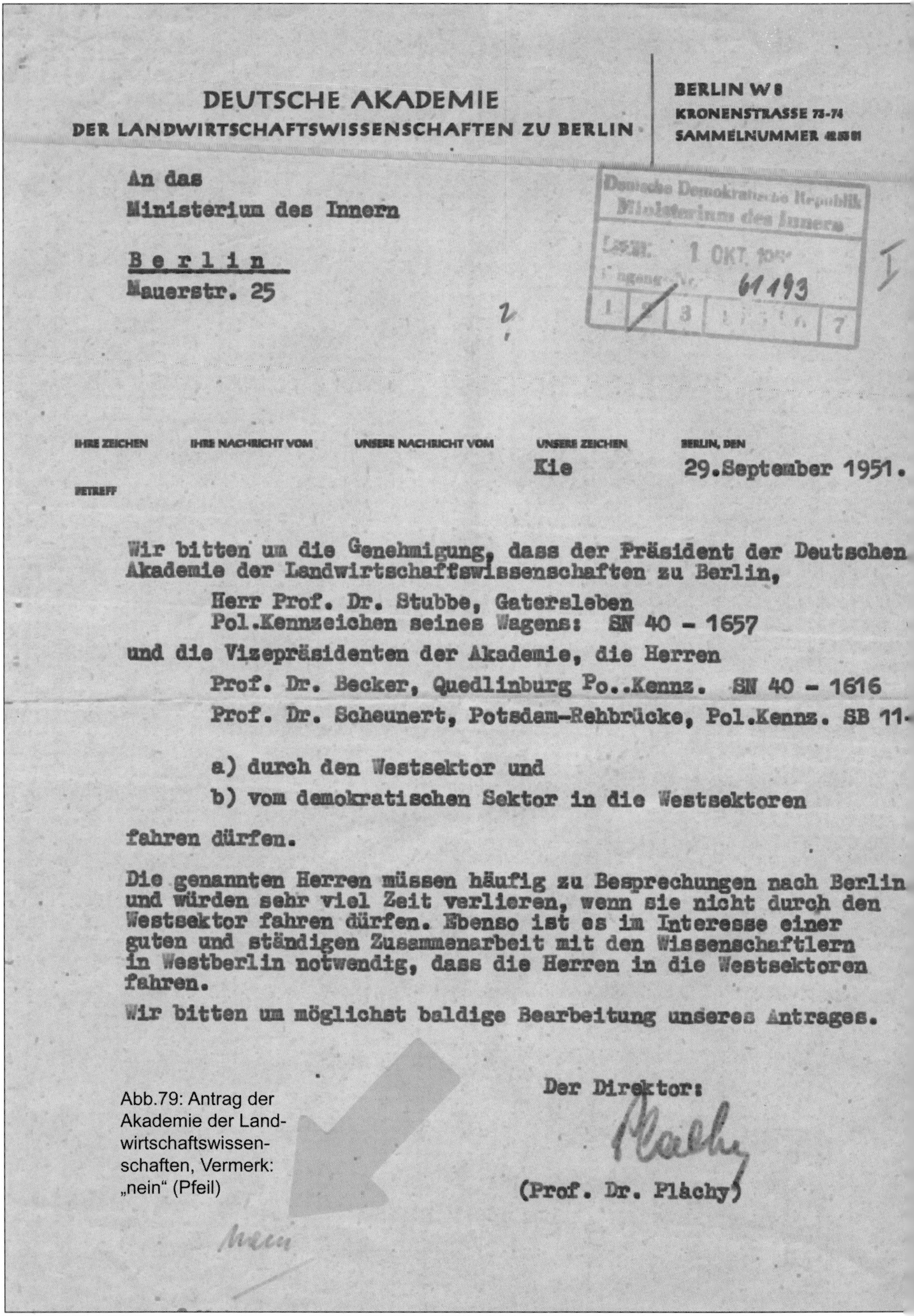

DEUTSCHE AKADEMIE
DER LANDWIRTSCHAFTSWISSENSCHAFTEN ZU BERLIN

BERLIN W 8
KRONENSTRASSE 73-74
SAMMELNUMMER 425591

An das
Ministerium des Innern

Berlin
Mauerstr. 25

Deutsche Demokratische Republik
Ministerium des Innern
1 OKT. 1951
Eingangs-Nr. 61193

IHRE ZEICHEN	IHRE NACHRICHT VOM	UNSERE NACHRICHT VOM	UNSERE ZEICHEN	BERLIN, DEN
			Kie	29.September 1951.

BETREFF

Wir bitten um die Genehmigung, dass der Präsident der Deutschen Akademie der Landwirtschaftswissenschaften zu Berlin,

Herr Prof. Dr. Stubbe, Gatersleben
Pol.Kennzeichen seines Wagens: SN 40 - 1657

und die Vizepräsidenten der Akademie, die Herren

Prof. Dr. Becker, Quedlinburg Po..Kennz. SN 40 - 1616
Prof. Dr. Scheunert, Potsdam-Rehbrücke, Pol.Kennz. SB 11-

a) durch den Westsektor und
b) vom demokratischen Sektor in die Westsektoren

fahren dürfen.

Die genannten Herren müssen häufig zu Besprechungen nach Berlin und würden sehr viel Zeit verlieren, wenn sie nicht durch den Westsektor fahren dürfen. Ebenso ist es im Interesse einer guten und ständigen Zusammenarbeit mit den Wissenschaftlern in Westberlin notwendig, dass die Herren in die Westsektoren fahren.

Wir bitten um möglichst baldige Bearbeitung unseres Antrages.

Der Direktor:
Plachy
(Prof. Dr. Plachy)

nein

Abb.79: Antrag der Akademie der Landwirtschaftswissenschaften, Vermerk: „nein“ (Pfeil)

Die ausgewählten Beispiele sollen deutlich machen, daß Anträge von Vertretern der Kirche und bekannten Künstlern fast immer genehmigt wurden, während durchaus begründete Ersuchen aus anderen Bereichen abgelehnt wurden. Erwin Geschonnek war damals bereits ein beliebter Schauspieler, der noch dazu eine antifaschistische Vergangenheit nachweisen konnte. Ihm die Durchfahrt von Ost-Berlin über West-Berlin nach Babelsberg zu verweigern, wagten nicht einmal die sonst so konsequenten Regierungsstellen. Außerdem hatten die Mitarbeiter der DEFA in Professor Gerhart Eisler einen sehr einflußreichen Fürsprecher. Eisler, der damals Leiter des Amtes für Information der DDR war, schrieb am 2. Februar 1952 in einem kurzen, aber eindeutigen Brief an das Ministerium des Innern, daß es ihm jetzt sinnlos erscheint, diesen Leuten Schwierigkeiten zu machen.

Bis 1953 war er in der DDR-Regierung verantwortlich für die Lenkung der Presse und des Rundfunks. Wegen Sympathisierens mit den Gegnern von SED-Parteichef Walter Ulbricht vor und während des Aufstandes am 17. Juni 1953 wurde er abgesetzt, aber 1955 rehabilitiert.

Von 1956 bis 1962 war Eisler stellvertretender Vorsitzender und danach bis zu seinem Tode, 1968, Vorsitzender des Staatlichen Komitees für Rundfunk der DDR, seit 1967 Mitglied des Zentralkomitees der SED. In Hörfunk und Fernsehen moderierte Eisler jede Woche das Sonntagsgespräch des Deutschlandsenders." Auszug aus www.wikipedia.de

Generell machte sich das Fehlen eines Paßgesetzes der DDR bemerkbar. Ein Schreiben des Ministeriums für Auswärtige Angelegenheiten an das Ministerium des Innern vom Februar 1951 und die folgende Mahnung im April machen das Dilemma deutlich.

Es dauerte noch bis 1954 bis endlich ein Paßgesetz verabschiedet wurde.

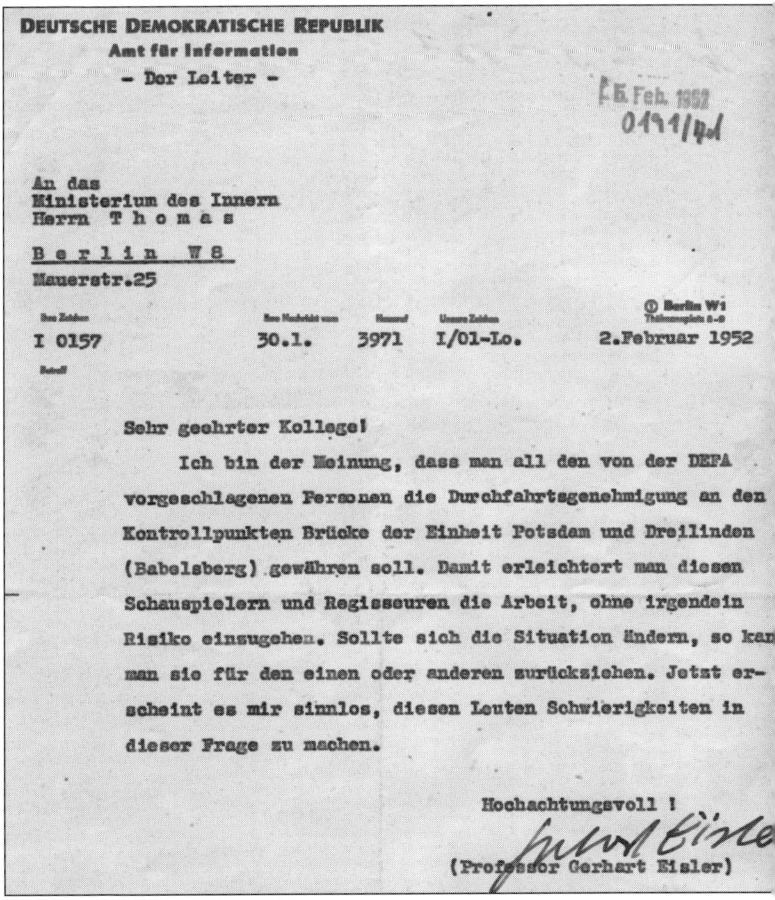

DEUTSCHE DEMOKRATISCHE REPUBLIK
Amt für Information
- Der Leiter -

5. Feb. 1952
0191/41

An das
Ministerium des Innern
Herrn Thomas

Berlin W8
Mauerstr.25

Berlin W1

I 0157 30.1. 3971 I/01-Lo. 2.Februar 1952

Sehr geehrter Kollege!

Ich bin der Meinung, dass man all den von der DEFA vorgeschlagenen Personen die Durchfahrtsgenehmigung an den Kontrollpunkten Brücke der Einheit Potsdam und Dreilinden (Babelsberg) gewähren soll. Damit erleichtert man diesen Schauspielern und Regisseuren die Arbeit, ohne irgendein Risiko einzugehen. Sollte sich die Situation ändern, so kan man sie für den einen oder anderen zurückziehen. Jetzt erscheint es mir sinnlos, diesen Leuten Schwierigkeiten in dieser Frage zu machen.

Hochachtungsvoll !

Gerhart Eisler

(Professor Gerhart Eisler)

Abb.80: Brief von Professor Gerhart Eisler, einen sehr einflußreichen Fürsprecher. Eisler war damals Leiter des Amtes für Information der DDR.

DEUTSCHE DEMOKRATISCHE REPUBLIK
MINISTERIUM
FÜR AUSWÄRTIGE ANGELEGENHEITEN

– Der Minister –

BERLIN NW 7, DEN 1o.2.51.
LUISENSTRASSE 86–87
TEL. APP. 42 68 79

12. Feb. 1951
#6227 Li

An den
Minister des Innern,
Herrn Dr. K. Steinhoff,
Berlin.

Sehr geehrter Herr Minister!

Schon im Arbeitsplan der Regierung für das vierte Quartal 195o wurden durch einstimmigen Beschluss des Ministerrates die Fertigstellung eines Passgesetzes zur Pflicht gemacht. Dieser Ministerrats-Beschluss ist nicht erfüllt worden.

Inzwischen hat die Bonner Regierung ein Passgesetz erlassen und mit der Ausgabe von Pässen begonnen. Dabei ist offensichtlich das Bestreben erkennbar, auch der Berliner Bevölkerung die westdeutschen Pässe zugängig zu machen.

Dieser Tatbestand wirft folgende dringliche Probleme auf:

1. Es ist für die Bevölkerung schwer verständlich, dass die souveräne Deutsche Demokratische Republik noch kein Passgesetz verabschiedet und mit der Ausgabe von Reisepässen begonnen hat, während die unter dem Besatzungsstatut stehende Bonner Regierung bereits diese Möglichkeit für sich in Anspruch nehmen kann.

2. Es ist zu befürchten, dass das Recht der Passausgabe von den westdeutschen Behörden stark mißbraucht und zu einem Instrument im Kampf gegen die Deutsche Demokratische Republik gemacht wird.
Es erscheint mir daher dringend geboten, dass die Regierung der Deutschen Demokratischen Republik nunmehr mit aller Beschleunigung das Passgesetz verabschiedet und bei der Gelegenheit auch alle Sicherungen schafft, die durch die Paßgesetzgebung der Bonner Regierung für unsere eigene Sicherheit dringlich wären.

Zwischen

Abb.81a bis 81c: Mahnschreiben des Außenministers an den Innenminister zwecks Verabschiedung eines Paßgesetzes der DDR

Zwischen Ihnen und mir war über die bereits vorliegenden Entwürfe, von einem Nebenpunkt abgesehen, vollständige Übereinstimmung erzielt worden, so dass hier wohl keine Schwierigkeiten für die Verabschiedung eines Passgesetzes bestehen. Ich möchte bei der Gelegenheit betonen, dass es mi nicht darauf ankommt, die Ausgabe von Pässen und damit von Auslandsreisen über den gegenwärtigen Stand hinaus zu erleichtern, sondern im Gegenteil verstehen Sie bitte dieses Schreiben als Ausdruck meiner Sorge, dass durch die Entwicklung in Westdeutschland erhöhte Sicherungsfragen entstehen.

Ich bin überzeugt, dass auch alle anderen für dieses Problem zuständigen Instanzen unter den neuen gegebenen Verhältnissen dringlichst diese Aufgabe klären und an einer schnellen Lösung mitwirken werden.

Ich bitte Sie daher herzlich, die entsprechenden Dienststellen Ihres Ministeriums mit der Wiederaufnahme der Arbeiten am Passgesetz zu beauftragen, um eine möglichst baldige Verabschiedung herbeizuführen.
Ich habe meine Mitarbeiter im Ministerium beauftragt, mit allen Kräften an einer schnellen und positiven Erledigung der Sache mitzuwirken.

Ich habe den Herrn Ministerpräsidenten von diesem Schreiben Kenntnis gegeben.

Mit vorzüglicher Hochachtung

Ihr sehr ergebener

G. Dertinger.

Mündl. Min. Dertinger d. Vize.
mitgeteilt, daß Entwurf kurz vor Unterzeichnung.
KdH Tr

DEUTSCHE DEMOKRATISCHE REPUBLIK
MINISTERIUM
FÜR AUSWÄRTIGE ANGELEGENHEITEN
DER MINISTER

BERLIN, NW7, DEN 4.4.51.
LUISENSTRASSE 56
TEL. APP. 42 68 79

- 6. April 1951
4553 Pr.

An den
Minister des Innern
Herrn Dr. Karl Steinhoff,
Berlin.

Sehr geehrter Herr Kollege!

Schon am 10. Februar schrieb ich Ihnen über die Dringlichkeit der Herausgabe des Passgesetzes. Inzwischen ist nun wieder eine längere Zeit verstrichen und das Problem wird immer brennender. Sie wissen, dass der Vertrag über den Kleinen Grenzverkehr an der Friedensgrenze in Bearbeitung ist und in Kürze abgeschlossen wird. Wir verhandeln hierbei bereits über den Kleinen Grenzverkehr und besitzen noch nicht einmal ein Passgesetz. Ich wäre Ihnen sehr dankbar, wenn Sie mir eine Mitteilung geben würden, wie weit die Vorarbeiten gediehen sind und wann mit dem Erscheinen des Passgesetzes zu rechnen ist.

Hochachtungsvoll

Ihr

Dertinger.

Min. hat am 7.4.51 mit Sekretariat des Staatssekr. Ackermann gesprochen. Wird mit Min. Dertinger auch noch sprechen. Entw. liegt seit Wochen beim Staatssekr. A.

Ldb. T.

Paß-Gesetz der Deutschen Demokratischen Republik. Vom 15. September 1954

§ 1

(1) Deutsche Staatsangehörige, die das Gebiet der Deutschen Demokratischen Republik nach dem Ausland verlassen oder aus dem Ausland betreten, sind verpflichtet, sich durch einen Paß auszuweisen.

(2) Für jeden Grenzübertritt ist ein im Paß eingetragenes Visum erforderlich.

§ 2

(1) Personen, die nicht die deutsche Staatsangehörigkeit besitzen, müssen sich sowohl beim Betreten oder Verlassen des Gebietes der Deutschen Demokratischen Republik als auch beim Aufenthalt in diesem Gebiet durch einen Paß ausweisen.

(2) Für jedes Betreten oder Verlassen des Gebietes der Deutschen Demokratischen Republik ist ein im Paß eingetragenes Visum erforderlich.

§ 3

(1) Als Pässe im Sinne dieses Gesetzes sind anzusehen:

a) für Personen deutscher Staatsangehörigkeit: Diplomatenpässe, Dienstpässe, Reisepässe, Aufenthaltspässe der Deutschen Demokratischen Republik;

b) für Ausländer: anerkannte Pässe des Heimat- oder Aufenthaltsstaates und Fremdenpässe der Deutschen Demokratischen Republik.

(2) Durch eine Durchführungsbestimmung kann angeordnet werden, daß andere Ausweise als Paßersatz gelten.

§ 4

Deutsche Staatsangehörige ausweispflichtigen Alters können unabhängig von ihrem Wohnsitz einen Paß der Deutschen Demokratischen Republik erhalten.

§ 5

Fremdenpässe können alle Personen ausweispflichtigen Alters erhalten, die keine deutsche Staatsangehörigkeit besitzen und denen die Beschaffung eines Passes ihres Heimatstaates nicht oder nicht innerhalb einer angemessenen Frist möglich oder aus besonderen Gründen nicht zuzumuten ist.

§ 6

(1) Für die Ausstellung von Pässen sind im Inland das Ministerium für Auswärtige Angelegenheiten sowie die von diesem ermächtigten Dienststellen, im Ausland die hierzu ermächtigten Vertretungen der Deutschen Demokratischen Republik zuständig. Dasselbe gilt für die Erteilung von Visa, soweit keine andere Regelung durch Vereinbarungen mit anderen Staaten vorgesehen ist.

(2) Die im Abs. 1 genannten Stellen und das Ministerium des Innern sind zur Entziehung und Ungültigkeitserklärung von Pässen sowie zur Ungültigkeitserklärung von Visa berechtigt.

§ 7

Für den lokalen Grenzverkehr können besondere Bestimmungen erlassen werden.

§ 8

(1) Wer ohne Genehmigung das Gebiet der Deutschen Demokratischen Republik nach dem Ausland verläßt oder aus dem Ausland betritt oder wer ihm vorgeschriebene Reiseziele, Reisewege oder Reisefristen oder sonstige Beschränkungen der Reise oder des Aufenthalts hierbei nicht einhält, wird mit Gefängnis bis zu drei Jahren bestraft.

(2) Ebenso wird bestraft, wer für sich oder einen anderen durch falsche Angaben eine Genehmigung zum Verlassen oder Betreten des Gebietes der Deutschen Demokratischen Republik erschleicht.

(3) Der Versuch ist strafbar.

§ 9

Ausländer, die gegen dieses Gesetz und die hierzu erlassenen Durchführungsbestimmungen und Anordnungen verstoßen, können aus der Deutschen Demokratischen Republik verwiesen werden.

§ 10

Durchführungsbestimmungen erläßt das Ministerium des Innern im Einvernehmen mit dem Ministerium für Auswärtige Angelegenheiten.

§ 11

(1) Dieses Gesetz tritt drei Monate nach seiner Verkündung in Kraft.

(2) Mit dem Inkrafttreten dieses Gesetzes treten außer Kraft:

a) das Gesetz vom 12. Oktober 1867 über das Paßwesen (Bundesgesetzbl. S. 33) in der Fassung des Gesetzes vom 5. November 1923 (RGBl. I S. 1077)

b) die Verordnung vom 10. Juni 1919 (RGBl. S. 516) über die Abänderung der Verordnung vom 21. Juni 1916, betreffend anderweite Regelung der Paßpflicht (RGBl. S. 599)

c) die Bekanntmachung vom 7. Juni 1932 zur Ausführung der Paßverordnung (Paßbekanntmachung) (RGBl. I S. 257)

d) die Paßstrafverordnung vom 27. Mai 1942 (RGBl. I S. 348) und die auf das Paßwesen bezüglichen Vorschriften

e) das Gesetz vom 11. Mai 1937 über das Paß-, das Ausländerpolizei- und das Meldewesen sowie über das Ausweiswesen (RGBl. I S. 589)

f) die Verordnung vom 10. September 1939 über den Paß- und Sichtvermerkszwang sowie über den Ausweiszwang (RGBl. I S. 1739)

g) die Verordnung vom 20. Juli 1940 zur Ergänzung der Verordnung über den Paß- und Sichtvermerkszwang sowie über den Ausweiszwang (RGBl. I S. 1008)

h) die Zweite Durchführungsbestimmung vom 24. Juni 1954 zur Verordnung über die Ausgabe von Personalausweisen der Deutschen Demokratischen Republik (GBl. S. 573)

i) die Verordnung vom 12. Januar 1950 über die Ausgabe von Diplomatenpässen und Dienstpässen (GBl. S. 61)

sowie die auf Grund der vorstehenden Bestimmungen erlassenen Verwaltungsvorschriften.

Das vorstehende, vom Präsidenten der Volkskammer unter dem sechzehnten September neunzehnhundertvierundfünfzig ausgefertigte Gesetz wird hiermit verkündet.

Berlin, den zweiundzwanzigsten September neunzehnhundertvierundfünfzig

Der Präsident der Deutschen Demokratischen Republik
W. Pieck

Abb.82: Das erste Paßgesetz der DDR von 1954, veröffentlicht im Gesetzblatt (Wortlaut im Anhang)

Weltfestspiele 1951 in Berlin

Auf Entscheidung des Weltbundes der Demokratischen Jugend (WBDJ) wurden die III. Weltfestspiele der Jugend und Studenten für den Frieden zum August 1951 nach Berlin einberufen.

Die DDR-Führung machte die Veranstaltung zur Chefsache. Es wurde ein Organisationskomitee gebildet, das personell und materiell für die damaligen Verhältnisse bestens ausgestattet war. Mit preußischer Gründlichkeit und Exaktheit wurde die Vorbereitung betrieben.

83a

Ministerium des Innern — Hausmitteilung

von **HA Staatliche Verwaltung -Sekretariat-**

an **Herrn Minister Dr. Steinhoff**

Ihre Zeichen	Ihre Nachricht vom	Hausruf	Unsere Zeichen	Berlin
		406	Schö/St	21.7.1951

Betreff **Organisierung der Arbeit während des Einsatzes zu den Weltfestspielen der Jugend und Studenten**

Von der HA Staatliche Verwaltung sind bis jetzt 16 Kollegen für eine besondere Verwendung dem Organisationskomitee der Weltfestspiele zur Verfügung gestellt worden.

Die einzelnen Abteilungen haben sich in Arbeitsberatungen über die Organisierung ihrer Arbeiten während dieser Zeit besprochen.

Abteilung I - Verwaltung

In der Abteilung Verwaltung haben sich die Kollegen bereiterklärt, während dieser Zeit keinen Urlaub zu nehmen, um voll für die stehenden Aufgaben einsatzbereit zu sein.
Die FDJ'ler dieser Abteilung übernahmen die Verpflichtung, zusätzlich bis zu den Weltfestspielen 2 volle Arbeitstage durch Überstunden vorzuarbeiten, damit bei evtl. verstärktem Einsatz Rückstände nicht vorhanden sind.

Abteilung II - Org.-Instrukteure

In der Abteilung Org.-Instrukteure werden bis auf 8 alle Kollegen für besondere Aufgaben abgestellt.
Die hier verbleibenden 8 Org.-Instrukteure stehen für besonders durchzuführende Schwerpunktaufgaben dem Ministerium des Innern zur Verfügung. Die Leitung der Abteilung übernimmt für diese Zeit Kollege Danneberg.

Abteilung III - Struktur- und Stellenpläne

In der Abteilung Struktur- und Stellenpläne wurden in der Beratung mit den verantwortlichen Referatsleitern Schwerpunktaufgaben herauskristallisiert, die speziell während dieser Zeit vor allen anderen Aufgaben durchgeführt werden.

83a

Abteilung IV - Schulung

Ebenso wurden in der Abteilung Schulung spezielle Schwerpunktaufgaben herausgearbeitet, die vor allen anderen Aufgaben während dieser Zeit von den restlich verbleibenden 4 Kollegen erledigt werden.

Abteilung V - Bevölkerungspolitik

In der Abteilung Bevölkerungspolitik werden die anfallenden Arbeite durchzuführen sein.

b.w.

83b

Darüber hinaus wurde in der Besprechung mit den Abteilungsleitern festgelegt, dass evtl. auftretende Schwerpunktaufgaben gemeinsam von den Kollegen der HA Staatliche Verwaltung erledigt werden.

Malz

(M a l z)
Hauptabteilungsleiter

Abb.83a bis 83e: Aktennotiz und Protokoll über die Vorbereitung der Arbeit der Weltfestspiele durch verschiedene Hauptabteilungen

83c

Protokoll

Arbeitsbesprechung der HA. Amt zum Schutze des Volkseigentums vom 10.7.1951.

Tagesordnung: Organisierung der Arbeit während der Weltfestspiele.

Koll. Gärtner leitete die Arbeitsbesprechung mit Ausführungen über die Bedeutung der Weltfestspiele im Kampf um den Frieden ein und hob hervor, daß die Mitarbeiter der HA durch persönlichen Einsatz an der Ausgestaltung der Zimmer und Flure der HA bewiesen haben, daß diese Bedeutung erkannt worden ist. Er appellierte an die Bereitschaft der Mitarbeiter, die gleiche Einsatzfreudigkeit auch bei der Organisierung der Arbeit während der Weltfestspiele zu zeigen.

Er stellte fest, daß die Koll. Naumann (Referat nutzniessende Rechtsträger) und der Koll. Strohbach (Karteigruppe) bereits für die Festspiele abgestellt sind und mit ihrer Rückkehr vor dem 21.8. nicht zu rechnen ist. Es komme jetzt darauf an, die durch diese Abstellungen und die Urlaubszeit entstandene Situation, durch eine gute Organisierung des Arbeitsablaufes und Festlegung der Verantwortlichkeit für bestimmte Aufgaben zu regeln.

Referat: Nutzniessende Rechtsträger von Volkseigentum.

Der Koll. Bellmann erklärte sich bereit, aus diesem Referat Vorgänge, die sofort bearbeitet werden müssen, zu übernehmen. In diesem Referat eingehende Post wird durch den Koll. Noreik durchgesehen, vorbereitet und dem Koll. Bellmann zugeleitet.

Referat: Örtliche Industrie.

Für die Zeit der Beurlaubung des Koll. Noreik (30.7. bis 18.8.) übernimmt die Koll. Kuhle die Bearbeitung von Einsprüchen aus dem "Sonstigen Vermögen". Für die Bearbeitung anderer Vorgänge aus diesem Referat ist der Koll. Walz verantwortlich.

Referat: Volkseigener Handel.

Verantwortlich für die Bearbeitung der Vorgänge in der Urlaubszeit der Koll. Freitag (1. bis 23.8.) sind der Koll. Jarchow und die Koll. Stoye. Der Koll. Jarchow wird, auch im Hinblick auf die durch das Statut der volkseigenen Industrie zu erwartenden neuen Rechtsträgerverhältnisse, Rechtsträgeränderungen

- 2 -

- 2 -

für Teilobjekte nur in den dringendsten Fällen veranlassen, im übrigen aber vorbereitende Arbeiten soweit durchführen, daß Rückstände nicht entstehen.

Referat: Volkseigentum aus Sondergesetzgebung und Vermögenseinziehungen.

Der Koll. John scheidet mit Beginn seines Urlaubs (16.7.) aus der HA. aus. Für die Zeit bis zum 14.7. stehen ihm als Schreibkräfte die Koll. Bohm und Elstner zur Verfügung, um die vorhandenen Rückstände bei der Übergabe des Arbeitsgebietes an den Koll. Klattke zu verringern. Während der Urlaubszeit der Koll. Bohm wird der Koll. Klattke mit der Koll. Koch zusammenarbeiten, die für die Zeit vom 16.7. bis 27.7. von anderen Schreibarbeiten befreit ist.

Referat: Konzernfragen.

Die in diesem Referat durch das Ausscheiden des Koll. Liebscher am 1.7. entstandene Situation kann bis zur Einstellung eines für diese Arbeiten geeigneten Mitarbeiters nur insoweit geregelt werden, als es sich um die Erledigung der wichtigsten Vorgänge handelt. Besonders zeitraubend sind Feststellungen über enteignete Gesellschafter usw., die wir zur Beurteilung der Rechtmässigkeit von Patentanmeldungen treffen müssen. Vorgänge, aus denen ersichtlich ist, daß die Kartei die notwendigen Feststellungen treffen kann, werden dem Koll. Miodowski zugeleitet. Für die Bearbeitung anderer Vorgänge ist die Koll. Mewis in Zusammenarbeit mit dem Amt für Erfindungs- und Patentwesen verantwortlich.

Einsatz der Schreibkräfte.

Der Einsatz der Koll. Schreibkräfte in der Zeit bis 27.7. ist geregelt und jedem Mitarbeiter bekannt. Im August ist der Einsatz von einigen Kolleginnen für Karteiarbeiten in Aussicht genommen, wobei insbesondere die Referate NS-Vermögen und Vermögenseinziehung berücksichtigt werden. Die Koll. Elstner wird selbständig die Kartei Sonstiges Vermögen, Land Brandenburg, zur Bearbeitung übernehmen. Verantwortlich für die Anleitung ist der Koll. Noreik.

Die nächste Länderbesprechung findet am 26.7. statt, die Leitung übernimmt der Koll. Otto. An der Kreisbeauftragten-Tagung am 19.7. in Potsdam nehmen die Koll. Otto/Klattke teil. Das Referat in der Kreisbeauftragten-Tagung am 19.7. in Erfurt übernimmt der Koll. Gärtner.

In den Monaten Juli und August wird die bisher regelmässig ausserhalb der Dienstzeit durchgeführte Fachschulung in Wegfall kommen. Notwendig ist jedoch, daß bis zum 21.7. Vorschläge für Selbststudiumpläne bei der Brigade eingereicht werden.

- 3 -

83e

- 3 -

Der Koll. Gärtner wies abschliessend noch einmal auf die Notwendigkeit hin, daß ~~uns~~ von der Personalabteilung geeignete Mitarbeiter zur Einstellung vorgeschlagen werden, um das bestehende Fehl an Mitarbeitern beseitigen zu helfen.

Zusammenfassend kann festgestellt werden, daß die heutige Arbeitsbesprechung bei allen Mitarbeitern eine gute Einstellung zur Arbeit und die Bereitschaft gezeigt hat, durch persönlichen Einsatz zum Gelingen der Weltfestspiele und zu einem geregelten Arbeitsablauf in der HA beizutragen.

Berlin, den 13.Juli 1951. R. Eberhardt
Gä/Wm

Zeitzeugenbericht von Martin Kunze
[Martin Kunze, Jahrgang 1934, nahm 1951 als 16jähriger mit dem Landesjugendensemble Sachsen-Anhalt an den Weltfestspielen der Jugend und Studenten in Berlin teil.]

"Laßt heiße Tage im Sommer sein", so begann das Lied der Weltfestspiele 1951 in Berlin, das nicht nur in Berlin zu einem Hit jener Tage wurde.

Es war eine bewegte Zeit damals. Seit 1949 gab es in Deutschland zwei selbständige Staaten, der Kalte Krieg hatte begonnen, und Korea war seit 1950 Schauplatz der ersten heißen militärischen Konfrontation beider Seiten. Berlin war, ungeachtet des wechselseitig noch pulsierenden Lebens, de facto eine geteilte Stadt. Spürten wir Teilnehmer der Weltfestspiele diese politischen Vorzeichen, beeinträchtigte vor allem die Teilung der Stadt unsere Erlebnisse? Zu beantworten sind diese Fragen aus der späten Erinnerung nur in der "Ich-Form", manchmal mit dem Verweis darauf, daß teilnehmende Freunde ähnliches empfanden. Meine eigenen Erwartungen wurden nicht enttäuscht. Noch heute, fast 60 Jahre später, denke ich gern an jene Tage zurück, an die wunderbare Stimmung und an die Gastfreundschaft der Berliner. Das Lied, dessen erste Textzeile den o.g. Titel bildete, ist mir noch immer gegenwärtig. Wir hatten uns lange und intensiv auf die Weltfestspiele vorbereitet. Wir, das waren die Angehörigen des "Landesjugendensembles Sachsen-Anhalt", bestehend aus Chor, Tanzgruppe, Orchester und Rezitatoren. Insgesamt etwa 120 junge Leute, in ihrer Mehrzahl Lehrlinge. Im Gegensatz zu dem zu erheblichen Teilen zerstörten Berlin kamen wir aus einer "heilen" Umgebung. Die beiden großen Chemiewerke unseres Ortes mit mehr als 20.000 Beschäftigten waren, wie auch der Ort selbst, im Krieg nie angegriffen worden. Unser Stammbetrieb "Agfa" Wolfen" (später ORWO) produzierte als sowjetische Aktiengesellschaft unter sowjetischer Leitung mit voller Leistung, um Reparationsforderungen zu erfüllen. Als Lehrling spürte ich diese fremde Führung nicht. Meine Ausbildung begann in der nagelneuen, großzügig eingerichteten Betriebsberufsschule des Werkes. Das ebenfalls neu geschaffene zweite Lehrlabor des Werkes könnte mit seiner Ausstattung wohl noch heute mancher Fachschule ebenso als Vorbild dienen wie die hervorragende theoretische Ausbildung, die zum Teil von promovierten Chemikern durchgeführt wurde, deren Schriften über Jahrzehnte als wichtige Fachbücher galten. In der praktischen Ausbildung wurde uns nichts geschenkt. Halbjährlich die Betriebsteile wechselnd, nahmen wir ungeachtet unseres Alters an der Schichtarbeit teil. Das Wohnheim für Lehrlinge wurde ebenfalls allen Anforderungen gerecht, einschließlich der Verpflegung für uns immer hungrige Jugendliche. Das Werk verfügte über ein eigenes Sportzentrum sowie ein Theater und stellte den Jugendgruppen Räume für ihre Tätigkeit zur Verfügung. Ich hatte mich dem Jugendchor des Werkes angeschlossen. Geprobt wurde einmal wöchentlich. An mehreren Wochenenden reisten wir, mal mit, mal ohne Orchester, zu Auftritten oder zu Vergleichen mit ähnlichen Gruppen aus anderen Großbetrieben wie Leuna, Buna, dem Mansfeldkombinat, oder aus Hochschulen des Landes. Der Chor hatte einen so guten Ruf, daß er im Frühjahr 1951 zu Aufnahmen in das Haus des Rundfunks in der Masurenallee bestellt wurde. Bei späteren Rundfunkübertragungen wußten wir dann des öfteren: Das waren wir. Daß die Freie Deutsche Jugend (FDJ) der wichtigste Träger unserer Tätigkeit war, nahm ich, selbst Mitglied des Jugendverbandes, als selbstverständlich hin. Das Tragen des "Blauhemds" war, späterer Propaganda zum Trotz, nicht obligatorisch. Zu den Proben kam jeder im eigenen "Outfit", zu den Auftritten trugen wir die vom Werk gesponserte Ensemblekleidung. Geleitet

wurde die Tätigkeit von professionellen Fachkräften, die Intensität des Übens war ebenso hoch, wie die bereitwillige Mitarbeit aller Beteiligten.
Die Delegierung zu den Weltfestspielen hatten wir uns hart erarbeitet. Das Werk stellte uns für die Vorbereitung und Teilnahme frei. Die Lehrausbilder taten es, ich erinnere mich noch deutlich, mit berechtigtem Zähneknirschen. Zur fachgerechten Vorbereitung zogen wir für zwei Wochen in das nahegelegene Dessau. Einquartiert wurden wir in einer aus Feriengründen leerstehenden Schule. Die Proben erfolgten im imposanten Landestheater, das wie durch ein Wunder die ansonsten starke Zerstörung der Stadt überstanden hatte. Nicht nur einmal hörten wir dann im großen Saal dieses Theaters den dröhnenden Baß seines Intendanten, der noch so manches an unseren Darbietungen zu kritisieren hatte. Die Tanzeleven des Ensembles quälten sich unter höchst kompetenter Anleitung vor den Spiegeln der Proberäume des Balletts. Schließlich war es soweit. Mehr oder weniger aufgeregt saßen wir im Zug in Richtung Festspielstadt Berlin. Die Strecke von Dessau zum Osten Berlins war zu jener Zeit, den "westlichen" Teil der Stadt umgehend und somit entlang der gesamten südlichen und südöstlichen Stadtgrenze, nahezu eine Tagesreise. Mit großem Hallo wurden wir am Abend unseres Eintreffens vom "Empfangskomitee" und nicht wenigen neugierigen Kollegen der arbeitenden Schicht des gastgebenden Betriebes, "Siemens- Plania" (später VEB Elektrokohle) in Berlin-Lichtenberg, begrüßt.
"Im August, im August blühen die Rosen", so lautete die nächste Textzeile des Hits jener Tage. Wir wurden zwar nicht auf Rosen gebettet, aber, der Zeit entsprechend, solide untergebracht. Lange Reihen Holzgestelle, Strohsäcke als Unterlage, Laken, Decken und Kissen waren vorhanden. Einziges Problem der nächsten Tage: Die Wahrung des exakten Aussehens unserer Ensemblekleidung. Verpflegt wurden wir gut, und in Erinnerung blieb, daß die immer vorhandenen Mengen an Dauerwurst und Bonbons nie zu bewältigen waren.
Schon am Folgetag sind wir in einer Halle des Werkes vor großer Zuschauerkulisse erstmals aufgetreten. Man wollte schließlich sehen und hören, wen man da aus der Provinz zu Gast in den eigenen Mauern hatte. Die folgende Zeit war anstrengend, zeitlich oft knapp bemessen, aber herrlich aufregend. Wir lernten die Stadt gewissermaßen musizierend und so manche Bühne von der Requisite aus kennen. Natürlich hatten wir keine eigenen Lautsprecheranlagen und keine Lichteffekte, wie heute fast jede 3-Mann-Band. Schlimmstenfalls gab es nur ein Mikrophon für den Ansager. Wir hatten uns mit der Kraft unserer Stimmen und Instrumente durchzusetzen, vor allem bei Darbietungen unter freiem Himmel. Doch wir hatten Glück: Die meisten dieser Tage waren heiß und trocken. Aus einem Heimatort ohne äußere Kriegsschäden kommend, sah ich mit tiefem Erschrecken die zahllosen Ruinen, ganze Straßen teilweise noch gesäumt von Schutthügeln. Ich sah die Schäden auch an alten, einst berühmten Gebäuden wie im Museumsviertel, wo wir auch auftraten. Gleichzeitig sahen wir, manchmal nur im Vorbeifahren, daß an zahlreichen Stellen die Trümmer beseitigt waren und neue Bauten errichtet wurden, so am mehrfach von uns passierten Strausberger Platz, an dem die künftigen "Hochhäuser", das "Haus des Kindes"

und das "Haus Berlin", schon weit gediehen waren. In der Stalinallee (später Karl-Marx-Allee) waren bereits einige imposante neue Wohnhäuser entstanden. Fest im Gedächtnis blieben mir, vielleicht gerade wegen der dabei sichtbaren Aufbauleistungen, die Auftritte in der erst 1950 zum Deutschlandtreffen der FDJ gebauten riesigen Werner-Seelenbinder-Halle und auf der großen, eben erst geschaffenen Freilichtbühne im Pionierpark "Ernst Thälmann" in der Wuhlheide.

Wir gaben weitere Veranstaltungen auf großen Tribünen vor der "Kommode" am August-Bebel-Platz, auf bzw. vor der Freitreppe des Alten Museums im Lustgarten und in mehreren Betrieben. In kleiner Besetzung gastierten wir im Maxim-Gorki-Theater und in größtmöglicher Besetzung im noch nicht gänzlich wiederhergestellten alten Friedrichstadt-Palast. Noch heute muß ich in Gedanken lächeln, wenn ich an die entsetzten Gesichter unserer Tanzgruppe angesichts der riesigen Bühne dieses Varietes denke, die sie mit nur acht Tanzpaaren "ausfüllen" sollte. Aber wir als großer Chor standen ja dahinter und machten ihnen Mut. Unser eigenes Repertoire war recht umfangreich. Es reichte, der Zeit entsprechend, von einer "Kantate des Friedens" über Lieder aus dem Musikschaffen befreundeter Länder bis hin zu deutschen Volksliedern.

Als größtes Erlebnis blieb die Eröffnungsveranstaltung in dem zu Ehren dieser Weltfestspiele eben fertig gestellten "Walter-Ulbricht-Stadion", dem späteren "Stadion der Weltjugend", im Gedächtnis haften. Die Stimmung in dem für 70.000 Zuschauer gebauten und voll besetzten Stadion kann ich nur mit dem

Abb.84: Polnische Jugenddelegation während der III. Weltfestspielen der Jugend

Wort "begeistert" beschreiben. Ich war überwältigt von der riesigen Menge freudig gestimmter Zuschauer, von dem durch Winken und Zujubeln begleiteten Aufmarsch der Delegationen auf dem Rasen des Stadions.
Auch hier war die Melodie des schon angeführten Liedes der "Hit". In dessen Text hieß es weiter: "Und es singt die Ukraine ihr blühendes Lied, und Jung-Afrika lacht in der Sonnen, das siegreiche China ins Stadion zieht, und die Warschauer Maurerkolonnen". Von der großen Politik verstand ich noch wenig. Die Gründung der Volksrepublik China und die schnelle gegenseitige Anerkennung mit unserem Land war uns in Gegenwartskunde erläutert worden, und über die Warschauer Maurer wurde oft berichtet. Trotzdem wußte ich nichts vom Ausmaß der Zerstörung der polnischen Hauptstadt, deren Gründe und Verursacher. Ich nahm von dieser großartigen Veranstaltung die tiefe Überzeugung mit, daß wir als junge Generation friedlich miteinander leben wollten.

Abb.85: Delegation des Komsomol der Sowjetunion zu den III. Weltfestspielen der Jugend

Abb.86: Das neu erbaute modernste Schwimmstadion Europas in Berlin-Friedrichshain im August 1951 während der III. Weltfestspielen der Jugend

Aus einer schwimmsportbegeisterten Familie kommend, verbrachte ich den größten Teil der geringen Freizeit jener Tage als Zuschauer von Wettkämpfen im gerade neu geschaffenen "Karl- Friedrich- Friesen"- Schwimmstadion, mit seinen imposanten Zuschauertraversen und seinen Anlagen ein toller Bau, und ein Beweis mehr dafür, was unsere Bauleute in kurzer Zeit schaffen konnten.
Bin ich heute in dieser quirligen, vor Lebensfreude überschäumenden Stadt, so fallen mir an den entsprechenden Stellen immer von Neuem unauslöschliche Erlebnisse jener Tage ein. Da war einmal jener Auftritt im Lustgarten. Unser Chor hatte sich auf der Freitreppe des einst von Schinkel geschaffenen und ebenfalls vom Krieg gezeichneten Alten Museums postiert, das Orchester auf der Freifläche davor. Das Blickfeld wurde links und rechts von in der beginnenden Abenddämmerung besonders wuchtig, ja fast bedrohlich wirkenden Bauten eingeengt, links vom erheblich zerstörten Dom und rechts von der düster wirkenden Silhouette des Historischen Museums. Vor uns, hinter den zahlreichen Zuschauern, erstreckte sich die weite, dunkle, nahezu leere Fläche des Schloßplatzes, Ich hatte das Gefühl, wir müßten an jenem Abend ansingen gegen diese Ödnis, gegen die uns umgebenden Ruinen und all das, was uns die mit dem Krieg vergangene Herrschaft hinterlassen hatte.
An einem anderen, schon sehr späten Abend waren wir zu Fuß unterwegs zu unserem Quartier. Wir hatten den Strausberger Platz bereits hinter uns gelassen und liefen nun durch jene Straßenflucht, die heute Frankfurter Allee heißt. Links und rechts waren noch etliche Ruinen sichtbar, häuften sich manchmal über hunderte Meter regelrechte Schuttberge, erhellt nur von vereinzelten Laternen. Es war ein unwirkliches, wie apokalyptisches Bild, nur ein wenig tröstlicher erscheinend durch die noch sehr geringe Anzahl im Bau befindlicher neuer Häuser, auch diese in der Dunkelheit kaum erkennbar. Irgendwann waren sogar die sonst immer lauten und meist scherzhaften Gespräche der einzelnen Gruppen unseres Chores leiser geworden. Wohl keiner aus unserem Ort, den nie eine Bombe traf, hatte sich ein solches Ausmaß an Zerstörung vorstellen können. Ich hatte den Eindruck, wir waren auf einen Schlag irgendwie erwachsener geworden. In den Gesprächen nach unserer Rückkehr in die "Heimat" tauchte gerade dieses Erlebnis immer wieder auf. Hier war der Krieg für uns so direkt sichtbar geworden, daß er in uns Spuren hinterlassen hatte.
Für mich waren jene Wochen vor und während der Weltfestspiele eines der markantesten Erlebnisse meiner Jugend. Berlin blieb auch im späteren Leben ein fester, ungeachtet seiner Teilung immer wieder gern aufgesuchter Bezugspunkt.
Über eine, damals scheinbar unwichtige, Textzeile des Liedes dieser Weltfestspiele mache ich mir in der Erinnerung an jene Tage noch heute ganz besonders Gedanken. Es hieß da: „... reichen Hände sich Jimmy und Thea im August, im August in Berlin".
Wohl niemand, auch ich nicht, konnte damals ahnen, daß es noch fast 40 Jahre dauern würde, bis sich auch die "Thea" aus unserem, jene Spiele so begeistert vorbereitenden und durchführenden Land, und "Jimmy" unbeschwert die Hand reichen konnten.

Abb.87: Kranzniederlegung am Ehrenmal für die gefallenen sowjetischen Soldaten in Berlin-Treptow (hier befinden sich die Gräber von über 5.000 sowjetischen Soldaten)

Abb.88: Das neu erbaute „Walter Ulbricht-Stadion“

Abb.89: Massendemonstration zur Eröffnungsfeier im „Walter Ulbricht-Stadion“ zu den III. Weltfestspielen der Jugend in Berlin 1951

Kalter Krieg auf dem Rücken der Berliner (I)

Andrej Gromyko, damals noch stellvertretender Außenminister der UdSSR, übergab am 10. März 1952 den drei Besatzungsmächten (USA, Großbritannien und Frankreich) eine Note der Sowjetregierung, zu der eine Vier-Mächte-Konferenz einberufen werden sollte.

Die Note enthielt folgende Punkte:

- Ein Friedensvertrag aller Kriegsteilnehmer mit Deutschland sollte abgeschlossen werden, an dessen Ausarbeitung eine gesamtdeutsche Regierung beteiligt werden sollte. Über die Bildung dieser Regierung müßten sich die Alliierten einigen.
- Deutschland solle in den Grenzen, die durch das Potsdamer Abkommen festgelegt worden waren, wiedervereinigt werden.
- Spätestens ein Jahr nach Inkrafttreten des Friedensvertrages sollten sämtliche Streitkräfte der Besatzungsmächte aus Deutschland abgezogen werden.

Abb.90: Propagandaplakat aus der DDR (1952) zur Note der Sowjetunion an die Alliierten.

- Deutschland würde demokratische Rechte wie Versammlungsfreiheit, Pressefreiheit und ein pluralistisches Parteiensystem zuerkannt werden.
- Die Entnazifizierung sollte beendet werden.
- Deutschland dürfte keine Koalitionen oder Militärbündnisse eingehen, die sich gegen irgendeinen Staat richten, der mit seinen Streitkräften am Krieg gegen Deutschland teilgenommen hatte.
- Deutschland würden keinerlei Handelsbeschränkungen auferlegt werden.
- Die Aufstellung nationaler Streitkräfte, die zur Verteidigung notwendig wären sowie die nötige Produktion von Kriegsmaterial würden Deutschland gestattet.[23]

Die Stalin-Note wurde von Adenauer als bloßes „Störfeuer“ bezeichnet, um die „Bundesrepublik auf den unfreien Status eines Satellitenstaates herabzuziehen und den Zusammenschluß Europas unmöglich zu machen“.

23 Original-Text der Note siehe: www.kssursee.ch/schnellerwets/KalterKrieg.

Die Westmächte gaben zu verstehen, daß sie keinesfalls Verhandlungen mit der Sowjetunion aufnehmen wollten, solange die Verträge zur Westintegration der BRD nicht unterzeichnet waren.

Hier der wesentliche Inhalt ihrer offiziellen Antwortnote vom 25.3.1952:

Voraussetzung für Friedensverhandlungen müsse sein: Prüfung der UN-Kommission bezüglich freier Wahlen in Gesamtdeutschland und die Abhaltung freier Wahlen. Erst danach Bildung einer gesamtdeutschen Regierung.

Ablehnung der Grenzen von Potsdam (insbesondere Oder-Neiße-Grenze).

Deutschland habe das Recht, jegliche Bündnisse im Rahmen der UN-Charta einzugehen.

Volle Zustimmung der Westmächte zur Eingliederung Deutschlands in ein europäisches Bündnis (eindeutiger Hinweis auf EVG). Ein unabhängiges deutsches Heer sei ein Rückschritt in vormalige Verhältnisse von Militarismus und Aggression.

In dem folgenden Notenaustausch, es wurden insgesamt vier Noten ausgetauscht, blieb Stalin bei seinen Vorschlägen. Zwar akzeptierte er freie Wahlen als Grundlage einer gesamtdeutschen Regierung, sie sollten jedoch durch die Siegermächte und nicht durch die UNO geprüft werden. Für ihn war die Oder-Neiße-Grenze kein Verhandlungsgegenstand.

Der Westen lenkte insofern ein, daß die Siegermächte die Wahlprüfung vornehmen sollten.

Die Streitfrage war nun: **Erst freie Wahlen?** (Westen), oder **Erst Verhandlungen?** (Sowjetunion)

Noch heute sind sich die Historiker uneins, ob es 1952 eine echte Chance gab, Deutschland wieder zu vereinigen. Fakt ist: Wenn es eine Chance gab, so wurde sie damals nicht wahrgenommen.

Fakt ist auch, daß die Haltung Adenauers dabei essentiell war. Er hat die Wiedervereinigung mit dem protestantischen, preußischen Osten nicht gewollt. Nach seinen eigenen Aussagen bestand die Gefahr darin, daß mit der Ostzone Gesamtdeutschland protestantischer und sozialdemokratischer geworden wäre als die Bundesrepublik der drei Westzonen.[24]

24 Nach Angaben bei www.wikipedia.org/wikiStalin-Noten

17. Juni 1953 – Volksaufstand oder konterrevolutionärer Putsch

Eingangs einige Fakten zur Vorgeschichte, zum Verlauf und zu den Folgen der Ereignisse am 16. und 17. Juni 1953.

Nach dem Tod Stalins am 5.3.1953 begann die SED mit einer Reihe von Reformen nach sowjetischem Vorbild. Im Rahmen des „Neuen Kurses“ wurde die Zwangskollektivierung der Landwirtschaft eingestellt, Privatunternehmer erhielten eine neue Förderung und Maßnahmen zur Wahrung der Rechtsstaatlichkeit wurden eingeleitet. Wie sich bald zeigte kamen diese Änderungen zu spät, um die Krise in der Gesellschaft zu überwinden.

Die Finanzierung des neuen Kurses sollte durch die Beibehaltung der Erhöhungen der Arbeitsnormen um mehr als 10 Prozent erfolgen. Das stieß auf zunehmenden Widerstand auch in der Arbeiterschaft.

Am 16.Juni erschien in der Gewerkschaftszeitung des FDGB ein Artikel, in dem noch einmal bekräftigt wurde, daß die Normerhöhungen „im vollen Umfang richtig“ sind und beibehalten werden. Etwa 100 Bauarbeiter, die im Bezirk Friedrichshain auf den Baustellen in der Stalinallee beschäftigt waren, formierten sich spontan zu einer Demonstration und zogen zur FDGB-Zentrale. Da diese verschlossen war, wandten sie sich zum Haus der Ministerien (Leipziger Straße/Ecke Wilhelmstraße), um dort dem Ministerpräsidenten Grotewohl ihre Forderungen vorzutragen. Inzwischen war die Zahl der Teilnehmer auf einige tausend angewachsen.

Als Fritz Selbmann, Minister für Schwerindustrie, sich den Demonstranten stellte, wurde er niedergeschrien und physisch bedroht. Mit einem Lautsprecherwagen, den die aufgebrachte Menge in ihren Besitz gebracht hatte, wurde zu einem Generalstreik für den 17. Juni aufgerufen. Der RIAS erhielt eine Resolution, in der die sofortige Senkung der Lebenshaltungskosten, freie und geheime Wahlen sowie die Zusicherung gefordert wurde, keine Maßregelungen der Streikenden vorzunehmen. Diese Resolution wurde vom RIAS noch am 16. Juni wiederholt ausgestrahlt und mit immer neuen, schärferen Aufforderungen zum Aufstand angereichert. Wenn die Aussage stimmt, die Ernst Scharnowski später im Zusammenhang mit dem 17. Juni machte, so war er einer derjenigen, die über den RIAS versuchten, die Situation in Ost-Berlin anzuheizen. Mark Altten schreibt dazu: *„O-Ton Scharnowski: „Ich bin dann abends, um 9 Uhr, am 16. zu den Amerikanern, zum RIAS, und habe gesagt: >Ich möchte eine Erklärung abgeben!< Dann habe ich eine Erklärung formuliert und die ging dann nach Washington, weil der Direktor abhängig war von Washington. Und ich […] habe einen Aufruf gemacht, der dann gesendet wurde in der Form: Ich rufe euch zu: Laßt die Bauarbeiter, die Berliner nicht allein, geht morgen alle auf eure Strausberger Plätze, das hieß auf eure Demonstrationsplätze.“*[25]

Bei strömendem Regen trafen am 17. Juni gegen 09.00 Uhr tausende Menschen, die aus verschiedenen Richtungen kamen, am Strausberger Platz ein. Erneut wurden Forderungen nach politischen Veränderungen laut. Es kam zu Handgreiflichkeiten mit Angehörigen der Volkspolizei und zu Übergriffen auf staatliche Einrichtungen. Die Streikführer verloren die Kontrolle über den Verlauf der Erhebung.

25 Mark Altten „Die CIA stellt in Berlin die Weichen“, Verlag Das Neue Berlin, Berlin 2009, S. 90.

Abb.91: Reproduktion eines Fotos von 1953 als Postkarte, auf dem die Gesichter unkenntlich gemacht wurden. So wollte man die Strafverfolgung der Abgebildeten Personen verhindern. Originalbeschriftung: „Aufstand in Berlin (Ost) am 17. Juni 1953 – Der Volksaufstand in Berlin (Ost) und in der Sowjetzone gegen das kommunistische Regime wurde durch Truppen der Sowjetunion und der sowjetzonalen ‚Volksarmee' blutig niedergeschlagen." Bemerkenswert, daß hier der Begriff „Volksarmee" verwendet wird, die es 1953 noch gar nicht gab!

Die rote Fahne auf dem Brandenburger Tor wurde heruntergerissen, Parteibüros gestürmt und Funktionäre verprügelt. Besondere Schwerpunkte bildeten das Haus der Ministerien und das Columbia-Haus. Dort kam es zu Übergriffen auf Polizisten, sowjetische Soldaten und unbeteiligte Passanten. Die 6. Garde-Mot.-Schützenbrigade Berlin Karlshorst wurde alarmiert. Einige Schützenkompanien verlegten ins Zentrum der Stadt. Sie wurden wenig später durch Teile der 12. Garde-Panzer-Division aus dem 90 km entfernten Neuruppin verstärkt.

Um 13.00 Uhr erklärte der sowjetische Militärkommandant, Generalmajor Dibrowa, den Ausnahmezustand für Ost-Berlin. Kurz danach traf Generalstabschef Marschall Sokolowski in Berlin ein. Mit Panzern und Schützenpanzerwagen wurden die Unruhen aufgelöst. Es kam zu Toten und Verwundeten. Der Westberliner Bürger Willi Göttling wurde standrechtlich erschossen, tausende Teilnehmer festgenommen. Um 21.00 Uhr waren die Straßen geräumt.

Die Folgen der Ereignisse am 16. und 17. Juni 1953 waren mannigfaltig und gravierend. Parteichef Walter Ulbricht, der nur knapp seiner Entmachtung entgangen war, interpretierte die Erhebung als Konterrevolution. Er leitete eine „Reinigung von feindlichen Elementen" im Partei- und Staatsapparat ein. Prominenteste Opfer waren seine Gegner Zaisser und Hernstadt, die wegen parteifeindlichem Verhalten

Abb.92: Originalbildunterschrift: Das sowjetische „Regierungsgebäude“ [gemeint ist das Haus der Ministerien – d.V.] braucht Sowjetpanzer als „des Glückes Unterpfand“

Abb.93: Sowjetische Panzer in der Leipziger Straße

ausgeschlossen und gemaßregelt wurden. Im Verlaufe eines Jahre wurden 60 Prozent der gewählten Mitglieder der SED-Bezirksleitungen ausgeschlossen.

Wie viele Menschen bei den Unruhen den Tod fanden, ist nach wie vor umstritten. Die Zahlenangaben liegen je nach Quelle zwischen 25 und 500. Der Westen reagierte insgesamt sehr zurückhaltend.

Am 21.6.1953 wurden die Arbeitsnormen und Lohnkürzungen zurück genommen. Im Oktober senkte die HO die Preise um 10-25 Prozent.[26] Es erfolgte aber noch eine Abrechnung mit denen, die sich an der Erhebung beteiligt hatten.

Um eine Wiederholung ähnlicher Ereignisse wie 1953 auszuschließen, wurden in den Folgejahren jeweils vor dem 17. Juni unter dem Decknamen „Bumerang“ umfangreiche prophylaktische Sicherungsmaßnahmen in den Bezirken und Großstädten eingeleitet.

26 Angaben teilweise aus www.17.Juni1953.com entnommen.

Abb.94: Die deutsche Bevölkerung fordert Einigkeit und Recht und Freiheit [Demonstrationszug vor dem Haus der Ministerien – d.V.]

Abb.95: Sperren vor dem Haus der Ministerien – Originalbildunterschrift: „- so endete der 17. Juni 1953“

Abb.96: „Die Hennigsdorfer machen kurzen Prozeß mit den Sektorenschildern“ (Originalbildunterschrift, die Gesichter sind unkenntlich gemacht – d. V.)

Abb.97: Originalbildunterschrift: „Am 17. Juni in Ost-Berlin: Mitten auf dem Fahrdamm steht ein sowjetisches Pak-Geschütz“ (Der Fahrdamm ist die Leipziger Straße. Bei dem Gebäude im Hintergrund handelt es sich um das WMF-Haus, 1905 als Verwaltungsgebäude der Württembergischen Metallwarenfabrik im Jugendstil erbaut, blieb im II. Weltkrieg von Bombentreffern verschont.)

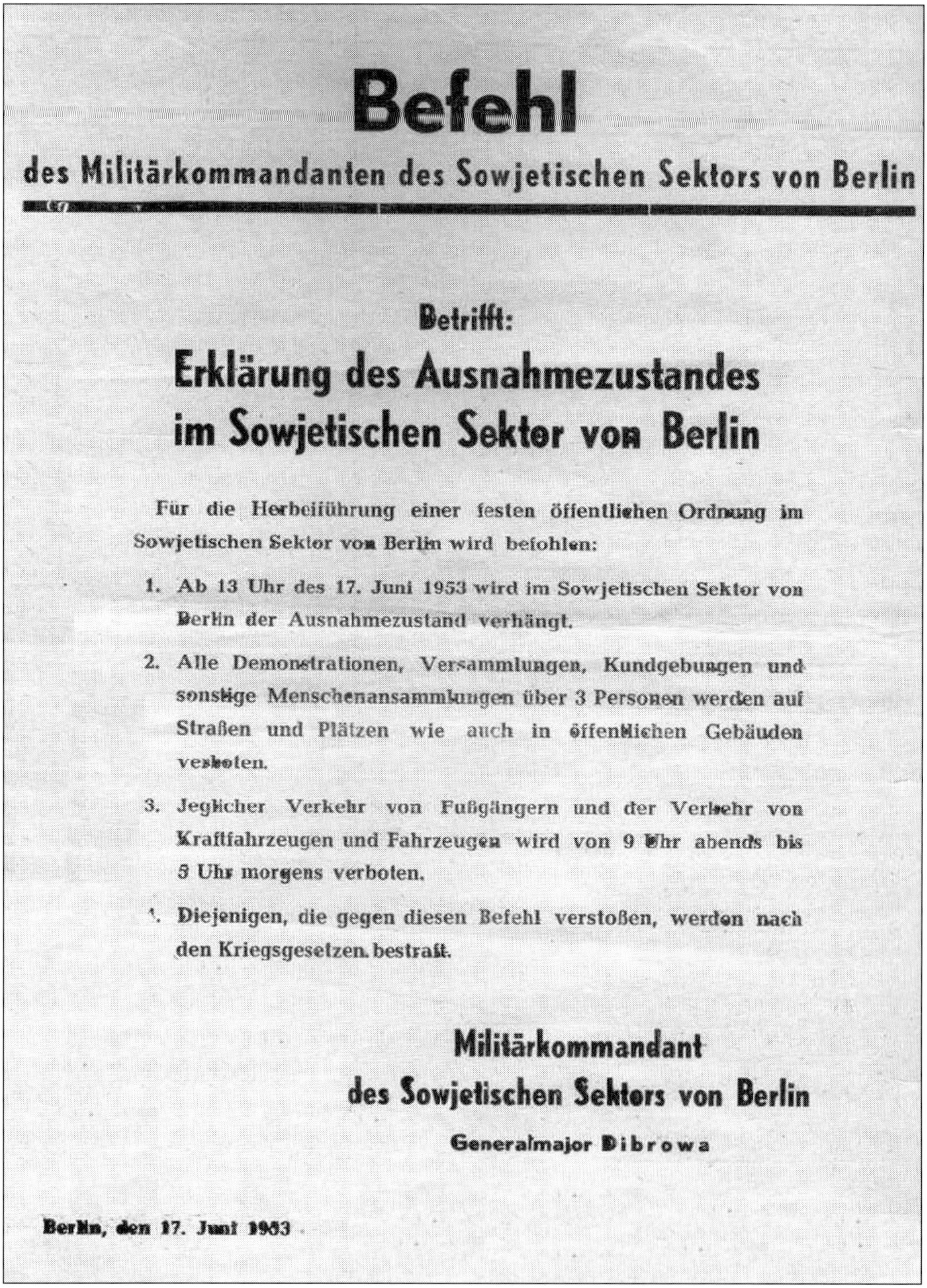

Befehl

des Militärkommandanten des Sowjetischen Sektors von Berlin

Betrifft:

Erklärung des Ausnahmezustandes im Sowjetischen Sektor von Berlin

Für die Herbeiführung einer festen öffentlichen Ordnung im Sowjetischen Sektor von Berlin wird befohlen:

1. Ab 13 Uhr des 17. Juni 1953 wird im Sowjetischen Sektor von Berlin der Ausnahmezustand verhängt.
2. Alle Demonstrationen, Versammlungen, Kundgebungen und sonstige Menschenansammlungen über 3 Personen werden auf Straßen und Plätzen wie auch in öffentlichen Gebäuden verboten.
3. Jeglicher Verkehr von Fußgängern und der Verkehr von Kraftfahrzeugen und Fahrzeugen wird von 9 Uhr abends bis 5 Uhr morgens verboten.
4. Diejenigen, die gegen diesen Befehl verstoßen, werden nach den Kriegsgesetzen bestraft.

Militärkommandant
des Sowjetischen Sektors von Berlin

Generalmajor Dibrowa

Berlin, den 17. Juni 1953

Abb.98: Plakat mit dem Befehl des Militärkommandanten des sowjetischen Sektors über die Verhängung des Ausnahmezustandes

GESETZBLATT

der Deutschen Demokratischen Republik

1953 | Berlin, den 9. Juli 1953 | Nr. 85

Inhalt

Tag	Inhalt	Seite
25. 6. 53	Bekanntmachung des Beschlusses über die Regelung der Bezahlung ausgefallener Arbeitszeit infolge von Arbeitsniederlegung	853

Bekanntmachung des Beschlusses über die Regelung der Bezahlung ausgefallener Arbeitszeit infolge von Arbeitsniederlegung.

Vom 25. Juni 1953

Nachstehend wird der Beschluß des Ministerrates vom 25. Juni 1953 über die Regelung der Bezahlung ausgefallener Arbeitszeit infolge von Arbeitsniederlegung bekanntgemacht.

Berlin, den 25. Juni 1953

Staatssekretär der Regierung und Chef der Regierungskanzlei
Dr. Geyer

Beschluß

Der Ministerrat hat zu der Frage der Bezahlung ausgefallener Arbeitszeit infolge von Arbeitsniederlegung Stellung genommen und folgende über die bisherigen Anordnungen des Ministeriums für Arbeit hinausgehende Regelung getroffen:

Die durch die Beteiligung an den volksfeindlichen Kundgebungen und Arbeitsniederlegungen versäumte Arbeitszeit ist den Arbeitern und Angestellten nicht zu bezahlen.

Die Arbeiter und Angestellten haben in den letzten Tagen in immer größerer Anzahl ihre Bereitschaft erklärt, den durch die Arbeitsniederlegungen verursachten Arbeits- und Lohnausfall durch Nacharbeit wieder aufzuholen.

1. Allen Arbeitern und Angestellten, die zur Arbeit bereit waren und infolge der verursachten Störung des Betriebes ihre Arbeit nicht ausführen konnten, sowie diejenigen, die wegen der Verkehrsschwierigkeiten schuldlos Arbeitszeit einbüßten, erhalten für diese Zeit 90 % des Zeitlohnes (auch für Leistungslöhner) bzw. Grundgehaltes.

   Wo die Feststellung darüber, ob eine Beteiligung an der Arbeitsniederlegung oder ob Arbeitsbereitschaft vorlag, auf Schwierigkeiten stößt, genügt als Nachweis eine entsprechende schriftliche Erklärung des betreffenden Arbeiters oder Angestellten an die Betriebsleitung.

2. Diejenigen Arbeiter und Angestellten, die sich an der Arbeitsniederlegung beteiligt haben, können 90 % des Zeitlohnes bzw. Grundgehaltes für die ausgefallene Arbeitszeit bei der nächsten Lohnzahlung nur unter der Bedingung erhalten, daß sie sich schriftlich verpflichten, die versäumte Arbeitszeit auf ihren Urlaub anrechnen zu lassen oder sie innerhalb eines Monats nachzuarbeiten.

   Der gezahlte Betrag von 90 % gilt als Vorschuß und ist mit dem tatsächlich erzielten Verdienst nach Beendigung der gesamten Nacharbeit zu verrechnen. Arbeiter und Angestellte, die sich an der Arbeitsniederlegung beteiligt haben, erhalten bei der Nacharbeit keine Überstunden-, Sonntags- oder Nachtzuschläge.
   Sofern sie sich verpflichten, die versäumte Arbeitszeit auf ihren Urlaub anrechnen zu lassen, erhalten sie bei der nächsten Lohnzahlung für die ausgefallene Arbeitszeit ihren Durchschnittsverdienst der letzten 13 Wochen vor dem Arbeitsausfall.

3. Die bereits unter Ziff. 1 genannten Arbeiter, die schuldlos Arbeitszeit einbüßten, können sich an der Nacharbeit beteiligen und erhalten diese Arbeitszeit voll bezahlt, unabhängig von den bereits erhaltenen 90 %.
   Den Arbeitern und Angestellten, die schuldlos ihre Arbeitszeit einbüßten und hierfür 90 % des Zeitlohnes bzw. Grundgehaltes erhielten, wird für die geleistete Nacharbeit Überstunden- bzw. Sonntags- oder Nachtzuschlag bezahlt.

4. Diejenigen Arbeiter und Angestellten, die ordnungsgemäß an der Bewachung des Betriebes im Rahmen des erweiterten Betriebsschutzes teilgenommen haben, erhalten die volle Bezahlung nach ihrem bisherigen Durchschnittsverdienst.

Mit diesem Beschluß des Ministerrates treten die entsprechenden Anordnungen des Ministeriums für Arbeit außer Kraft.

Abb.99: Auszug aus dem Gesetzblatt: Bekantmachung des Beschlusses über die Regelung der Bezahlung ausgefallener Arbeitszeit infolge von Arbeitsniederlegung. Vom 25. Juni 1953
(Text im Anhang)

Zeitzeugenbericht von Hans Irrgang
über seine Erlebnisse in den Tagen um den 17. Juni 1953 in Berlin
[Hans Irrgang, Jahrgang 1930, besuchte ab 1952 als junger Offizier der Kasernierten Volkspolizei (KVP) deren Politschule in Berlin-Treptow und war im Sommer 1953 dort Kursant.]

Abb.100:
Hans Irrgang, 1952

Ist das die Konterrevolution?

Juni 1953. Es winkte uns ein verlängerter Wochenendurlaub von Freitag bis Montag. Ich freue mich auf zu Hause, auf das Wiedersehen mit der Familie in Weißenfels und auf die Begegnungen mit meinen Kumpels. Aber dort will keine rechte Stimmung aufkommen. Statt zwangloser Plauderei werden mir Dinge um die Ohren gehauen, die ich mir nicht erklären kann. Von üblen Erhöhungen der Normen, von Materialsorgen in den Betrieben, von Mängeln in der Versorgung und von zu hohen Preisen bei niedrigen Löhnen ist immer wieder die Rede. Davon war an der Politschule in Treptow nichts durchgesickert. Dort haben wir nur von dem „neuen Kurs" der Partei gehört, den hier allerdings niemand kennt. Etwas deprimiert fahre ich nach Berlin zurück. Im Zug fällt mir auf, daß ich beim Betreten des Abteils auf eine Mauer des Schweigens stoße. Ob es daran liegt, dass es eine Nachtfahrt ist, oder liegt es an der Uniform, die ich trage?

Am Morgen auf der Stube überrascht es mich, wie aufgeregt alle Urlauber sind. Es entfaltet sich eine lebhafte Diskussion. Die gleichen Fragen sind im Gespräch, mit denen ich schon in Weißenfels konfrontiert worden war. In Leipzig, Chemnitz, Erfurt und Dresden wäre es zu zahlreichen Pöbeleien gegen Uniformierte gekommen, wobei sie als „Faulenzer", „Arbeitsscheue" und „Russenknechte" bezeichnet wurden. Zum „neuen Kurs" der Partei hätte niemand etwas gesagt. Unsere Versuche, vom Politstellvertreter, dem Parteisekretär oder dem Agitator eine Antwort zu dieser Situation zu erhalten, verlaufen ziemlich unbefriedigend. Die Vorgesetzten sind offensichtlich überfordert.

Es tagt der 17. Juni. Von den Krawallen in der Leipziger Straße hat weder der Dienststellenfunk etwas gebracht, noch steht auch nur eine Zeile dazu in der Zeitung. Da keiner an diesem Tag Ausgang hat, wissen wir von nichts, sind aber beunruhigt. Der Unterricht beginnt wie immer auf die Minute pünktlich. Öfter als sonst muß der Lektor Einzelne ermahnen, die sich mit ihrem Nachbar unterhalten. Noch vor dem Ende der ersten Unterrichtseinheit beginnt die Pausenglocke ununterbrochen zu läuten. Der Offizier vom Dienst betritt den Hörsaal und ruft „Gefechtsalarm!" Wir flitzen auf die Stuben und harren der Dinge, die da kommen werden. Die Kompanieleitung ist bei Generalmajor Dickel, dem Leiter der Schule, und so kann uns niemand sagen, was überhaupt los ist. Nach etwa zwei Stunden erfahren wir Näheres. Von Bauarbeitern der Stalinallee sei ein Streik ausgelöst worden, und aus allen Richtungen würden

sich Demonstrationszüge zum Alexanderplatz, zum Haus der Ministerien in der Leipziger Straße und zur Straße „Unter den Linden“ bewegen. Aufgehetzt durch RIAS-Meldungen und von Westberlin eingeschleusten Provokateuren käme es zu Angriffen auf Polizisten, Passanten mit Parteiabzeichen und Uniformierten. Es würden Kioske geplündert, Schaufenster eingeschlagen und Autos demoliert. Der Oberkommandierende der Sowjetischen Streitkräfte in Deutschland habe den Ausnahmezustand über Ostberlin und einige Städte wie Leipzig, Halle, Erfurt und Dresden verhängt.
Inzwischen sind rund um unser Objekt Posten aufgezogen. Ich selbst werde am Haupttor der Kaserne eingesetzt. Auf den Straßen, die an der Politschule vorbei führen, passieren größere Kolonnen von Arbeitern aus den nahe gelegenen Großbetrieben ohne Vorkommnisse das Haupttor in Richtung S-Bahnhof Treptow. Sie tragen Transparente und rote Fahnen.
Gegen Mittag fahren zwei Lastkraftwagen vor. Es sind Fahrzeuge mit militärischen Kennzeichen. General Dickel gibt den Befehl, das Tor zu öffnen, und ein Oberleutnant erstattet Meldung: „Waffen- und Munitionstransport befehlsgemäß zu Stelle!“ Auf die Frage des Generals, warum so spät, kommt die Antwort: „Wir stießen in Höhe der Klement-Gottwald-Straße auf einen Demonstrationszug, den wir nicht überholen konnten. Offensichtlich war es ein Protestzug, der sich gegen die Ermordung von Ethel und Julius Rosenberg in den USA richtete, jedenfalls stand so etwas auf den Transparenten. Erst an der Kreuzung zur Dimitroffstraße in Richtung Treptow konnten wir abbiegen.“
Kurze Zeit darauf werden zwei Kompanien Offiziere mit Maschinenpistolen, Munition und Marschgepäck ausgerüstet und sitzen auf gerade eingetroffenen Transportfahrzeugen mit geschlossenen Planen auf. Mit General Dickel in einem PKW an der Spitze fahren wir bis kurz vor die Trabrennbahn Karlshorst. Dort müssen wir anhalten, weil eine Panzerkolonne der Sowjetarmee gerade die Kaserne verläßt. Die Panzer rollen auf der Straße bis zur Frankfurter Allee, um dort in Richtung Stadtmitte abzubiegen.
Danach fahren wir auf der gleichen Strecke wie die Kolonne, biegen aber kurz nach dem Bahnhof Lichtenberg in die Normannenstraße ein. Vor der Einfahrt zum Ministerium für Staatssicherheit (MfS) kommt der Befehl zum Absitzen und Besetzen des Objekts. Generalmajor Dickel begibt sich in das Sekretariat von Generalmajor Zaisser, dem Minister für Staatssicherheit. Was sich im Dienstzimmer des Ministers ereignet, erfahren wir nicht.
Vor der Tür beziehen zwei Offiziere von uns Posten. Die Angehörigen des MfS müssen ihre Waffen abgeben, die in den Waffenkammern unter Verschluß genommen werden. Die nicht zur Sicherung der einzelnen Stockwerke des Ministeriums eingesetzte Offiziere lagern inzwischen im Foyer. Dort verbringen wir, gut verpflegt und mit Zigaretten versorgt, die Nacht vom 17. zum 18. Juni.
Am Morgen gibt uns Dickel einen Lagebericht zu den Ereignissen des vergangenen Tages. Danach war es im Zentrum, insbesondere am Alexanderplatz, Unter den Linden, in der Friedrichstraße und in der Leipziger Straße zu Zusammenstößen zwischen randalierenden und plündernden Demonstranten mit den einrückenden sowjetischen Soldaten gekommen, weil deren Auf-

forderungen, auseinander zu gehen, nicht Folge geleistet wurde. Schußwaffen seien nur zur Abgabe von Warnschüssen abgefeuert worden, in einigen Fällen, um den Sturm auf Panzer zu verhindern. Gegen Abend sei es gelungen, die Zusammenrottungen aufzulösen. Bei Beginn des, auf 22.00 Uhr bis 05.00 Uhr festgelegten Ausgehverbots waren die Straßen wieder frei. In der Stadt ruhte der gesamte Verkehr. Weder U- noch S-Bahn, weder Busse noch Straßenbahnen fuhren in dieser Zeit. Viele, die von außerhalb gekommen waren, sahen sich gezwungen, den Heimweg zu Fuß anzutreten.
Irritiert durch einen Leitartikel im „Neuen Deutschland", dem Zentralorgan der SED, den der Chefredakteur der Zeitung, Hernstadt, geschrieben hatte, entfacht sich unter uns eine hitzige Diskussion. Hernstadt fordert darin die Reduzierung der Kräfte der Kasernierten Volkspolizei um die Hälfte. Keiner von uns kann in dieser Situation eine solche Forderung verstehen.
Inzwischen ist der Chef der KVP, Generalleutnant Heinz Hoffmann, zur Bildung einer Führungsstelle bei uns eingetroffenen. Ich werde zusammen mit noch

Abb.102: Propagandaplakat der SED-Regierung „So hilft uns die Sowjetunion, den neuen Kurs zu verwirklichen"
Plakat zur Übergabe der SAG-Betriebe, Streichung der Reparationen und Streichung der Nachkriegsschulden, die in Reaktion auf den 17. Juni 1953 von der Sowjetunion gewährt werden.

Abb.101: Nach den Ereignissen des 17. Juni 1953 propagierte die Führung einen „neuen Kurs".

einem Unterleutnant als Begleitschutz für ihn eingesetzt. Wir machen uns erst einmal mit dem Fahrer seines PKW Tatra bekannt. In den nächsten zwei, drei Tagen sind wir zwischen dem Kommando der GSSD in Wünsdorf und unserem Kommando in Strausberg rund um die Uhr unterwegs. Dazwischen bleibt nur Zeit für ein paar Stunden Schlaf und den Wechsel der Wäsche im Wohnhaus des Chefs in Pankow. Unsere Fahrten verlaufen ohne jegliche Vorkommnisse, sicher reguliert von Patrouillen der Sowjetarmee. Generalleutnant Hoffmann ist ein kompetenter, unkomplizierter und kontaktfreudiger Vorgesetzter. Er erkundigt sich nach unserer Herkunft und unserer Entwicklung und vermittelt uns fortlaufend Informationen zur Lage in Berlin, der DDR und unseren Heimatorten. So erfahren wir von ihm u.a., daß in Görlitz ein führender Nazi in brauner Uniform auf der Straße verhaftet wurde und Putschisten in Halle den „Roten Ochsen", ein bekanntes Zuchthaus, gestürmt haben, um dort einsitzende ehemalige Faschisten und Kriminelle zu befreien.
Eine Ausnahme bildet der gesamte Bereich der Wismut (Sowjetisch-Deutsche-Aktiengesellschaft zur Förderung von Uran), wo es weder zu Arbeitsniederlegungen noch zu Randalen gekommen ist. Es ist den Aufständischen auch nicht gelungen, den internationalen Zugverkehr zu unterbrechen und den Inlandsverkehr wesentlich zu stören.
Genaue Angaben über Tote und Verletzte auf beiden Seiten erhalten wir nicht. Lediglich über die Verfahren sowjetischer Militärgerichte, die mit der Verkündung einiger Todesurteile endeten, berichten Rundfunk und Presse.
Mit der Aufhebung des Ausnahmezustands im Verlaufe der letzten Dekade des Juni 1953 und dem Rückzug der sowjetischen Truppen in ihre Kasernen endet auch der Einsatz der KVP. Wir kehren in unsere Objekte zurück. Überall im Land wird die Arbeit wieder aufgenommen und von uns Kursanten das Studium.

Berlin-Krise 1958/59 oder: Der Kalte Krieg auf dem Rücken der Berliner (II)

In einer Rede am 10. November 1958 im Moskauer Sportpalast erklärte Chruschtschow:

„Offensichtlich ist die Zeit gekommen, daß die Mächte, die das Potsdamer Abkommen unterzeichneten, auf die Reste des Besatzungsregimes in Berlin verzichten und damit die Möglichkeit geben, eine normale Lage in der Hauptstadt der Deutschen Demokratischen Republik zu schaffen. Die Sowjetunion ihrerseits wird alle Funktionen in Berlin, die noch sowjetischen Organen obliegen, an die souveräne Deutsche Demokratische Republik übertragen“[27]

Am 27. November 1958 übergab die Sowjetunion dann gleichlautende Noten zur Lage in Berlin an die Regierungen der USA, Großbritanniens und Frankreichs. Diese Note war mit Sicherheit eine der längsten Noten, die in der Geschichte der Diplomatie jemals zwischen Staaten ausgetauscht wurden. Die sowjetische Seite hat darin nichts ausgelassen, was aus ihrer Sicht in Bezug auf die Nachkriegsentwicklung und die Lage in Berlin relevant war.

Ausgehend von der Einschätzung, daß die Berlin-Frage nicht nur die Interessen des deutschen Volkes, sondern die Interessen aller Völker Europas berührt, und einer Schilderung der Lage in und um Berlin, werden Fakten der jüngeren Geschichte in Erinnerung gerufen. Man betont, daß die sowjetische Seite das Gefühl des Vertrauens und der Freundschaft zu den Völkern der USA, Englands und Frankreichs bewahren und weiterentwickeln möchte. Das Potsdamer Abkommen wird als eine Zusammenfassung der historischen Erfahrungen aus dem Kampf der Völker zur Abwendung einer Aggression des deutschen Militarismus bezeichnet. Es enthielt wichtige Bestimmungen darüber, daß auch während der Besatzungszeit Deutschland als einheitliches Ganzes zu betrachten sei. Die weitere Entwicklung sei jedoch nicht so verlaufen wie in Potsdam festgelegt worden war. Die Beziehungen zwischen den drei Westmächten und der UdSSR hätten sich verschlechtert, das gegenseitige Mißtrauen und der Argwohn hätten zu feindseligen Beziehungen geführt. Eine wesentliche Ursache dafür sei die gröbliche Verletzung des Potsdamer Abkommens durch die Westmächte. Durch die Einbeziehung der BRD in die NATO war die Sowjetunion gezwungen, Gegenmaßnahmen zu ergreifen. Die Bildung des Warschauer Vertrags war die Folge.

Wörtlich heißt es in der Note:

„Die sowjetische Regierung ist der Ansicht, daß die Staats- und Gesellschaftsordnung der DDR und die der Bundesrepublik Deutschland auf verschiedenen Grundlagen aufgebaut sind. Die sowjetische Regierung ist der Ansicht, daß die Lösung des Problems der sozialen Ordnung der beiden deutschen Staaten Sache der Deutschen selbst ist.“[28]

---

27 Dokumente zur Berlin-Frage, R. Oldenburg Verlag München 1967, S. 298.

28 Ebenda, Wortlaut der Note S. 301-319.

Die Sowjetregierung konstatierte, daß die politische und wirtschaftliche Entwicklung West-Berlins in der Zeit seiner Besetzung durch die drei Westmächte anders geartet war als die Entwicklung Ost-Berlins und der DDR, wodurch die Lebensformen in beiden Teilen Berlins grundverschieden waren.

Der Kern der Note lautete:
„Auf Grund all dieser Überlegungen würde es die sowjetische Regierung ihrerseits für möglich halten, die West-Berlin-Frage gegenwärtig durch die Umwandlung West-Berlins in eine selbständige politische Einheit – in eine Freie Stadt – zu lösen, in deren Leben sich kein Staat, auch keine der beiden bestehenden deutschen Staaten, einmischen dürfte. Man könnte sich insbesondere darüber einigen, das Territorium der Freien Stadt zu demilitarisieren und auf ihm keinerlei Streitkräfte zuzulassen. Die Freie Stadt West-Berlin könnte ihre eigne Regierung haben und könnte ihre Wirtschaft, Verwaltung und sonstigen Angelegenheiten selbst lenken."[29]

Am Ende teilte die Sowjetregierung mit, daß sie *im Verlaufe eines halben Jahres* keine Änderungen des bestehenden Modus für militärische Transporte aus der BRD vornehmen wird. Sie erachtete diese Frist als vollkommen ausreichend, um eine gesunde Grundlage für die Regelung der offenen Fragen zu treffen. Sollte die genannte Frist nicht zur Erreichung einer Übereinkunft genutzt werden, wird die UdSSR ein Abkommen mit der DDR abschließen und sie in die Lage versetzen, ihre Souveränität voll wahrzunehmen (Das bedeutete, daß die Kontrolle über die Verkehrswege von und nach Berlin an die DDR übertragen wurde, wodurch diese die Fluchtbewegung von Ost nach West stoppen könnte). Gleichzeitig würden alle offiziellen Kontakte sowjetischer Vertreter mit denen der USA, Großbritanniens und Frankreichs in Fragen, die Berlin betreffen, aufhören.
Das war ein eindeutiges Ultimatum!

In zwei getrennten Noten teilte die sowjetische Regierung den Regierungen der Deutschen Demokratischen Republik und der Bundesrepublik Deutschland den wesentlichen Inhalt ihrer Noten an die drei Westmächte mit.
Von westlicher Seite reagierte noch am Tag der Bekanntgabe der Note der Regierende Bürgermeister von West-Berlin, Willy Brandt, mit einer Stellungnahme. Darin traf er folgende Feststellungen:

1. Der Plan, aus West-Berlin eine Freie Stadt zumachen, liefe darauf hinaus, daß die Stadt von alliierten Truppen geräumt würde, während sie weiter von sowjetischen Truppen umgeben bliebe. Weiter würde West-Berlin dadurch von der rechtlichen, finanziellen und wirtschaftlichen Zugehörigkeit zur Bundesrepublik abgeschnitten und geriete in eine einseitige Abhängigkeit vom Ostblock.
2. Dem Plan steht die Tatsache entgegen, daß die Westmächte ihre Rechte und Pflichten in Berlin bis zur Überwindung der Spaltung ausüben wollen.

29 Ebenda, S. 315-316.

3. Es gibt keine isolierte Lösung der Berliner Frage. Es könne nur um die Überwindung der Spaltung Deutschlands gehen.
4. Erkennbares Ziel der kommunistischen Politik ist es, ganz Berlin in die sogenannte „DDR" einzugliedern.
5. Die Berliner lassen sich auch jetzt nicht verwirren. Sie werden weiter am Aufbau der Hauptstadt Deutschlands arbeiten.[30]

Die Westmächte benötigten fast drei Wochen, um auf die sowjetische Note zu reagieren. Am 14.12.1958 bestätigten die Außenminister der drei Westmächte auf einer Konferenz in Paris die Entschlossenheit, ihre Rechte in Berlin zu wahren. Damit wiesen sie das sowjetische Ultimatum vom 27. November des Jahres zurück.

Mit einer Erklärung des Nordatlantikrates zur Berlin-Frage vom 16. Dezember 1958 brachte der Westen eine neue Dimension in die Angelegenheit. Erstmals wurde die NATO im Zusammenhang mit Berlin aktiv. Offizielle Noten der Regierungen der USA, Frankreichs und Großbritanniens lagen erst am 31. Dezember 1958 vor. Die Bundesregierung lehnte in einer Note an die Sowjetunion am 5.1.1959 die Errichtung einer „Freien Stadt West-Berlin" und die Anerkennung der DDR sowie eine Konföderation der beiden deutschen Staaten ab. Daraufhin legte die UdSSR am 10.1.1959 einen Entwurf für einen Friedensvertrag mit Deutschland vor, der vom BRD-Außenminister Brentano sofort zurück gewiesen wurde.

Am 8. September 1959 gab der Regierende Bürgermeister Willy Brandt *vier Grundsätze der Berlin-Politik* bekannt:

- Berlin (West) gehört zum freien Teil Deutschlands.
- Das Selbstbestimmungsrecht der Berliner darf nicht geschmälert werden.
- Die Vier-Mächte-Verantwortung in und um Berlin bleibt.
- Das Recht auf freien Zugang nach Berlin muß bestehen bleiben.

Damit war der Versuch der sowjetischen Führung gescheitert, in der Berlin-Frage eine einvernehmliche Lösung zu erzielen.

30 Ebenda, S. 336.

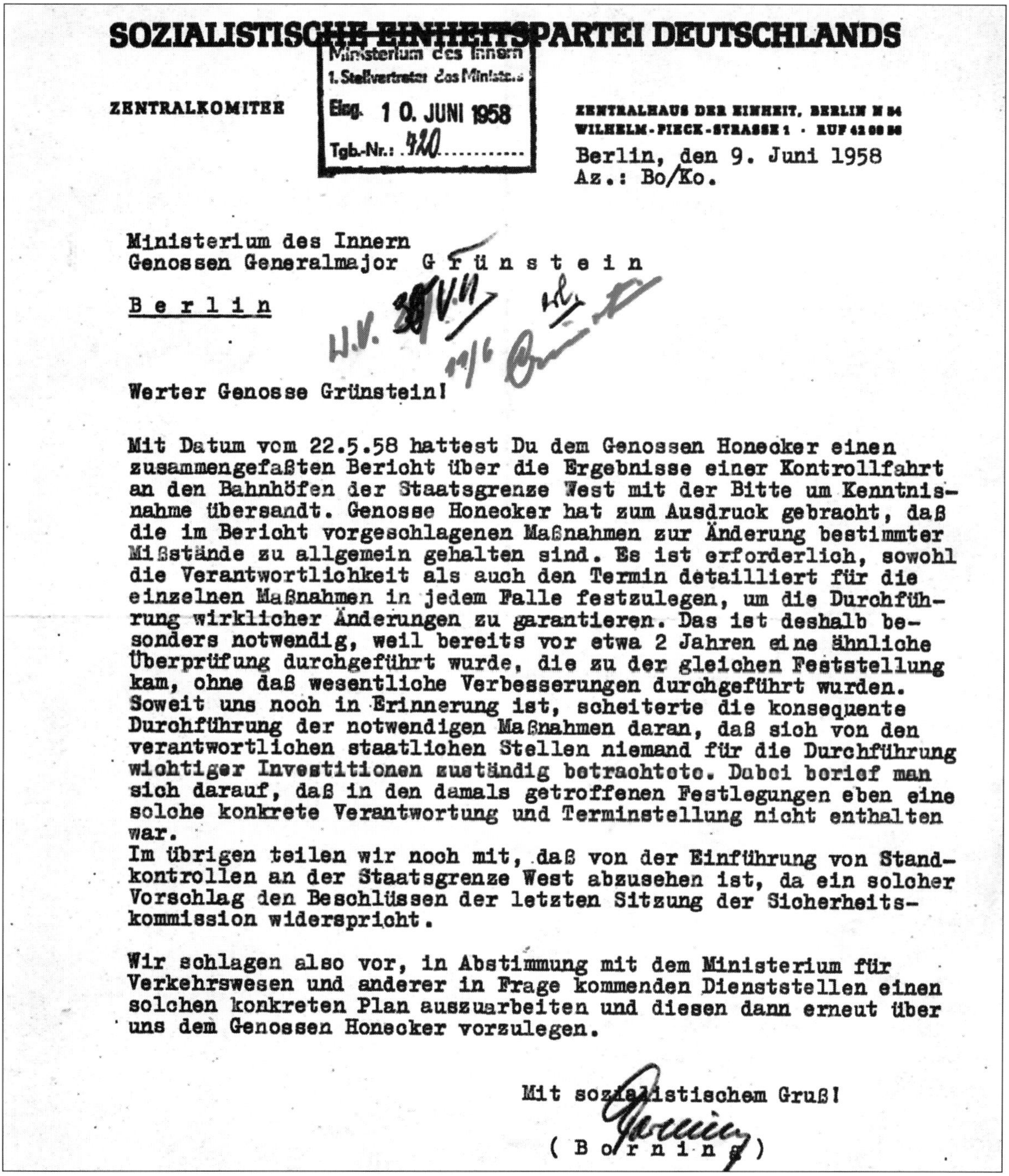

SOZIALISTISCHE EINHEITSPARTEI DEUTSCHLANDS

ZENTRALKOMITEE

Ministerium des Innern
1. Stellvertreter des Ministers
Eing. 10. JUNI 1958
Tgb.-Nr.: 420

ZENTRALHAUS DER EINHEIT, BERLIN N 54
WILHELM-PIECK-STRASSE 1 · RUF 42 00 56

Berlin, den 9. Juni 1958
Az.: Bo/Ko.

Ministerium des Innern
Genossen Generalmajor G r ü n s t e i n

B e r l i n

Werter Genosse Grünstein!

Mit Datum vom 22.5.58 hattest Du dem Genossen Honecker einen zusammengefaßten Bericht über die Ergebnisse einer Kontrollfahrt an den Bahnhöfen der Staatsgrenze West mit der Bitte um Kenntnisnahme übersandt. Genosse Honecker hat zum Ausdruck gebracht, daß die im Bericht vorgeschlagenen Maßnahmen zur Änderung bestimmter Mißstände zu allgemein gehalten sind. Es ist erforderlich, sowohl die Verantwortlichkeit als auch den Termin detailliert für die einzelnen Maßnahmen in jedem Falle festzulegen, um die Durchführung wirklicher Änderungen zu garantieren. Das ist deshalb besonders notwendig, weil bereits vor etwa 2 Jahren eine ähnliche Überprüfung durchgeführt wurde, die zu der gleichen Feststellung kam, ohne daß wesentliche Verbesserungen durchgeführt wurden. Soweit uns noch in Erinnerung ist, scheiterte die konsequente Durchführung der notwendigen Maßnahmen daran, daß sich von den verantwortlichen staatlichen Stellen niemand für die Durchführung wichtiger Investitionen zuständig betrachtete. Dabei berief man sich darauf, daß in den damals getroffenen Festlegungen eben eine solche konkrete Verantwortung und Terminstellung nicht enthalten war.
Im übrigen teilen wir noch mit, daß von der Einführung von Standkontrollen an der Staatsgrenze West abzusehen ist, da ein solcher Vorschlag den Beschlüssen der letzten Sitzung der Sicherheitskommission widerspricht.

Wir schlagen also vor, in Abstimmung mit dem Ministerium für Verkehrswesen und anderer in Frage kommenden Dienststellen einen solchen konkreten Plan auszuarbeiten und diesen dann erneut über uns dem Genossen Honecker vorzulegen.

Mit sozialistischem Gruß!

(B o r n i n g)

Abb.103: Schreiben vom ZK der SED, Borning, an das Ministerium des Inneren, Generalmajor Grünstein
(Borning, Walter; (1920-1983), im II: Weltkrieg Unteroffizier der Wehrmacht, von 1952 bis 1956 Instrukteur, Sektorenleiter und Stellvertreter des Leiters der Abteilung Sicherheit des ZK der SED, danach amtierender, ab 1960 bis 1972 Leiter der Abteilung Sicherheit des ZK der SED; Grünstein, Herbert; (1912-1983), Teilnahme am spanischen Bürgerkrieg, seit 1940 illegale Arbeit im europäischen Ausland, 1948 Rückkehr nach Deutschland, Leiter Hauptabteilung Politkultur, stellvertretender Chef der Hauptverwaltung und Chefinspekteur der Deutschen Volkspolizei, seit 1956 Stellvertreter des Minister des Inneren)

Ministerium des Innern **Hausmitteilung**

Ministerium des Innern
Büro des Ministers
Eing. 1. DEZ. 1959
Tgb.-Nr. 1227/59

von Abteilung Innere Angelegenheiten

an den Leiter des Büros des Ministers
Gen. G ö h r i n g e r

Ihre Zeichen	Ihre Nachricht vom	Hausruf	Unsere Zeichen	Berlin
		2500	50-02-012	den 30.11.1959

Betreff Hauptaufgaben der Abteilung Innere Angelegenheiten für den Monat Dezember 1959 und das I. Quartal 1960

Von der Abteilung Innere Angelegenheiten werden für den obengenannten Zeitraum folgende Hauptaufgaben zur Lösung vorgesehen:

1. Zur Gewährleistung einer regelmäßigen Analysierung und Einschätzung der Lage auf dem Gebiet der Republikflucht sowie über den Zugang der Rückkehrer und Zuziehenden, deren Aufnahme und Eingliederung in die DDR ist unter Leitung des Abteilungsleiters Innere Angelegenheiten eine ständige Arbeitsgruppe zu bilden, der der Leiter der Hauptabteilung PM, der Leiter der Hauptabteilung K sowie entsprechend den Erfordernissen andere Organe angehören.

   Die Arbeitsgruppe hat regelmäßig mindestens vierteljährlich die Lage auf dem Gebiet der Republikflucht sowie der Aufnahme und Eingliederung der Rückkehrer und Zuziehenden zu analysieren. Sie stützt sich bei der Einschätzung auf die hierzu durchzuführenden operativen Kontrollen der genannten Organe in Durchführung der gefaßten Beschlüsse des Sekretariates des ZK und wertet gleichzeitig die Analysen der Bezirke aus.
   Die Ergebnisse der Analyse sind der Leitung des Ministeriums des Innern zur Auswertung und Durchführung von Maßnahmen in den örtlichen Organen mit entsprechenden Aufträgen zu übergeben.

2. Die Abteilung Innere Angelegenheiten hat gemeinsam mit der Hauptabteilung PM der Hauptabteilung K und den Organen des MfS im 1. Quartal das Aufnahmeverfahren der Rückkehrer und Zuziehenden

   a) in den Aufnahmestellen an der Staatsgrenze West und am Ring um Berlin,

   b) in den Aufnahmeheimen

   die Arbeitsweise aller Organe des Ministeriums des Innern;

   c) in den Kreisen der Republik, insbesondere auch in den Grenzkreisen die Eingliederung der Rückkehrer und Zuziehenden, deren Überwachung und Bewegung

   zu kontrollieren.

SK 5 304 E 2058 Ag 464/56

Die Ausblutung der DDR mit Berlin als Hauptschlagader

Wie stark die Partei- und Staatsorgane der DDR von der anhaltenden Ausreisewelle und den Problemen an ihren Grenzen betroffen und in Anspruch genommen waren, wird daran deutlich, daß sie ständig im Mittelpunkt ihres Interesses standen. Ein Beispiel für die Haltung und Handlungen der Parteiführung ist ein Schreiben der Abteilung Sicherheit der Zentralkomitees der SED an den Minister des Innern, Generalmajor Grünstein, vom 9. Juni 1958 über die Lage an den Kontrollstellen der Staatsgrenze West.

Auch die staatlichen Organe der DDR versuchten im Rahmen ihrer Möglichkeiten, die Kontrolle über die Ausreisewelle zu erreichen. Davon zeugt obiges Schreiben der Abteilung Innere Angelegenheiten des Ministeriums des Inneren an den Leiter des Büros des Ministers des Inneren, Generalmajor Grünstein, vom 30.11.1959.

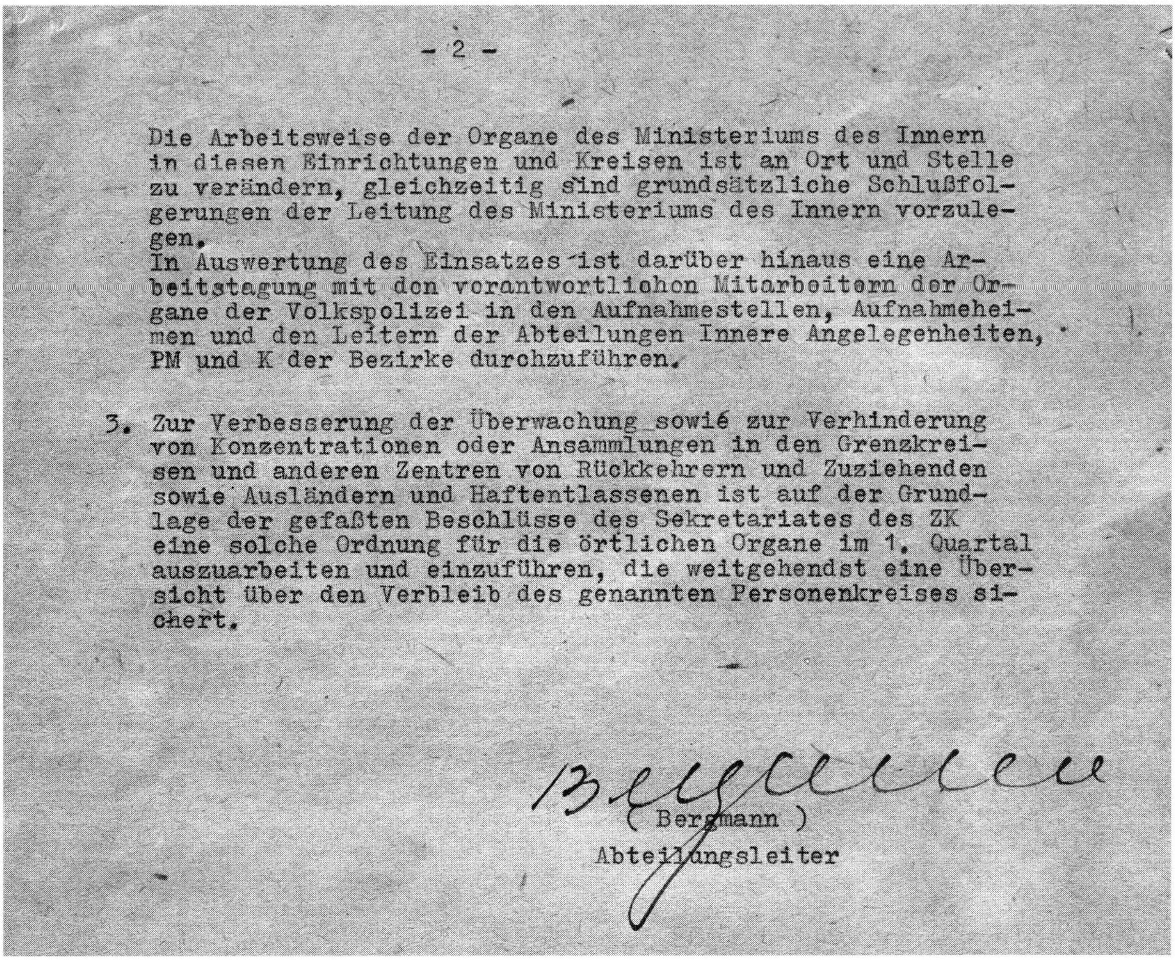

- 2 -

Die Arbeitsweise der Organe des Ministeriums des Innern in diesen Einrichtungen und Kreisen ist an Ort und Stelle zu verändern, gleichzeitig sind grundsätzliche Schlußfolgerungen der Leitung des Ministeriums des Innern vorzulegen.
In Auswertung des Einsatzes ist darüber hinaus eine Arbeitstagung mit den verantwortlichen Mitarbeitern der Organe der Volkspolizei in den Aufnahmestellen, Aufnahmeheimen und den Leitern der Abteilungen Innere Angelegenheiten, PM und K der Bezirke durchzuführen.

3. Zur Verbesserung der Überwachung sowie zur Verhinderung von Konzentrationen oder Ansammlungen in den Grenzkreisen und anderen Zentren von Rückkehrern und Zuziehenden sowie Ausländern und Haftentlassenen ist auf der Grundlage der gefaßten Beschlüsse des Sekretariates des ZK eine solche Ordnung für die örtlichen Organe im 1. Quartal auszuarbeiten und einzuführen, die weitgehendst eine Übersicht über den Verbleib des genannten Personenkreises sichert.

Bergmann
(Bergmann)
Abteilungsleiter

Abb.104a und 104b: Schreiben innerhalb des Ministeriums des Inneren zu den „nächsten" Aufgaben.

In den Jahren 1960/61 verschärfte sich die Lage in Berlin und zwischen der DDR und der BRD.

Täglich meldeten sich in Marienfelde mehr als 1.000 Flüchtlinge aus dem Ostteil der Stadt. Zwischen 1949 und 1961 waren mehr als zwei Millionen Menschen von Ost nach West gewechselt.

Allein im Juli 1961 hatten 30.444 Bürger der DDR über Berlin den Weg in den Westen genommen. Das war die höchste Zahl von Flüchtlingen pro Monat seit 1953. In Moskau und in Ostberlin konnte man sich ausrechnen, daß bei anhaltender Fluchtwelle in zwei bis drei Jahren etwa eine weitere Million Menschen die DDR verlassen würden. Wie prekär die Lage Anfang 1961 war, wird auch aus dem folgenden Dokument ersichtlich. Es handelt sich um die Kopie einer Aufstellung des Operativstabes der Hauptverwaltung Deutsche Volkspolizei über verhinderte Republikfluchten auf der Fahrt nach Berlin für den Zeitraum 1.1. bis 28.2.1961.

HV Deutsche Volkspolizei
\- Operativstab -

Berlin, den 1o. März 1961

Aufstellung
über verhinderte Republikfluchten

In der Zeit vom o1. Januar bis zum 28. Februar 1961 wurden wegen Verdachts der Republikflucht durch die Sicherheitsorgane auf der Fahrt nach Berlin insgesamt 2.672 Personen (einschl. Kinder) gestellt, davon

	Erwachsene	Jugendliche	Kinder
Januar	9o9	273	1o7
Februar	924	349	11o
insgesamt:	1.833	622	217

Abb.105: Ausschnitt aus einem Bericht des Operativstabes über verhinderte Republikfluchten Anfang 1961

Im August 1961 erhöhte sich die Zahl der täglichen Flüchtlinge noch einmal dramatisch. Vom 2. bis 12.8. trafen in Marienfelde 17.431 Menschen aus der DDR ein.

Der KPdSU-Generalsekretär Chruschtschow verweist in seinen Memoiren auf die „katastrophale Situation“, die 1961 durch die Abwanderung von DDR-Bürgern entstanden war. „Ich habe viel Zeit darauf verwendet, nach einem Ausweg zu suchen. ...Ich diskutierte... mit dem Genossen Ulbricht und den anderen Führern der Mitgliedsstaaten des Warschauer Pakts. Dabei betonte ich, daß Ulbricht eine besonders schwere Bürde zu tragen hatte. Jedes andere Land hatte seine eigenen Gesetze, sein eigenes Grenzrecht, konnte frei über seine Innen- und Außenpolitik entscheiden und brauchte dabei nur die Interessen des eigenen Volkes zu berücksichtigen. Die DDR dagegen besaß weder diese Rechte noch diese Freiheit.“[31]

Welche Möglichkeiten hatten DDR und Warschauer Vertrag zur Lösung der permanenten Berlin-Krise? Theoretisch gab es drei Möglichkeiten:

- Die DDR und ihre Verbündeten reagieren überhaupt nicht und warten die weitere Entwicklung ab. Das hätte unweigerlich zum Ausbluten und zum wirtschaftlichen Zusammenbruch geführt, und die Gesamtlage in Europa wäre außer Kontrolle geraten. Auf jeden Fall hätte ein solcher Verlauf den Anschluß der DDR an die BRD bedeutet und wäre von den Verbündeten des WV nicht akzeptiert worden.
- Der Warschauer Vertrag (WV) hätte erwägen können, West-Berlin militärisch zu besetzen und in die DDR einzugliedern. Ein solches Vorgehen barg jedoch die Gefahr eines Krieges in sich. Das war Chruschtschow spätestens nach dem Treffen mit Kennedy im Juni 1961 in Wien klar.
- Die DDR riegelt mit Rückendeckung ihrer Verbündeten die Grenze nach West-Berlin und zur BRD völlig ab, ohne die Rechte der Westmächte in Bezug auf Berlin anzutasten.

Diese Variante wäre in erster Linie nach innen gerichtet, würde aber zugleich die Störmöglichkeiten von außen erheblich einschränken.[32]

Nachdem Chruschtschow von den „three essentials“ erfahren hatte, die Kennedy für eine Konfliktregulierung in Berlin formuliert hatte, konnte er konkret über das „Wie“ der Lösung der Berlin-Frage nachdenken. Die „three essentials“ (drei Bedingungen) waren:

1. Die Freiheit der West-Berliner, ihr eigenes politisches System zu bestimmen, wird garantiert.
2. Die weitere Anwesenheit westlicher Truppen in Berlin bleibt unangetastet.
3. Der ungehinderte Zugang der Alliierten zur Stadt vom Westen auf den Land-, Luft- und Wasserwegen bleibt erhalten. Sie wurden erstmals in dem Kommuniqué der NATO-Ratssitzung in Oslo vom 10. Mai 1961 veröffentlicht.

Die Entscheidung für die o. g. dritte Option war offensichtlich auf der Beratung der 1.Sekretäre der Parteien der Teilnehmerstaaten des Warschauer Vertrages vom 3. bis 5. August 1961 in Moskau gefallen. Hier hat Chruschtschow endgültig entschieden, die Grenze zu West-Berlin zu schließen. Ulbricht stimmte zu, wohl wissend, daß er die entsprechenden Maßnahmen nicht allein durchsetzen konnte.

Inzwischen hatte am 7. August Marschall Konjev das Oberkommando über die Gruppe der Sowjetischen Streitkräfte in Deutschland (GSSD) übernommen. Damit war der Heerführer, der im April 1945 mit der 2. Ukrainischen Front als Erster die Stadtgrenze von Berlin überschritten hatte, erneut am Ort des Geschehens. Sein

31 „Chruschtschow erinnert sich“, Rowolt 1992, S. 425/426.

32 Nach Dieter Pellmann „13. August – Das Schlüsseljahr 1961“, Schriften aus dem Liebknecht-Haus Leipzig 9, August 2001, S.7.

Ansehen und seine Erfahrung sollten gewährleisten, daß die bevorstehenden Maßnahmen zur Grenzschließung so geordnet wie möglich ablaufen. Er informierte bei einem Zusammentreffen im Hauptquartier der GSSD in Wünsdorf die Stadtkommandanten der drei westlichen Alliierten über bevorstehende Aktivitäten im Zusammenhang mit Berlin. Als ein westlicher Teilnehmer nach den erhöhten militärischen Aktivitäten in der DDR fragte, antwortete der Marschall: *„Meine Herren, Sie können beruhigt sein, was immer in nächster Zukunft geschehen mag, Ihre Rechte werden unberührt bleiben."*

Die Führungen der USA, Großbritanniens und Frankreichs waren also darüber informiert, daß in Bezug auf Berlin etwas geschehen würde. Sie wußten nur nicht was und wann.

Der 13. August 1961 – zur Chronologie der Ereignisse

Am 9.8.1961 nahm der Haupteinsatzstab für die Aktion „Schließung der Grenzen" unter Leitung von Erich Honecker, damals ZK-Sekretär für Sicherheitsfragen, in einem gesonderten Bereich des Polizeipräsidiums in der Keitelstraße in Ost-Berlin seine Arbeit auf. Zu diesem Stab gehörten:

Paul Verner (1. Sekretär der Bezirksleitung der SED von Berlin), Willy Stoph (Vorsitzender des Ministerrates), Heinz Hoffmann (Verteidigungsminister), Erich Mielke (Minister für Staatssicherheit), Karl Maron (Innenminister), Kurt Kramer (Verkehrsminister), Willi Seifert (Stellv. Innenminister), Horst Ende (Leiter des Stabes des Innenministeriums), Fritz Eikemeier (Präsident der Volkspolizei) und zwei sowjetische Berater. Einer der beiden war ein Militär vom Stab der Gruppe der Sowjetischen Streitkräfte in Deutschland, der andere kam aus der sowjetischen Botschaft in Berlin.

Unter Leitung des Haupteinsatzstabes wurde durch das Ministerium für Nationale Verteidigung (MfNV) eine operative Gruppe gebildet, die entsprechende Pläne für den Einsatz der vorgesehenen Kräfte, ihre Alarmierung und Verlegung zu erarbeiten hatte. Insgesamt war es angesichts der Größe der Operation ein sehr kleiner Personenkreis, der vor dem 13.August überhaupt Kenntnis von der Art und Weise der bevorstehenden Schließung der Grenzen hatte.

Für den Ablauf der Aktion wurde eine minutiöse Planung erarbeitet. Zur Schließung und Sicherung der 45 km langen Grenze zwischen dem Ost- und dem Westteil der Stadt und der Übergänge an der 160 km langen Außengrenze West-Berlins zur DDR wurden zwei Staffeln gebildet. Die 1. Staffel bestand aus Grenz- und Bereitschaftspolizei und Kampfgruppen der Arbeiterklasse. Sie hatte die unmittelbare Abrieglung der Sektorengrenze auf ihrer gesamten Länge zu gewährleisten und die Übergänge an den Außengrenzen zu schließen. Die 2. Staffel setzte sich aus NVA-Truppen und Einheiten der sowjetischen Streitkräfte zusammen, die generell im Rückraum der 1. Staffel entfaltet waren. Von der Nationalen Volksarmee nahmen zwei Mot.-Schützen-Divisionen (MSD) teil. Die 1. MSD (Potsdam) verlegte in den Raum südlich um West-Berlin, die 8. MSD (Schwerin) in den nördlichen.

Am 12.8. um 22.30 Uhr trat der Haupteinsatzstab zusammen. Auf seinen Befehl wurde am 13.8. um 01.30 Uhr die Beleuchtung an der Grenze ausgeschaltet. Die 1. Staffel hatte innerhalb von 30 Minuten alle Übergänge in Berlin zu schließen. Für die Schließung der restlichen Übergänge waren 180 Minuten geplant . Ebenfalls um 01.30 Uhr wurden die Bahnhöfe der U- und S-Bahn von der Volkspolizei besetzt. Der Bahnverkehr wurde unterbrochen. 48 S-Bahnhöfe wurden für den Intersektorenverkehr gesperrt, von 33 U-Bahnhöfen wurden 13 geschlossen. Faktisch war West-Berlin ab 04.30 Uhr von der Außenwelt abgeschlossen. Es begannen unmittelbare pioniertechnische Arbeiten zur vollkommenen Schließung der insgesamt 61 Übergangsstellen.

Um 01.50 Uhr unterzeichnete Walter Ulbricht den Befehl („Geheime Kommandosache“, s. S. 120) an den 1. Sekretär der Bezirksleitung Potsdam. Ähnliche Befehle sind mit Sicherheit an weitere Empfänger im Partei- und Staatsapparat ergangen.

Insgesamt waren an der Aktion in der Nacht vom 12. zum 13. August 1961 in der ersten Staffel unmittelbar beteiligt: 5.000 Angehörige der Deutschen Grenzpolizei, 5.000 Mann Bereitschaftspolizei und 4.500 Mann von Kampfgruppen aus Berliner Betrieben.

Über die Stärke der beteiligten Einheiten und Verbände der NVA und der GSSD liegen keine genauen Angaben vor. Sie lag mit Sicherheit um ein Vielfaches höher als die der unmittelbar beteiligten Einheiten der Grenzpolizei, Bereitschaftspolizei und der Kampfgruppen.

Nach dem 13. August gingen die Arbeiten zum Ausbau der Absperrungen weiter.

Im Straßenverkehr zwischen Ost- und West-Berlin gab es folgende Übergänge:

1. Friedrichstraße – Ecke Zimmerstraße, später nur „Checkpoint Charlie“ genannt. Ab 22.8. durften Angehörige der Alliierten, Ausländer und Diplomaten nur noch diesen Grenzübergang nutzen.
2. Für Einwohner der BRD: Bornholmer Straße und Heinrich-Heine-Straße
3. Für Einwohner Westberlins: Chausseestraße, Invalidenstraße, Oberbaumbrücke und Sonnenallee.

Zwischen West-Berlin und dem Territorium der DDR wurden folgende Übergänge eingerichtet:

1. Waltersdorfer Chaussee
2. Dreilinden
3. Staaken
4. Stolpe

Da die DDR an diesen Übergangsstellen die vollständige und uneingeschränkte Kontrolle über den Zu- und Abgang nach und von West-Berlin ausübte, war der Westteil der Stadt auf dem Landweg quasi von der Außenwelt abgeschnitten. Der erste westliche Politiker, der sich überhaupt in der Lage sah, öffentlich zu reagieren, war der Regierende Bürgermeister von West-Berlin, Willy Brandt. Er hielt noch am 13. August vor dem Abgeordnetenhaus von Berlin eine Rede, in der er in fünf Punkten seine Auffassungen zu der entstandenen Lage darlegte. Darin bezieht er sich wiederholt auf den Viermächtestatus, der hier verletzt worden sei. Nach seiner

GKdos-Reg. 69/61

Geheime Verschlußsache

~~Geheime Kommandosache~~ 218

~~27 (persönlich!)~~ 27

2 Exemplare je 2 Blatt
2. Exemplar 2 Blatt

Nr. 23/61

An den
Vorsitzenden
der Bezirkseinsatzleitung
Genossen Kurt S e i b t

P o t s d a m

BERLIN, 13.8.1961
01.30 Uhr

B E F E H L

Zur Herstellung der erhöhten Einsatzbereitschaft

b e f e h l e i c h:

1. Ab sofort ist die Alarmstufe I für die Einsatzleitung des Bezirkes, ihren Stab und für die Einsatzleitungen der Kreise mit ihren Stäben durchzuführen.

2. Für die Kampfgruppen der Arbeiterklasse ist in den Kreisen:

   (1) Oranienburg
   (2) Nauen
   (3) Potsdam
   (4) Zossen und
   (5) Königswusterhausen

   die Alarmstufe II (Vollalarm) auszulösen und in den gemäß Einsatzplan festgelegten Konzentrierungsräumen die volle Gefechtsbereitschaft herzustellen.

Abb.106a und 106b: Befehl Walter Ulbrichts an die SED-Bezirkseinsatzleitung Potsdam zur Herstellung der Alarmstufe I vom 13.8.1961 um 01:30 Uhr.

- 2 -

Geheime Kommandosache -565
27 (persönlich!) 27 219

3. Es sind alle Maßnahmen vorzubereiten, die eine schnelle Auslösung der <u>Alarmstufe II</u> für die weiteren bewaffneten Kräfte der Kreise des Bezirkes gewährleisten.

4. Bei Eintritt einer besonderen Lage, die den Einsatz bewaffneter Kräfte des Bezirkes erfordert, ist der Entschluß für den Einsatz der Kräfte zu melden.

5. Zu melden sind:

   (1) die Herstellung der Arbeitsbereitschaft der Einsatzleitung und ihres Stabes;

   (2) Meldungen über die Lage alle 3 Stunden, erste Meldung am 13.8.61, 05.00 Uhr;

   (3) bedeutende Veränderungen der Lage und besondere Vorkommnisse sind sofort zu melden.

6. Für die Kreise sind die vorstehenden Maßnahmen sinngemäß anzuordnen. Ihre Durchführung ist zu kontrollieren.

7. Die von der Volkskammer und der Regierung der Deutschen Demokratischen Republik im Interesse der Sicherung des Friedens und des Schutzes der Deutschen Demokratischen Republik gefaßten Beschlüsse sind allen Angehörigen der bewaffneten Kräfte – einschließlich der Kampfgruppen der Arbeiterklasse – und der gesamten Bevölkerung gründlich zu erläutern.

8. Alle Maßnahmen – mit Ausnahme Ziffer 7. – sind unter strenger Wahrung der Bestimmungen über die Geheimhaltung zu veranlassen.

9. Ich bin zu erreichen über die Ihnen bekannte Verbindung.

W. Ulbricht

(Walter Ulbricht)

eignen Wahrnehmung erreichten ihn gegen 02.00 Uhr in der Nacht die ersten Nachrichten über die, von der DDR eingeleiteten Maßnahmen. Erste Funksprüche, daß die Sektorenübergänge durch Stacheldraht gesperrt werden, hätte er ab 3.48 Uhr erhalten.[33]

Willy Brandt wandte sich am 16.8. in einem persönlichen Schreiben an den amerikanischen Präsidenten, John F. Kennedy. Darin legte er *„Gedanken und Gesichtspunkte“*, die ihn bewegten, ausführlich dar.

„Die illegale Souveränität der Ost-Berliner Regierung ist durch die Hinnahme anerkannt worden, ... [...] Ich halte dies für einen ernsthaften Einschnitt in der Nachkriegsgeschichte dieser Stadt, wie es ihn seit der Blockade nicht mehr gegeben hat. ... [...] Die Entwicklung hat den Widerstandswillen der West-Berliner Bevölkerung nicht verändert, aber sie war geeignet, Zweifel an der Reaktionsfähigkeit und Entschlossenheit der drei Mächte zu wecken.“

Er sah in doppelter Hinsicht eine politisch-psychologische Gefahr.

[...]„1. Untätigkeit und reine Defensive könnten eine Vertrauenskrise zu den Westmächten hervorrufen. 2. Untätigkeit und reine Defensive könnten zu einem übersteigerten Selbstbewußtsein des Ost-Berliner Regimes führen, ...“.

Seiner Auffassung nach hätte die Sowjetunion durch den Einsatz der Volksarmee die Hälfte ihrer Freistadtvorschläge erreicht. Der zweite Akt sei nur eine Frage der Zeit. Danach würde es ein Berlin geben, das einem Ghetto gleicht.

„Dann könnten wir statt der Fluchtbewegung nach Berlin den Beginn einer Flucht aus Berlin erleben. Ich würde es in dieser Lage für angemessen halten, wenn die Westmächte zwar die Wiederherstellung der Viermächteverantwortung verlangen, gleichzeitig aber einen Drei-Mächte-Status West-Berlins proklamieren würden.“

Abschließend schreibt Brandt:

„Es wäre zu begrüßen, wenn die amerikanische Garnison demonstrativ eine gewisse Verstärkung erfahren könnte.“[34]

US-Präsident John F. Kennedy antwortete schon am 18.8.1961 auf den Brief von Willy Brandt.

Hier einige Auszüge:

„Da die brutale Abriegelung der Grenzen ein schallendes Bekenntnis des Scheiterns und der politischen Schwäche darstellt, handelt es sich offensichtlich um eine grundlegende sowjetische Entscheidung, die nur ein Krieg rückgängig machen könnte. Weder Sie noch wir noch irgendeiner unserer Verbündeten haben je angenommen, daß wir wegen dieses Streitpunktes einen Krieg beginnen sollten. [...] Allgemein möchte ich Sie noch dringend bitten, daß wir uns nicht von sowjetischen Aktionen erschüttern lassen dürfen, die in sich ein Schwächebekenntnis darstellen. West-Berlin ist heute bedeutender als je zuvor, und seine Mission, Symbol für die Freiheit zu sein, ist noch nie so

33 Nach dem stenographischen Bericht des Abgeordnetenhauses von Berlin, III. Wahlperiode, III. Band, S. 251f.

34 „Frankfurter Allgemeine Zeitung“ vom 19. August 1961.

wichtig gewesen wie jetzt. Die Bindung West-Berlins zur freien Welt ist keine Sache schöner Reden. So wichtig auch die Verbindungen zum Osten gewesen sind, so schmerzlich ihr Abbruch auch ist, so ,läuft das Leben der Stadt, so wie ich es verstehe doch in erster Linie zum Westen hin – ihr Wirtschaftsleben, ihre moralische Basis und ihre militärische Sicherheit.“[35]

Im engeren Kreis soll Kennedy sich so geäußert haben: „Keine sehr schöne Lösung, aber tausendmal besser als Krieg.“

Gleich in den ersten Tagen nach dem 13. August 1961 führten die US-Streitkräfte mit Billigung von Präsident Kennedy eine Aktion durch, mit der sie prüfen wollten, ob die Russen die Zusagen einhalten, die Marschall Konjev den Kommandanten der Alliierten vor der Grenzschließung gegeben hatte.

Das 8. Infanterie-Regiment der US-Army mit seinem Kommandeur, Oberst Glover S. Johns, bildete ein Combat Team (230 Fahrzeuge, 1.500 Mann), um von der Bundesrepublik nach Westberlin zu gelangen.

Als Johns mit seiner Vorhut von 40 Fahrzeugen an der Grenzübergangsstelle Helmstedt ankam, wurde ihm die Schranke in der Spur der Alliierten geöffnet. Gemäß der üblichen Praxis stiegen die Mannschaften aus den Fahrzeugen aus, um sich von den russischen Posten zählen zu lassen. Zur Überraschung aller fand man einen Mann mehr, als in der Liste aufgeführt. Der Postenführer sagte gutmütig und gelassen: „Schreiben Sie die Liste um.“ Danach passierte das gesamte Combat Team ohne Beanstandungen die Grenze.[36]

Im Laufe der Zeit kam es am Checkpoint Charlie (Friedrichstraße – Ecke Zimmerstraße) zu immer neuen Konfrontationen zwischen Angehörigen der US-Army und der Volks- bzw. Grenzpolizei, die mitunter bis zu Handgreiflichkeiten gingen. Als Ende Oktober 1961Angehörige der US-Streitkräfte in Zivil der Aufforderung, sich auszuweisen, nicht nachkamen, wurde ihnen der Grenzübertritt verwehrt. Daraufhin ließ General Clay wenig später 10 Panzer M-48 direkt bis unmittelbar an

Abb.107: Kampfgruppen der Arbeiterklasse der DDR riegeln das Brandenburger Tor ab.

35 Nach Prowe: Der Brief Kennedys, S. 382f.

36 Entnommen aus „Nach dem Zweiten Weltkrieg – Mächte und Männer 1945-1965“, Seite 965.

Abb.108: Blick in die Wilhelmstraße

Abb.109: Einige Tage nach dem 13. August

Abb.110: Brandenburger Tor und Mauer (Blick von West nach Ost)

Abb.111: Die Berliner Mauer, Bernauer Straße, ein Teil der Fenster ist bereits zugemauert.

NEUES DEUTSCHLAND

„Ich verstehe Ihre Frage so, daß es in Westdeutschland Menschen gibt, die wünschen, daß wir die Bauarbeiter der Hauptstadt der DDR dazu mobilisieren, eine Mauer aufzurichten. Mir ist nicht bekannt, daß eine solche Absicht besteht. Die Bauarbeiter unserer Hauptstadt beschäftigen sich hauptsächlich mit Wohnungsbau, und ihre Arbeitskraft wird dafür voll eingesetzt.

Niemand hat die Absicht, eine Mauer zu errichten!“

Ulbricht am 15. Juni 1961
auf einer internationalen Pressekonferenz in Ostberlin

Abb.112: Ulbricht sagte noch am 15. Juni auf einer Pressekonferenz: „... Niemand hat die Absicht, eine Mauer zu errichten!“

Abb.113: Abbildung des Großfotos am „Checkpoint Charlie“ von der Panzerkonfrontation am 27.10.1961 (Aufnahme 13.8.2009)

den Streifen heranfahren, der die Grenze markierte Die sowjetische Seite reagierte prompt. Am nächsten Morgen traf eine Kompanie vom 3. Bataillon des 68. Rotbanner-Garde-Panzerregiments aus Bernau mit 10 Panzern des Typs T-54 am Checkpoint Charlie ein, und richteten ihre Kampfwagenkanonen auf die US-Panzer. Am 27. Oktober 1961 stand man sich 16 Stunden lang Auge in Auge gegenüber. Einen Tag später zogen zuerst die Sowjets ihre Panzer zurück. Danach erfolgte der Rückzug der Amerikaner. US-Präsident Kennedy und der sowjetische Partei- und Staatschef Chruschtschow hatten sich über diplomatische Kanäle verständigt. Die Sowjetunion bestätigte für dieses Mal noch einmal den Vier-Mächte-Status.

Die Schließung der Grenzen in und um Berlin war zugleich der Beginn des Mauerbaus. Im Laufe der Zeit wurde die Mauer immer länger und an vielen Abschnitten immer höher. Eine Besonderheit dieser Mauer bestand darin, daß sie nicht nur eine Stadt trennte, sie manifestierte zugleich die Trennungslinie zwischen den beiden größten Militärblöcken der Geschichte.

Die mit den Kontrollen an den Grenzübergangsstellen beauftragten Uniformträger der DDR hatten bald den Ruf, unfreundlich, unsensibel und kleinlich zu sein. Sie haben im Laufe der Jahre dafür gesorgt, daß schon der erste Eindruck, den Leute aus dem Westen von der DDR erhielten, negativ war. Dabei war und ist kaum bekannt, daß die Kontrollen von speziellen Kräften der Hauptabteilung VI des Ministeriums für Staatssicherheit, den sogenannten Paß-Kontroll-Einheiten (PKE), vorgenommen wurden. Sie versahen den Dienst in der Uniform der Grenztruppen der DDR.

Mancher Westberliner hat das damals bei den Grenzpassagen erlittene Trauma bis heute nicht überwunden.

Abb.114: Nachbau des Postenhäuschen der US-Angehörigen am ehemaligen Grenzübergang „Checkpoint Charlie“ (Aufnahme B. Biedermann am 13.8.2009)

Abb.115: Blick am ehemaligen Grenzübergang „Checkpoint Charlie“ in den „amerikanischen Sektor“ am 13.8.2009

Abb.116: Blick am ehemaligen Grenzübergang „Checkpoint Charlie“ in den „sowjetischen Sektor“ am 13.8.2009

Fazit

Eine Mauer, wie sie nach dem 13. August 1961 in Berlin errichtet wurde, war nichts Neues in der Geschichte der Menschheit. Schon viel früher hatte man versucht, mit dem Bau von Mauern Probleme zu lösen, die sich zwischen Staaten und Koalitionen aufgetan hatten. Das wohl bekannteste Bauwerk dieser Art ist die Große Chinesische Mauer. Wie sich im Verlaufe von Jahrhunderten herausstellte, war es allenfalls nur kurzfristig möglich, durch Mauern den Lauf der Geschichte aufzuhalten und eigene Interessen durchzusetzen. Dennoch waren alle, die Mauern dieser Art errichteten, davon überzeugt, daß sie sinnvoll sind.

Am 9. November 1989 fiel die Mauer in Berlin. Die Frage, ob ihr Bau 1961 vermeidbar war, wurde dadurch nicht beantwortet.

Wir bedanken uns herzlich bei allen, die uns mit Rat und Tat, mit Dokumenten, Publikationen, Zeitzeugenberichten und Fotos unterstützt haben.

Unser besonderer Dank gilt:

Hans Irrgang, ehemaliger Militärjournalist für seinen Bericht von den Ereignissen am 17. Juni 1953.

Helmut Konrad von Keusgen, vom H.E.K. Creativ Verlag Garbsen für die Fotos von der Eröffnung der zweiten Front.

Martin Kunze, Mitglied der Arbeitsgruppe Geschichte der NVA beim Landesverband Ost des Deutschen Bundeswehr Verbandes für seinen Bericht von den Weltfestspielen 1951.

Helmut Miertzsch, 1. Vorsitzender der Forschungsgemeinschaft Philatelie und Postgeschichte „Deutsche Einheit“ e.V. für die großzügige und freundliche leihweise Überlassung einer Vielzahl von Dokumenten, Broschüren und Fotos zur jüngeren deutschen Geschichte und vor allem zu Berlin.

Dr. Jörg Morré, Leiter des Museums Berlin-Karlshorst für die Hilfe bei der Auswahl von Originalfotos von der Kapitulation 1945. Unser Dank schließt auch seine Mitarbeiter Frau Margot Blank und Herrn Herbert Schneider ein.

Ralph Schulz, 1.. Vorsitzender West Alliierte in Berlin e.V.

Alexander Stöberl, für http://www.wehrmachtsgespanne.soeberl.org/ für die Zusendung der schönen Abbildung der Zündapp KS 750 und die Genehmigung zur Veröffentlichung.

Dr. Wolfgang Wünsche, Publizist und Buchautor, der uns mit seinem außergewöhnlichen Erinnerungsvermögen Angaben zu Personen und Ereignisse auch ohne lange Recherchen machen konnte.

www.west-alliierte-in-berlin.de für die Überlassung des Bildes Luftkorridore.

Nachweis der Abbildungen

1 Teheraner Erklärung, Ausgewählte Dokumente zur Deutschlandfrage 1943-1949, 2. Auflage, Berlin, Staatsverlag der DDR, 1967, Seite 23 f

2 „Die Chronik, Geschichte des 20. Jahrhunderts bis heute", Chronik Verlag im Wissen Media, Verlag GmbH, Gütersloh/München, 2006, Seite 308.

3 National Archives and Record Administration Coll. Park/Maryland, USA.

4 Ausgewählte Dokumente zur Deutschlandfrage 1943-1949. 2., Auflage, Staatsverlag der DDR, 1967, Seite 24 f.

5 „Die Chronik, Geschichte der 20. Jahrhunderts bis heute", Seite 322.

6 Privatarchiv G. Heinemann.

Ausgewählte Dokumente zur Deutschlandfrage 1943-1949, 2. Auflage, Berlin, Staatsverlag der DDR, 1967, Seite29 f.

7-10 Privatarchiv G. Heinemann.

11-12 KH203374: Generalfeldmarschall Keitel während der Unterzeichnung der Kapitulation, Berlin-Karlshorst, 8./9. Mai 1945, © Foto: Timofej Melnik, Sammlung Museum, Berlin-Karlshorst e.V.

KH202985: Luftmarschall Tedder, Marschall Shukow und General Spaatz bei der Unterzeichnung der bedingungslosen Kapitulation in Berlin-Karlshorst (v.l.n.r.), 8./9. Mai 1945, © Foto: Iwan Schagin, Sammlung Museum Berlin-Karlshorst e.V.

13-19 Privatarchiv B. Biedermann.

20 Die „Großen Drei" auf der Potsdamer Konferenz, Potsdam, Juli 1945, Bundesbildstelle, Bonn.

21 Privatarchiv B. Biedermann.

22 Alexander Stöberl, 82380 Peißenberg (http://www.wehrmachtsgespanne. Stoeberl.org/

23 Bersarin – www.rosalux.ru/main/modules/sections/index.php?op.

24 Bürgermeister Arthur Werner – Deutsche Fotothek, Bilddateiname df_ pk_0000079_061, Fotograf: Pisarek, Abraham (†)

25 Privatarchiv G. König.

26 Sektoren Berlins; www.wikipedia.de, Incnis Mrsi, based on Sansculotte's work; frei GNU-Lizens (http:www.gnu.org/licenses/licenses.html).

27 Sammelheft Nr. 1, 1945. Kommuniqués, Deklarationen, Proklamationen, Gesetze, Befehle, Verlag der Sowjetischen Militärverwaltung in Deutschland, Berlin, 1946.

28 Datei unter GNU-Lizenz für freie Dokumentation veröffentlicht. (http://www.gnu.org/licenses/licenses.html.)

29 Zeitschrift „Die Volkspolizei" Nr. 1, Berlin, März 1948, Seite 4, Verlag für Polizei-Fach-Literatur GmbH, Berlin-Wilhelmsruh.

30 Berlinische Monatsschrift, Nr. 12, Dezember 2000, Seite 133.

31-38 Privatarchiv G. Heinemann.

39 Privatarchiv G. König

40 Wochenendbeillage der „Neuen Welt", 22.- 28.1.1969.

41-42 Privatarchiv G. Heinemann.

43 www.wikipedia.org. This image is a work of a United States Agency for International Development employee, taken for made during the course of the person's official duties. As a work of the U.S. Federal goverment, the image is in the public domain. License; Extracted and converted from PDF version of the USAID Graphic Standards Manual.

44 Deutsches Bundesarchiv (German Federal Archive), Bild 183-H26569 (Junge Welt Nr 164; 14.7.1989, Seite 12.

45 IG-Farbenhaus; „Ich, Eva Kröcher (Eva K.), bin die Autorin dieses Bildwerkes, und ich veröffentliche es hiermit unter den unten beschriebenen Lizenzen.“ Sie dürfen dieses Bild unter folgenden Bedingungen kostenlos nutzen: Namensangabe des Bildautors und Weitervererbung der gewählten Lizenz. Es ist erlaubt, die Datei unter den Bedingungen der GNU-Lizenz für freie Dokumentation, ausschließlich in der Version 1.2, veröffentlicht von der Free Software Foundation, zu kopieren, zu verbreiten und/oder zu modifizieren.Es gibt keine unveränderlichen Abschnitte, keinen vorderen Umschlagtext und keinen hinteren Umschlagtext. Eine Kopie der Lizenz ist im Kapitel GNU Free Dokumentation License enthalten. (http://www.gnu.org/licenses/licenses.html.)

46 ageszeitung „Neues Deutschland“, Juni 1968; Foto: ND-Archiv.

47 Ebenda.

48 Bonn, Haus der Geschichte.

49-53 Privatarchiv G. Heinemann.

54 Luftkorridore von und nach Berlin: Ralpf Schulz, 1. Vorsitzender West Alliierte in Berlin e.V., Genehmigung per E-Mail vom 3.9.2009.

55 Postkarte 724, Berliner Blockade 1948/49, Landemanöver eine „Rosinenbombers“, Foto: Bildarchiv Preußischer Kulturbesitz/Henry Ries, Skowronski & Koch Verlag, Berlin www.skoko.de.

56 Postkarte, Privatarchiv G. König.

57-60 Privatarchiv G. Heinemann.

61 Privatarchiv G. König.

62 Plakat des Freien Deutschen Gewerkschaftsbunds, „FDGB – der Träger des Aufbaus“, 1945. Öffentliche Sammlung, Deutsches Historisches Museum, Plakate, Inventar-Nr. P 94/2218, Schlagwort des Dt. Hist. Museums: FDGB, Nr. der digitalen Reproduktion: 0152041.

63 Privatarchiv G. Heinemann.

64 www.wikipedia.de, Foto: Andreas Paefcke, gemeinfreie Datei.

65 Foto v. Katherine Young, New York, 27.4.1988 (Repro), Porträt von Bundeskanzler Dr. Konrad Adenauer vom 23.6.1952.

66 Deutsches Bundesarchiv (German Federal Archive), Bild 183-G1122-0600-130, Creativ-Commons-Lizenz.

67-69 Privatarchiv G. König.

70a-c Privatarchiv B. Biedermann.

71-81c Privatarchiv, G. König.

82 Privatarchiv, G. Heinemann.

83-89 Privatarchiv, G. König.

90 Plakat „Stalinnote an die Westmächte“, 1952, Berlin, Öffentliche Sammlung, Deutsches Historisches Museum, Plakate.

91 Privatarchiv G. Heinemann, Fotokopie einer Postkarte, Originalbeschriftung schlecht lesbar, deshalb im Text wiedergegeben.

92-95 Entnommen der Broschüre „Juniaufstand“, Dokumente und Berichte über den Volksaufstand in Ostberlin und in der Sowjetzone, Zweite erweiterte Auflage, Herausgeber: Bundesministerium für gesamtdeutsch Fragen, ohne Jahresangabe; Bilder von: AP, dpa, Kindermann, PIA, Röhnert, „Tagesspiegel“, „Telegraf“, UP, XYZ (Exakte Zuordnung nicht möglich. Wir bitten um Verständnis.) Broschüre im Privatarchiv von Helmut Miertzsch, Wolfenbüttel.

96 Ebenda.

97 Broschüre „Juni 53 – Der Volksaufstand vom 17. Juni 1953 in Ostberlin und der Sowjetischen Besatzungszone“, Herausgeber: Bundesministerium für gesamtdeutsche Fragen, Bonn und Berlin, Mai 1961.

98 Privatarchiv G. König.

99 Privatarchiv G. Heinemann.

100 Privat H. Irrgang.

101 Privatarchiv G. König.

102 Plakat: So hilft uns die Sowjetunion, den neuen Kurs zu verwirklichen. Plakat zur Übergabe der SAG-Betriebe, Streichung der Reparationen und Streichung der Nachkriegsschulden, die in der Reaktion auf den 17. Juni 1953 von der Sowjetunion gewährt wurden. WTK. DEWAG Halle/Saale, 1953 Offsetdruck 86,2x60,3 cm, Deutsches Historisches Museum, Berlin, Inv.-Nr.: P 65/1581.

103-106 Privatarchiv G. König.

107 Privatarchiv G. Heinemann.

108-112 Privatarchiv G. Heinemann.

113-116 Privatarchiv B. Biedermann.

Anhang

Anhang 1
Alliierte Kontrollratsbehörde – Kontrollrat
Proklamation Nr. 2 An das deutsche Volk!

Anhang 2
Mitteilung über die Dreimächtekonferenz von Berlin (Potsdamer Abkommen)

Anhang 3
Teile des Protokolls der Sitzung des Politbüros der SED vom 6.6.1961
„Vorlage zur weitgehenden Eindämmung der Grenzgängerbewegung nach Westberlin aus der Hauptstadt der DDR."

Anhang 4
Vollständiger Wortlaut „Paß-Gesetz der Deutschen Demokratischen Republik" vom 15.9.1954

Anhang 5
Wortlaut der „Bekanntmachung des Beschlusses über die Regelung der Bezahlung aus gefallener Arbeitszeit infolge von Arbeitsniederlegung" vom 25.6.1953

Anhang 1

Alliierte Kontrollbehörde - Kontrollrat

Proklamation Nr. 2

An das deutsche Volk!

Einige zusätzliche Forderungen an Deutschland:

Wir, die Alliierten Vertreter, Oberbefehlshaber der Besatzungsstreitkräfte des Vereinigten Königreiches von Großbritannien und Nordirland, der Französischen Republik, der Union der Sozialistischen Sowjetrepubliken und der Vereinigten Staaten von Amerika geben im Anschluß an die Erklärung bezüglich der Niederlage Deutschlands, die am 5. Juni 1945 in Berlin unterzeichnet wurde, hiermit gewisse zusätzliche Forderungen bekannt, die aus der vollständigen Niederlage und der bedingungslosen Kapitulation Deutschlands hervorgehen, und die Deutschland befolgen muß (soweit dieselben noch nicht erfüllt worden sind), und zwar wie folgt:

ABSCHNITT I

1. Alle deutschen Streitkräfte zu Land, zur See und in der Luft, die SS, SA, SD und Gestapo, mit allen ihren Organisationen, Stäben und Einrichtungen, einschließlich des Generalstabes, des Offizierkorps, Reservekorps, der Militärschulen, Organisationen ehemaliger Kriegsteilnehmer und aller anderen militärischen und quasimilitärischen Organisationen sowie aller Vereine und Vereinigungen, die dazu dienen, die militärische Tradition in Deutschland aufrechtzuerhalten, sind vollständig und endgültig im Einklang mit den von den Alliierten Vertretern festzusetzenden Methoden und Verfahren aufzulösen.
2. Alle Arten militärischer Ausbildung, militärischer Propaganda, militärischer Betätigung jeglicher Natur sind dem deutschen Volk verboten, ebenso die Bildung irgendwelcher Organisationen zum Zweck der Förderung von militärischer Ausbildung irgendwelcher Art und die Bildung von Organisationen ehemaliger Kriegsteilnehmer oder anderer Gruppen, die militärische Eigenschaften entwickeln könnten, oder die dem Zweck der Pflege der deutschen militärischen Tradition dienen, gleichgültig ob derartige Organisationen oder Gruppen vorgeblich politischer, erzieherischer, religiöser, gesellschaftlicher, sportlicher oder irgendwelcher anderer Natur sind, oder lediglich zur Erholung dienen sollen.

ABSCHNITT II

3. a) Deutsche Behörden und Beamte in allen Gebieten außerhalb der Grenzen Deutschlands, wie sie am 31. Dezember 1937 bestanden, und in allen solchen Gebieten innerhalb dieser Grenzen, wie sie von den Alliierten Vertretern zu irgendeinem Zeitpunkte festgelegt werden sollten, haben die ihnen von den Alliierten Vertretern erteilten Vorschriften, sich aus diesen Gebieten zu entfernen, zu befolgen.

b) Die deutschen Behörden haben die notwendigen Vorschriften zu erteilen und die notwendigen Vorkehrungen zu treffen für die Aufnahme und den Unterhalt in Deutschland von allen deutschen Zivilpersonen, die in den betreffenden Ländern und Gebieten ansässig sind und deren Evakuierung von den Alliierten Vertretern angeordnet werden sollte.

c) Die Entfernung und Evakuierung, wie in den Unterparagraphen a) und b) oben erwähnt, wird zu solchen Zeitpunkten und unter den Bedingungen erfolgen, wie sie von den Alliierten Vertretern angeordnet werden sollten.

4. In den in Paragraph 3 oben erwähnten Ländern und Gebieten sind seitens aller Streitkräfte unter deutschem Befehl und seitens deutscher Behörden und Zivilpersonen alle Zwangsmaßnahmen und jegliche Zwangsarbeit sowie alle Maßnahmen, die Lebens- und Verletzungsgefahr bedingen, restlos und unverzüglich einzustellen. Ebenso sind alle Maßnahmen der Requirierung, Beschlagnahme, Entfernung, Verbergung oder Zerstörung von Eigentum einzustellen. Insbesondere sind die oben in Paragraph 3 erwähnten Entfernungen und Evakuierungen so auszuführen, daß von den Befehlen der Alliierten Vertreter nicht betroffene Personen oder nicht betroffenes Eigentum weder irgendwie Schaden erleiden noch entfernt werden. Die Alliierten Vertreter werden bestimmen, welches persönliche Eigentum und welche Habe von den unter Paragraph 3 oben evakuierten Personen mitgenommen werden dürfen.

ABSCHNITT III.

5. Die Alliierten Vertreter werden alle Fragen regeln, die Deutschlands Beziehungen mit anderen Ländern betreffen. Keine ausländischen Bindungen oder Verpflichtungen irgendwelcher Art dürfen von deutschen Behörden oder Staatsangehörigen oder in ihrem Namen ohne Bewilligung der Alliierten Vertreter übernommen oder eingegangen werden.
6. Die Alliierten Vertreter werden Anweisungen geben in bezug auf die Auflösung, Inkraftsetzung, Wiederaufnahme oder Anwendung aller von Deutschland eingegangenen Verträge, Konventionen oder anderer internationaler Abkommen oder irgendeines Teiles oder irgendeiner Bestimmung derselben.
7. a) Kraft der bedingungslosen Kapitulation Deutschlands und vom Tage dieser Kapitulation an gerechnet, haben die diplomatischen, Konsular-, Handels- und anderen Beziehungen des deutschen Staates mit anderen Staaten aufgehört zu bestehen.

b) Diplomatische, Konsular-, Handels- und andere Beamte und Mitglieder von Militärmissionen in Deutschland von Ländern, die sich mit irgendeiner der vier Mächte im Kriegszustand befinden, werden in der von den Alliierten Vertretern vorgeschriebenen Weise behandelt werden. Die Alliierten Vertreter können anderseits die Abberufung aus Deutschland der neutralen diplomatischen, Konsular-, Handels- und anderen Beamten und Mitglieder von neutralen Militärmissionen verlangen.

c) Alle deutschen diplomatischen, Konsular-, Handels- und andere Beamte oder Mitglieder von Militärmissionen im Ausland werden hiermit zurückgerufen. Die Kontrolle und Verfügung über die Gebäude, das Eigentum und die

Archive aller deutschen diplomatischen und anderen Vertretungen im Ausland werden von den :Alliierten Vertretern vorgeschrieben werden.

8. a) Deutschen Staatsangehörigen ist es untersagt, ohne Erlaubnis oder Befehl der Alliierten Vertreter deutsches Gebiet zu verlassen.
b) Deutsche Behörden und Staatsangehörige haben alle Anordnungen der Alliierten Vertreter zu befolgen, deutsche im Ausland wohnhafte Staatsangehörige zurückzurufen und alle von den Alliierten Vertretern bezeichneten Personen aufzunehmen.
9. Die deutschen Behörden und das deutsche Volk haben alle geeigneten Maßnahmen zu ergreifen, um die Sicherheit, den Unterhalt und die Wohlfahrt von Personen, die nicht deutsche Staatsbürger sind, sowie deren Eigentum und des Eigentums fremder Staaten zu gewährleisten.

ABSCHNITT IV.

10. Die deutschen Behörden haben das gesamte deutsche Binnennachrichtennetz (einschließlich aller militärischen und zivilen Post-, Telegraphen und Fernverbindungssysteme und Einrichtungen und damit verknüpften Mittel) den Alliierten Vertretern zur Verfügung zu stellen und alle Anweisungen der Alliierten Vertreter zwecks Unterstellung des Binnenverbindungssystems unter die vollständige Kontrolle der Alliierten Vertreter zu befolgen. Die deutschen Behörden haben alle von den Alliierten Vertretern erteilten Vorschriften zu befolgen, in Hinsicht auf die Aufstellung seitens der Alliierten Vertreter einer Zensur und Kontrolle von Post- und Fernverbindungen sowie von Dokumenten und anderen Gegenständen, die von Personen getragen oder anderweitig befördert werden sowie aller anderen Arten von Binnenverbindungen nach Gutdünken der Alliierten Vertreter.
11. Die deutschen Behörden haben alle Anweisungen der Alliierten Vertreter zu befolgen, betreffend Gebrauch, Kontrolle und Zensur aller Mittel zur Beeinflussung von Meinungsäußerungen und Ansichten, einschließlich Radiosendungen, Presse und Veröffentlichungen, Reklame, Filme und öffentlicher Vorstellungen, Unterhaltungen und Ausstellungen aller Art.

ABSCHNITT V.

12. Die Alliierten Vertreter werden die von ihnen für notwendig gehaltene Kontrolle ausüben über die Gesamtheit oder irgendeinen Teil oder einer Sparte der deutschen Finanz, Landwirtschaft (einschließlich Forstwesens), Produktion, des Bergbaus, der öffentlichen Versorgung, der Industrie, des Handels, des Warenverkehrs und der Wirtschaft im allgemeinen, innerhalb und außerhalb Deutschlands, und über alle damit verwandten und verknüpften Angelegenheiten, einschließlich Leitung oder Verbot von Fabrikation, Herstellung, Konstruktion, Bearbeitung, Gebrauch und Verwendung aller Gebäude, Betriebe, Einrichtungen, öffentlicher und privater Werke, Anlagen, Ausrüstungen, Produkte, Materialien, Lager und Mittel. Einzelheiten über die hiervon betroffenen Gegenstände nebst den diesbezüglichen Forderungen der Alliierten Vertreter werden den deutschen Behörden von Zeit zu Zeit mitgeteilt werden.

13. a) Die Fabrikation Herstellung und Konstruktion und die Beschaffung außerhalb Deutschlands von Kriegsmaterial und anderen für derartige Fabrikation, Herstellung und Konstruktion zur Verwendung kommenden Produkten, wie sie von den Alliierten Vertretern bestimmt werden sollen, und Einfuhr, Ausfuhr und Durchgangsverkehr derselben sind verboten, soweit sie von den Alliierten Vertretern nicht angeordnet werden.
b) Die deutschen Behörden haben sofort alle Forschungen, Experimente, Ausarbeitungen und Entwürfe, die sich direkt oder indirekt auf Krieg oder die Herstellung von Kriegsmaterial beziehen, den Alliierten Vertretern zur Verfügung zu stellen, gleichgültig, ob solche in Regierungs- oder Privatbetrieben, Fabriken, Technologischen Instituten oder sonstwo verfolgt oder ausgeführt werden.
14. a) Über das Eigentum, die Guthaben, Rechte, Anrechte und Interessen (innerhalb oder außerhalb Deutschlands) des deutschen Staates, seiner politischen Unterabteilungen, der deutschen Zentralbank, der staatlichen, halbstaatlichen, provinzialen, städtischen oder kommunalen Behörden oder Naziorganisationen und über das Eigentum, die Guthaben, Rechte, Anrechte und Interessen im Ausland aller Personen, die in Deutschland wohnhaft oder geschäftlich tätig sind, darf in keiner Weise ohne die Genehmigung der Alliierten Vertreter disponiert werden. Über das Eigentum, die Guthaben, Rechte, Anrechte und Interessen (innerhalb oder außerhalb Deutschlands) derjenigen privaten Gesellschaften, Körperschaften, Trusts, Kartelle, Firmen, Teilhaberschaften und Vereinigungen, die von den Alliierten Vertretern bestimmt werden, darf in keiner Weise ohne Genehmigung der Alliierten Vertreter disponiert werden.
b) Die deutschen Behörden haben volle Auskunft zu geben über das Eigentum, die Guthaben, Rechte, Anrechte und Interessen, wie oben in Unterparagraph a) erwähnt, und haben solche Anweisungen wie sie die Alliierten Vertreter in bezug auf Übertragung und Disponierung geben sollten, zu befolgen. Die deutschen Behörden haben, ohne daß dadurch weitere diesbezügliche Ansprüche beeinträchtigt werden, alle Wertpapiere, Bescheinigungen, Urkunden oder andere Besitzdokumente, die von irgendeiner in Unterparagraph a) oben erwähnten Stellen oder Körperschaften oder irgendeiner dem deutschen Recht unterstehenden Person innegehalten werden und sich auf Eigentum, Guthaben, Rechte, Anrechte und Interessen beziehen innerhalb der Länder der Vereinten Nationen, einschließlich Aktien, Effekten, Schuldscheine und anderer Obligationen, aller im Einklang mit den Gesetzen irgendeiner der Vereinten Nationen gegründeten Gesellschaften, zur Verfügung zu stellen, zwecks Auslieferung an die Alliierten Vertreter zu solcher Zeit und an solchem Ort, als sie bestimmen werden.
c) Eigentum, Guthaben, Rechte, Anrechte und Interessen innerhalb Deutschlands dürfen nicht aus Deutschland entfernt oder an irgendeine Person, die außerhalb Deutschlands wohnhaft oder geschäftlich tätig ist, ohne Genehmigung der Alliierten Vertreter übertragen oder veräußert werden.
d) Nichts in den Unterparagraphen a) und b) oben soll, in bezug auf Eigentum, Guthaben, Rechte, Anrechte und Interessen innerhalb Deutschlands so

ausgelegt werden, daß es Verkäufe und Übertragungen an in Deutschland wohnhafte Personen zum Zwecke der Aufrechterhaltung und Weiterführung des täglichen öffentlichen Lebens, der Wirtschaft und Verwaltung verhindert, jedoch gemäß den Bestimmungen der Unterparagraphen 19 b) und c) unten und den Bestimmungen der Erklärung oder irgendwelcher hierunter erlassener Proklamationen, Befehle, Verordnungen oder Instruktionen.

15. a) Die deutschen Behörden und alle Personen in Deutschland haben den Alliierten Vertretern in Deutschland alles Gold und Silber auszuhändigen, in Münze oder in Barren, und alles Platin in Barren, das sich in Deutschland befindet, und alle sich außerhalb Deutschlands befindlichen Münzen und Barren, die das Eigentum irgendwelcher der in Unterparagraph 14 a) erwähnten Stellen oder Körperschaften oder irgendeiner in Deutschland wohnhaften oder geschäftlich tätigen Person sind oder für sie innegehalten werden.
b) Die deutschen Behörden und alle Personen in Deutschland haben den Alliierten Vertretern alle ausländischen Geldscheine und Münzen, die im Besitz irgendeiner deutschen Behörde sind oder irgendeiner Körperschaft, Vereinigung oder Einzelperson, die in Deutschland wohnhaft oder geschäftlich tätig ist, sowie alle Geldzeichen, die von Deutschland in den von Deutschland früher besetzten Gebieten oder anderswo herausgegeben oder zur Herausgabe vorbereitet wurden, auszuhändigen.

16. a) Alles Eigentum, alle Guthaben, Rechte, Anrechte und Interessen, die in Deutschland für irgendein Land, mit dem irgendeine der Vereinten Nationen in Feindseligkeiten begriffen ist, innegehalten werden oder dessen Eigentum sind, oder die für Staatsangehörige eines solchen Landes oder Personen, die in einem solchen Lande wohnhaft oder geschäftlich tätig sind, innegehalten werden oder deren Eigentum sind, werden unter Kontrolle gestellt und bis zur Herausgabe weiterer Vorschriften in Verwahr genommen.
b) Alles Eigentum. alle Guthaben, Rechte, Anrechte und Interessen, die in Deutschland für Privatpersonen, Privatunternehmen und Gesellschaften in solchen Ländern - mit Ausnahme von Deutschland und den in Unterparagraph a) oben erwähnten Ländern -, die sich zu irgendeiner Zeit seit dem 1. September 1939 mit irgendeiner der Vereinten Nationen im Kriegszustände befunden haben, innegehalten werden oder deren Eigentum sind, werden unter Kontrolle gestellt und bis zur Herausgabe weiterer Vorschriften in Verwahr genommen.
c) Die deutschen Behörden haben alle notwendigen Maßnahmen zu treffen, um die Ausführung der Bestimmungen der Unterparagraphen a) und b) oben sicherzustellen und haben sich allen Vorschriften zu fügen, die von den Alliierten Vertretern zu diesem Zweck erteilt werden, und haben alle notwendige diesbezügliche Auskunft zu erteilen und nötige Hilfe zu leisten.

17. a) Die Verheimlichung, Zerstörung, Versenkung, Abbauung, Entfernung und Übertragung oder Beschädigung von Schiffen, Transportmitteln, Häfen oder Hafenanlagen oder von aller Art Gebäuden, Betrieben, Einrichtungen, Vorrichtungen, Produktions-, Versorgungs-, Vertriebs- oder Verkehrsmitteln, Anlagen, Ausrüstung, Zahlungsmitteln, Lagervorräten oder Hilfsmitteln, oder all-

gemein von öffentlichen oder privaten Werken, Versorgungsanstalten oder Einrichtungen aller Art, wo immer sie sich auch befinden mögen, sind den deutschen Behörden und dem deutschen Volk verboten.

b) Die Vernichtung, Entfernung, Verheimlichung, Verhehlung oder Abänderung irgendwelcher Dokumente, Akten, Patente, Zeichnungen, Patentbeschreibungen, Pläne oder Auskünfte aller Art, die unter die Bestimmungen dieses Dokumentes fallen, ist verboten. Solche Dokumente müssen bis zur Erteilung weiterer Vorschriften an ihrem gegenwärtigen Aufbewahrungsort unversehrt verwahrt werden. Die deutschen Behörden müssen den Alliierten Vertretern alle diesbezüglich benötigte Auskunft erteilen und nötige Hilfe leisten.

c) Alle bereits angeordneten, unternommenen oder in Angriff genommenen Maßnahmen, die im Gegensatz zu den Bestimmungen der Unterparagraphen a) und b) oben stehen, müssen sofort widerrufen oder eingestellt werden. Alle Lagervorräte, Ausrüstungen, Anlagen, Akten, Patente, Dokumente, Zeichnungen, Patentbeschreibungen, Pläne oder anderes Material, die innerhalb oder außerhalb Deutschlands schon verborgen sind, müssen sofort angemeldet und gemäß den Bestimmungen der Alliierten Vertreter weiterbehandelt werden.

d) Unter den Bestimmungen der Erklärung oder irgendwelcher darunter erlassenen Proklamationen, Befehle, Verordnungen und Instruktionen werden die deutschen Behörden und das deutsche Volk für die Erhaltung, Sicherstellung und Aufrechterhaltung aller Art von Eigentum und Material, das von irgendeiner der oben erwähnten Bestimmungen betroffen wird, verantwortlich gemacht.

e) Alles Transportmaterial, alle Lagerbestände, Ausrüstungen, Maschinenbestände, Betriebe, Anlagen, Einrichtungen und alles Eigentum im allgemeinen, welche nach der Erklärung oder irgendwelchen darunter erlassenen Proklamationen, Befehlen, Verordnungen oder Instruktionen der Auslieferung oder Abgabe unterliegen, sind unversehrt und in gutem Zustande, vorbehaltlich gewöhnlicher Abnützung oder Schäden, die sich im Verlauf der Feindseligkeiten ergaben und deren Wiedergutmachung unmöglich war, auszuhändigen.

18. Geld-, Handels- oder anderer Verkehr und Unternehmen mit oder zugunsten von Ländern, die sich im Kriegszustande mit irgendeiner der Vereinter Nationen befinden, oder mit Gebieten, die von solchen Ländern besetzt sind, oder mit einem anderen Lande oder mit einer Person, die von den Alliierten Vertretern bezeichnet werden sollten, sind untersagt.

ABSCHNITT VI.

19. a) Die deutschen Behörden müssen zugunsten der Vereinten Nationen alle die von den Alliierten Vertretern vorgeschriebenen Maßnahmen für Rückerstattung, Wiedereinsetzung, Wiederherstellung, Reparation, Wiederaufbau, Unterstützung und Rehabilitierung durchführen. Zu diesem Zwecke müssen die deutschen Behörden die Auslieferung oder Übertragung alles Eigentums, aller Guthaben, Rechte, Anrechte und Interessen durchführen oder verschaf-

fen, Lieferungen machen und Reparaturen, Bau- und Konstruktionsarbeiten innerhalb und außerhalb Deutschlands ausführen und müssen Transportmittel, Anlagen, Ausrüstungen und Material aller Art, Arbeitskräfte, Personal und fachmännische und andere Dienste zum Gebrauch innerhalb und außerhalb Deutschlands zur Verfügung stellen, wie sie von den Alliierten Vertretern angeordnet werden.

b) Die deutschen Behörden müssen sich ferner allen solchen Anweisungen fügen, die die Alliierten Vertreter anordnen mit Bezug auf Eigentum, Guthaben, Rechte, Anrechte und Interessen innerhalb Deutschlands, die irgendeiner der Vereinten Nationen oder ihren Staatsangehörigen gehören oder ihnen bei Kriegsausbruch oder zu irgendeinem Zeitpunkte seit Ausbruch des Krieges zwischen Deutschland und der betreffenden Nation oder seit der Besetzung durch Deutschland irgendeines Teiles ihrer Gebiete gehört haben. Die deutschen Behörden sind verantwortlich für die Sicherstellung, Aufrechterhaltung und Verhinderung von Verschleuderung alles solchen Eigentums, solcher Guthaben, Rechte, Anrechte und Interessen und für die Übergabe derselben unversehrt, auf Aufforderung der Alliierten Vertreter. Zu diesem Zweck müssen die deutschen Behörden alle Auskunft erteilen und nötige Hilfe leisten, die zur Auffindung solchen Eigentums, solcher Guthaben, Rechte, Anrechte und Interessen erforderlich sind.

c) Alle Personen in Deutschland, in deren Besitz sich derartiges Eigentum, derartige Rechte, Anrechte und Interessen befinden, sind persönlich dafür verantwortlich, daß sie angemeldet und bis zur Übergabe in der vorgeschriebenen Weise sichergestellt werden.

20. Die deutschen Behörden müssen kostenlos solche deutsche Zahlungsmittel liefern, wie sie von den Alliierten Vertretern benötigt werden und müssen alle Bestände in Deutschland an den von den Alliierten Vertretern während der militärischen Handlungen oder Besatzung herausgegebenen Alliierten Geldmitteln innerhalb eines von den Alliierten Vertretern festzusetzenden Zeitraumes und zu deren Bedingungen zurückziehen und in deutscher Währung einlösen und müssen diese Zahlungsmittel kostenlos den Alliierten Vertretern aushändigen.
21. Die deutschen Behörden müssen allen Anordnungen nachkommen, die von den Alliierten Vertretern zur Bestreitung der Kosten für die Verproviantierung, den Unterhalt, die Besoldung, Unterkunft und den Transport der in Deutschland unter der Autorität der Alliierten Vertreter stehenden Streitkräfte und Dienststellen getroffen werden, sowie der Kosten der Durchführung der bedingungslosen Kapitulation und der Bezahlung aller von den Vereinten Nationen in irgendwelcher Form geleisteten Unterstützung.
22. Die Alliierten Vertreter werden alle die oben in Paragraph 12 angeführten und von ihnen im Zusammenhang mit der Durchführung von Kampfhandlungen gegen irgendein Land, mit dem sich irgendeine ihrer Regierungen im Kriegzustand befindet, benötigten Gegenstände (innerhalb oder außerhalb Deutschlands) übernehmen und uneingeschränkt benutzen.

ABSCHNITT VII.

23. a) Kein Handelsschiff, einschl. Fischerei oder anderer Schiffe, darf von irgendeinem deutschen Hafen, es sei denn mit der Erlaubnis oder auf Befehl der Alliierten Vertreter, auslaufen. Deutsche Schiffe in Häfen außerhalb Deutschlands müssen im Hafen verbleiben, und diejenigen, die sich auf hoher See befinden, müssen den nächsten deutschen Hafen oder den nächsten Hafen der Vereinten Nationen anlaufen und dort bis zum Eintreffen der Anweisungen der Alliierten Vertreter verbleiben.
b) Die gesamte deutsche Handelsflotte, einschl. Schiffsraum unter Konstruktion oder Reparatur, muß den Alliierten Vertretern für die von ihnen vorgeschriebene Verwendung zu deren Bedingungen verfügbar gemacht werden.
c) Ausländische Handelsschiffe in deutschem Dienst oder unter deutscher Kontrolle müssen gleichfalls den Alliierten Vertretern für die von ihnen vorgeschriebene Verwendung und zu deren Bedingungen verfügbar gemacht werden. In Fällen, in denen es sich um ausländische Handelsschiffe handelt, die in einem neutralen Land eingetragen sind, müssen die deutschen Behörden alle die von den Alliierten Vertretern benötigten Schritte unternehmen, um alle diesbezüglichen Rechte an die Alliierten Vertreter zu übertragen oder die Übertragung zu veranlassen.
d) Jede Unterstellung unter irgendeine andere Flagge, anderen Dienst oder andere Kontrolle der unter die Unterparagraphen b) und c) oben fallenden Schiffe ist verboten, soweit sie nicht von den Alliierten Vertretern angeordnet wird.
24. Alle bestehenden Optionsrechte auf den Wiederkauf oder die Wiedererlangung oder die erneute Kontrolle seitens Deutschlands während des Krieges verkaufter oder anderweitig übertragener oder geheuerter Schiffe werden laut Anweisung der Alliierten Vertreter ausgeübt. Solche Schiffe müssen den Alliierten Vertretern zum Gebrauch in der gleichen Weise wie die unter die Unterparagraphen 23 b) und c) oben fallenden Schiffe zur Verfügung gestellt werden.
25. a) Die Mannschaften aller deutschen Handelsschiffe oder aller Handelsschiffe in deutschem Dienst oder unter deutscher Kontrolle müssen bis auf Anweisung der Alliierten Vertreter bezüglich ihrer weiteren Verwendung an Bord verbleiben und von den deutschen Behörden unterhalten werden.
b) Mit Ladungen an Bord irgendwelcher solcher Schiffe muß gemäß den Anweisungen der Alliierten Vertreter an die deutschen Behörden verfahren werden.
26. a) Handelsschiffe, einschließlich Fischerei- und andere Schiffe der Vereinten Nationen (oder irgendeines anderen Landes, das die diplomatischen Beziehungen mit Deutschland abgebrochen hat), die sich in deutschen Händen befinden, wo immer sie auch sein mögen, müssen den Alliierten Vertretern ausgehändigt werden, gleichgültig, ob das Eigentumsrecht von einem Prisengericht oder anderweitig übertragen worden ist. Alle solche Schiffe müssen den Alliierten Vertretern zwecks der von ihnen angeordneten Weiterverfügung, in gutem und seefestem Zustande, in von ihnen bestimmten Häfen und zu festgesetzten Zeitpunkten, ausgeliefert werden.

b) Die deutschen Behörden haben alle von den Alliierten Vertretern angeordneten Schritte zu unternehmen, um die Übertragung des Eigentumsrechtes in bezug auf solche Schiffe zu bewirken oder zur Vollendung zu bringen, gleichgültig, ob das Eigentumsrecht infolge eines Prisengerichtsverfahrens oder anderweitig übertragen worden ist. Sie haben die Aufhebung jeder Beschlagnahme und die Einstellung jedes Verfahrens gegen solche Schiffe in neutralen Häfen zu veranlassen.

27. Die deutschen Behörden haben allen Anordnungen der Alliierten Vertreter zwecks Vernichtung, Abbau. Bergung, Flottmachung oder Hebung von Wracks, gestrandeten, verlassenen oder gesunkenen Schiffen Folge zu leisten, wo immer sich dieselben auch befinden mögen. Mit solchen geborgenen, flottgemachten oder gehobenen Schiffen muß laut Anweisungen der Alliierten Vertreter verfahren werden.
28. Die deutschen Behörden haben alle deutschen Schiffe, Werften und Reparaturwerkstätten, und alle Einrichtungen und Anlagen, die direkt oder indirekt damit in Verbindung stehen oder ihnen dienen, den Alliierten Vertretern zur uneingeschränkten Verfügung auszuhändigen und die nötigen Arbeits- und Fachkräfte zu stellen. Die Anforderungen der Alliierten Vertreter werden in Anweisungen niedergelegt werden, die von Zeit zu Zeit den deutschen Behörden mitgeteilt werden.

ABSCHNITT VIII.

29. Die deutschen Behörden haben das gesamte deutsche Binnentransportsystem (Straßen, Eisenbahnen, Luft- und Wasserwege) und alle damit zusammenhängenden Materialien, Anlagen und Ausrüstungen, sowie alle Reparatur-, Bau-. Aufrechterhaltungs- und Betriebseinrichtungen, sowie die notwendigen Arbeitskräfte, den Alliierten Vertretern, im Einklang mit den von ihnen zu erteilenden Anweisungen, zur uneingeschränkten Verfügung zu stellen.
30. Die Herstellung in Deutschland und der Besitz, die Unterhaltung oder der Betrieb durch Deutsche von Flugzeugen aller Art, oder irgendwelcher Bestandteile davon, sind verboten.
31. Die Ausübung aller deutschen Rechte in internationalen Transportkörperschaften oder Organisationen und in Beziehung auf die Verwendung von Transport- und Verkehrsleitung in anderen Ländern, sowie die Verwendung in Deutschland von Transportmitteln anderer Länder, muß im Einklang mit den Bestimmungen der Alliierten Vertreter gehandhabt werden.
32. Alle Mittel für die Erzeugung, Übermittelung und Verteilung von Strom, einschließlich aller Betriebe für die Herstellung und Reparatur solcher Anlagen, müssen unter die vollständige Kontrolle der Alliierten Vertreter, für die von diesen zu bestimmenden Zwecke, gestellt werden.

ABSCHNITT IX.

33. Die deutschen Behörden müssen alle Verfügungen befolgen, die von den Alliierten Vertretern für die Lenkung von Bevölkerungsverschiebungen und für

die Reise- und Umsiedlungskontrolle einzelner Personen in Deutschland angeordnet werden.

34. Niemand darf ohne eine von den Alliierten Vertretern oder unter ihrer Kontrolle ausgestellte Erlaubnis nach Deutschland einreisen oder Deutschland verlassen. Die deutschen Behörden müssen alle Anweisungen der Alliierten Vertreter befolgen, für die Rückführung in die Heimat von Personen, die nicht deutsche Staatsangehörige sind und sich in Deutschland befinden oder über Deutschland reisen, und für deren Eigentum und Habe. Ebenso haben sie die Anweisungen der Alliierten Vertreter hinsichtlich der Erleichterung von Bewegungen von Flüchtlingen und verschleppten Personen zu befolgen.

ABSCHNITT X.

36. Die deutschen Behörden müssen alle Auskünfte geben und Dokumente aushändigen, sowie die Anwesenheit aller Zeugen sicherstellen, die von den Alliierten Vertretern zum Gerichtsverfahren gegen folgende Personen benötigt werden:
a) Die von den Alliierten Vertretern bezeichneten Hauptführer der Nationalsozialisten und alle Personen, die als der Begehung, Anordnung und Unterstützung von Kriegs- und ähnlichen Verbrechen verdächtig, von den Alliierten Vertretern mittels Namen, Rang, Amt oder Anstellung gekennzeichnet werden.
b) Alle Staatsangehörigen irgendeiner der Vereinten Nationen, die der Übertretung irgendeines Gesetzes ihres Landes beschuldigt sind und von den Alliierten Vertretern zu irgendeinem Zeitpunkt mittels Namen, Rang, Amt oder Anstellung gekennzeichnet werden; und müssen für diesen Zweck alle sonstige Hilfe und Unterstützung gewähren.

37. Die deutschen Behörden haben alle Anordnungen zu befolgen, die von den Alliierten Vertretern in bezug auf das Eigentum aller in den Unterparagraphen 36 a) und b) oben erwähnten Personen, z. B. dessen Beschlagnahme, Verwahrung oder Übergabe, getroffen werden.

ABSCHNITT XI.

38. Die Nationalsozialistische Deutsche Arbeiter-Partei (NSDAP) ist völlig und endgültig aufgelöst und wird als illegal erklärt.

39. Die deutschen Behörden müssen sofort alle Anweisungen befolgen, die von den Alliierten Vertretern herausgegeben werden für die Auflösung der Nationalsozialistischen Partei und ihrer untergeordneten Organisationen, angegliederten Verbindungen und der von ihr überwachten Organisationen, und aller öffentlichen Nazi-Einrichtungen, die als Werkzeuge der nationalsozialistischen Herrschaft geschaffen wurden, und aller Organisationen, die als Bedrohung der Sicherheit der Alliierten Streitkräfte oder des internationalen Friedens angesehen werden könnten, für das Verbot ihrer Neubildung unter irgendeiner Form, für die Entlassung und Internierung von Nazi-Personal, für die Kontrolle oder Beschlagnahme von Nazi-Eigentum und Fonds, und für die Unterdrückung der Nazi-Ideologie und -Lehren.

40. Die deutschen Behörden und deutsche Staatsangehörige dürfen nicht zulassen, daß irgendwelche Geheimorganisationen bestehen.
41. Die deutschen Behörden müssen alle Anweisungen befolgen, die von den Alliierten Vertretern für die Abschaffung der Nazi-Gesetzgebung und für die Umgestaltung des deutschen Gesetzes und des deutschen Gesetz-, Rechts-, Verwaltungs-, Polizei- und Erziehungswesens, einschließlich der Ersetzung des betreffenden Personals, herausgegeben werden.
42. a) Die deutschen Behörden müssen alle Anweisungen befolgen, die von den Alliierten Vertretern für die Ungültigkeitserklärung der deutschen Gesetzgebung herausgegeben werden, die unterschiedliche Behandlung auf Grund von Rasse, Farbe, Glauben, Sprache oder politischer Meinung mit sich bringt, und für die Abschaffung aller daraus erwachsenden gesetzlichen oder anderweitigen Rechtsunfähigkeiten.
    b) Die deutschen Behörden müssen alle Anordnungen befolgen, die von den Alliierten Vertretern in bezug auf Eigentum, Guthaben, Rechte, Anrechte und Interessen von Personen herausgegeben werden, die von Gesetzen, welche Rechtsunfähigkeiten auf Grund von Rasse, Farbe, Glauben. Sprache oder politischer Meinung mit sich bringen, betroffen werden.
43. Niemand darf von den deutschen Behörden oder von deutschen Staatsangehörigen verfolgt oder belästigt werden auf Grund von Rasse, Farbe, Glauben, Sprache oder politischer Meinung oder wegen Umgangs oder Sympathien mit den Vereinten Nationen, einschließlich irgendwelcher Handlungen, die darauf ausgehen, die Durchführung der Erklärung oder irgendwelcher darunter erlassenen Proklamationen, Befehle, Verordnungen und Instruktionen zu erleichtern.
44. In allen Verhandlungen vor irgendwelchen deutschen Gerichtshöfen oder Behörden muß den Bestimmungen der Erklärung und aller darunter erlassenen Proklamationen, Befehle, Verordnungen und Instruktionen, die alle damit unvereinbaren Bestimmungen des deutschen Gesetzes außer Kraft setzen, gesetzlich Rechnung getragen werden

ABSCHNITT XII.

45. Ohne Beeinträchtigung irgendwelcher besonderer Verpflichtungen, die in den Bestimmungen der Erklärung oder irgendeiner der darunter erlassenen Proklamationen, Befehle, Verordnungen und Instruktionen enthalten sind, müssen die deutschen Behörden oder alle anderen dazu fähigen Personen alle solche Auskünfte geben oder zu geben veranlassen und alle öffentlichen und privaten Dokumente jeglicher Art, die von den Alliierten Vertretern verlangt werden, ausliefern oder deren Auslieferung veranlassen.
46. Die deutschen Behörden müssen gleichfalls auf Verlangen alle solche Personen zum Zwecke der Vernehmung oder der Anstellung vorführen, deren Kenntnisse und Erfahrung den Alliierten Vertretern nützlich sein könnten.
47. Die Alliierten Vertreter müssen zum Zweck der Durchführung der Erklärung oder aller darunter erlassenen Proklamationen, Befehle, Verordnungen und Instruktionen und besonders zu Zwecken der Sicherstellung, Untersuchung,

Abschrift oder Erfassung jeglicher gewünschten Dokumente und Auskünfte, zu allen Zeiten Zutritt zu allen Gebäuden, Anlagen, Betrieben, Grundstücken und Geländen haben, und alle sich darin befindlichen Gegenstände müssen ihnen zugänglich sein. Die deutschen Behörden haben zu diesem Zwecke alle notwendige Unterstützung und Hilfe zu leisten, einschließlich Indienststellung aller Fachkräfte, einschließlich Archivare.

ABSCHNITT XIII.

48. Im Falle irgendwelcher Zweifel über die Auslegung oder Bedeutung irgendeiner Bedingung oder irgendeines Ausdruckes in der Erklärung oder aller darunter erlassenen Proklamationen, Befehle, Verordnungen und Instruktionen ist die Entscheidung der Alliierten Vertreter endgültig.

Ausgefertigt in Berlin, den 20. September 1945.

Quelle: Sammelheft Nr. 1, 1945,
Kommuniqués, Deklarationen, Proklamationen, Gesetze, Befehle,
Verlag der Sowjetischen Militärverwaltung in Deutschland, Berlin 1946

Anhang 2

Mitteilung über die Dreimächtekonferenz von Berlin

2. August 1945
(Allgemein unter der Bezeichnung „Potsdamer Abkommen“ bekannt [der Hrsg.])

Artikel I

Am 17. Juli 1945 trafen sich der Präsident der Vereinigten Staaten von Amerika, Harry S. Truman, der Vorsitzende des Rates der Volkskommissare der Union der Sozialistischen Sowjetrepubliken, Generalissimus J. W. Stalin, und der Premierminister Großbritanniens, Winston S. Churchill, sowie Herr Clement R. Attlee auf der von den drei Mächten beschickten Berliner Konferenz. Sie wurden begleitet von den Außenministern der drei Regierungen, W. M. Molotow, Herrn D. F. Byrnes und Herrn A. Eden, den Stabschefs und anderen Beratern.
In der Periode vom 17. bis 25. Juli fanden neun Sitzungen statt. Darauf wurde die Konferenz für zwei Tage unterbrochen, an denen in England die Wahlergebnisse verkündet wurden.
Am 28. Juli kehrte Herr Attlee in der Eigenschaft als Premierminister in Begleitung des neuen Außenministers, Herrn E. Bevin, zu der Konferenz zurück. Es wurden noch vier Sitzungen abgehalten. Während der Konferenz fanden regelmäßige Begegnungen der Häupter der drei Regierungen, von den Außenministern begleitet, und regelmäßige Beratungen der Außenminister statt.
Die Kommissionen, die in den Beratungen der Außenminister für die vorherige Vorbereitung der Fragen eingesetzt worden waren, tagten gleichfalls täglich. Die Sitzungen der Konferenz fanden in Cäcilienhof bei Potsdam statt.
Die Konferenz schloß am 2. August 1945. Es wurden wichtige Entscheidungen und Vereinbarungen getroffen. Es fand ein Meinungsaustausch über eine Reihe anderer Fragen statt. Die Beratung dieser Probleme wird durch den Rat der Außenminister, der auf dieser Konferenz geschaffen wurde, fortgesetzt.
Präsident Truman, Generalissimus Stalin und Premierminister Attlee verlassen diese Konferenz, welche das Band zwischen den drei Regierungen fester geknüpft und den Rahmen ihrer Zusammenarbeit und Verständigung erweitert hat, mit der verstärkten Überzeugung, daß ihre Regierungen und Völker, zusammen mit anderen Vereinten Nationen, die Schaffung eines gerechten und dauerhaften Friedens sichern werden.

Artikel II. Die Einrichtung eines Rates der Außenminister

Die Konferenz erreichte eine Einigung über die Errichtung eines Rates der Außenminister, welche die fünf Hauptmächte vertreten, zur Fortsetzung der notwendigen vorbereitenden Arbeit zur friedlichen Regelung und zur Beratung anderer Fragen, welche nach Übereinstimmung zwischen den Teilnehmern in dem Rat der Regierungen von Zeit zu Zeit an den Rat übertragen werden können.
Der Text der Übereinkunft über die Errichtung des Rates der Außenminister lautet:

1. Es ist ein Rat zu errichten, bestehend aus den Außenministern des Vereinig-

ten Königreiches, der Union der Sozialistischen Sowjetrepubliken, Chinas, Frankreichs und der Vereinigten Staaten von Amerika.

2. (I) Der Rat tagt normalerweise in London, wo der ständige Sitz des Vereinigten Sekretariats sein wird, das durch den Rat zu schaffen ist. Jeder Außenminister wird durch einen Stellvertreter von hohem Rang begleitet werden, welcher gegebenenfalls bevollmächtigt ist, während seiner, des Außenministers, Abwesenheit die Arbeit weiterzuführen, sowie von einem kleinen Stab technischer Mitarbeiter.
   (II) Die erste Sitzung des Rates findet in London nicht später als am 1. September 1945 statt. Die Sitzungen können nach allgemeiner Übereinkunft nach anderen Hauptstädten einberufen werden; diese Übereinkunft kann von Zeit zu Zeit herbeigeführt werden.
3. (I)Als eine vordringliche und wichtige Aufgabe des Rates wird ihm aufgetragen, Friedensverträge für Italien, Rumänien, Bulgarien, Ungarn und Finnland aufzusetzen, um sie den Vereinten Nationen vorzulegen und Vorschläge zur Regelung der ungelösten territorialen Fragen, die in Verbindung mit der Beendigung des Krieges in Europa entstehen, auszuarbeiten. Der Rat wird zur Vorbereitung einer friedlichen Regelung für Deutschland benutzt werden, damit das entsprechende Dokument durch die für diesen Zweck geeignete Regierung Deutschlands angenommen werden kann, nachdem eine solche Regierung gebildet sein wird.
   (II) Zwecks Lösung jeder dieser Aufgaben wird der Rat aus Mitgliedern bestehen, welche diejenigen Regierungen vertreten, die die Bedingungen in der Kapitulation unterschrieben haben, diktiert an den Feindstaat, den die gegebene Aufgabe betrifft. Bei der Betrachtung der Fragen der Friedensregelung mit Italien wird Frankreich als Unterschriftsleistende der Kapitulationsbedingungen Italiens betrachtet werden. Andere Mitglieder werden zur Teilnahme am Rat eingeladen werden, wenn Fragen erörtert werden, die sie direkt betreffen.
   (III) Andere Angelegenheiten werden von Zeit zu Zeit dem Rat übertragen werden nach Übereinkunft zwischen den Regierungen, die seine Mitglieder sind.
4. (I) Wenn der Rat eine Frage erörtern wird, an der unmittelbar ein Staat interessiert ist, der in ihm nicht vertreten ist, so muß dieser Staat eingeladen werden, seine Vertreter zur Teilnahme an der Beratung und Prüfung dieser Frage zu entsenden.
   (II) Der Rat kann seine Arbeitsweise dem Charakter des gestellten, von ihm zu prüfenden Problems anpassen. In gewissen Fällen kann er die Frage zunächst in seiner Zusammensetzung vor der Teilnahme anderer interessierter Staaten vorberaten. In anderen Fällen kann der Rat zu einer offiziellen Konferenz den Staat einberufen, der hauptsächlich an der Lösung eines besonderen Problems interessiert ist.

Der Entschließung der Konferenz entsprechend, schickte jede der drei Regierungen gleichlautende Einladungen an die Regierungen von China und Frankreich, diesen Text anzunehmen und sich ihnen zur Errichtung des Rates anzuschließen.

Die Errichtung des Rates der Außenminister für besondere Ziele, die in diesem Text genannt worden sind, widerspricht nicht der auf der Krim-Konferenz erzielten Übereinkunft über die Abhaltung periodischer Beratungen der Außenminister der Vereinigten Staaten, der Union der Sozialistischen Sowjetrepubliken und des Vereinigten Königreiches.
Die Konferenz überprüfte auch die Situation der Europäischen Konsultativen Kommission im Sinne der Übereinkunft über die Errichtung des Rates der Außenminister. Mit Genugtuung wurde festgestellt, daß die Kommission erfolgreich ihre Hauptaufgaben bewältigt hat, indem sie die Vorschläge betreffend die bedingungslose Kapitulation, die Besatzungszonen Deutschlands und Österreichs und das internationale Kontrollsystem in diesen Ländern vorlegte. Es wurde für richtig befunden, daß die speziellen Fragen, die die gegenseitige Angleichung der Politik der Alliierten hinsichtlich der Kontrolle über Deutschland und Österreich betreffen, in Zukunft der Zuständigkeit des Kontrollrats in Berlin und der Alliierten Kommission in Wien unterliegen sollen. Demgemäß ist man darüber einig geworden, die Auflösung der Europäischen Konsultativen Kommission zu empfehlen.

Artikel III. Deutschland
Alliierte Armeen führen die Besetzung von ganz Deutschland durch, und das deutsche Volk fängt an, die furchtbaren Verbrechen zu büßen, die unter der Leitung derer, welche es zur Zeit ihrer Erfolge offen gebilligt hat und denen es blind gehorcht hat, begangen wurden. Auf der Konferenz wurde eine Übereinkunft erzielt über die politischen und wirtschaftlichen Grundsätze der gleichgeschalteten Politik der Alliierten in bezog auf das besiegte Deutschland in der Periode der alliierten Kontrolle. Das Ziel dieser Übereinkunft bildet die Durchführung der Krim-Deklaration über Deutschland. Der deutsche Militarismus und Nazismus werden ausgerottet, und die Alliierten treffen nach gegenseitiger Vereinbarung in der Gegenwart und in der Zukunft auch andere Maßnahmen, die notwendig sind, damit Deutschland niemals mehr seine Nachbarn oder die Erhaltung des Friedens in der ganzen Welt bedrohen kann.
Es ist nicht die Absicht der Alliierten, das deutsche Volk zu vernichten oder zu versklaven. Die Alliierten wollen dem deutschen Volke die Möglichkeit geben, sich darauf vorzubereiten, sein Leben auf einer demokratischen und friedlichen Grundlage von neuem wiederaufzubauen. Wenn die eigenen Anstrengungen des deutschen Volkes unablässig auf die Erreichung dieses Zieles gerichtet sein werden, wird es ihm möglich sein, zu gegebener Zeit seinen Platz unter den freien und friedlichen Völkern der Welt einzunehmen.

Der Text dieser Übereinkunft lautet:
„Politische und wirtschaftliche Grundsätze, deren man sich bei der Behandlung Deutschlands in der Anfangsperiode der Kontrolle bedienen muß:
A. Politische Grundsätze

1. Entsprechend der Übereinkunft über das Kontrollsystem in Deutschland wird die höchste Regierungsgewalt in Deutschland durch die Oberbefehlshaber der Streitkräfte der Vereinigten Staaten von Amerika, des Vereinigten König-

reichs, der Union der Sozialistischen Sowjetrepubliken und der Französischen Republik nach den Weisungen ihrer entsprechenden Regierungen ausgeübt, und zwar von jedem in seiner Besatzungszone, sowie gemeinsam in ihrer Eigenschaft als Mitglieder des Kontrollrates in den Deutschland als Ganzes betreffenden Fragen.

2. Soweit dieses praktisch durchführbar ist, muß die Behandlung der deutschen Bevölkerung in ganz Deutschland gleich sein.
3. Die Ziele der Besetzung Deutschlands, durch welche der Kontrollrat sich leiten lassen soll, sind:
   (I) Völlige Abrüstung und Entmilitarisierung Deutschlands und die Ausschaltung der gesamten deutschen Industrie, welche für eine Kriegsproduktion benutzt werden kann, oder deren Überwachung. Zu diesem Zweck:
   a) werden alle Land-, See- und Luftstreitkräfte Deutschlands, SS, SA, SD und Gestapo mit allen ihren Organisationen, Stäben und Ämtern, einschließlich des Generalstabes, des Offizierskorps, der Reservisten, der Kriegsschulen, der Kriegervereine und aller anderen militärischen und halbmilitärischen Organisationen zusammen mit ihren Vereinen und Unterorganisationen, die den Interessen der Erhaltung der militärischen Tradition dienen, völlig und endgültig aufgelöst, um damit für immer der Wiedergeburt oder Wiederaufrichtung des deutschen Militarismus und Nazismus vorzubeugen;
   b) müssen sich alle Waffen, Munition und Kriegsgerät und alle Spezialmittel zu deren Herstellung in der Gewalt der Alliierten befinden oder vernichtet werden. Der Unterhaltung und Herstellung aller Flugzeuge und aller Waffen, Ausrüstung und Kriegsgeräte wird vorgebeugt werden.
   (II) Das deutsche Volk muß überzeugt werden, daß es eine totale militärische Niederlage erlitten hat und daß es sich nicht der Verantwortung entziehen kann für das, was es selbst dadurch auf sich geladen hat, daß seine eigene mitleidlose Kriegführung und der fanatische Widerstand der Nazis die deutsche Wirtschaft zerstört und Chaos und Elend unvermeidlich gemacht haben.
   (III) Die Nationalsozialistische Partei mit ihren angeschlossenen Gliederungen und Unterorganisationen ist zu vernichten; alle nationalsozialistischen Ämter sind aufzulösen; es sind Sicherheiten dafür zu schaffen, daß sie in keiner Form wieder auferstehen können; jeder nazistischen und militaristischen Betätigung und Propaganda ist vorzubeugen.
   (IV) Die endgültige Umgestaltung des deutschen politischen Lebens auf demokratischer Grundlage und eine eventuelle friedliche Mitarbeit Deutschlands am internationalen Leben sind vorzubereiten.
4. Alle nazistischen Gesetze, welche die Grundlagen für das Hitlerregime geliefert haben oder eine Diskriminierung auf Grund der Rasse, Religion oder politischen Überzeugung errichteten, müssen abgeschafft werden. Keine solche Diskriminierung, weder eine rechtliche noch eine administrative oder irgendeiner anderen Art, wird geduldet werden.
5. Kriegsverbrecher und alle diejenigen, die an der Planung oder Verwirklichung nazistischer Maßnahmen, die Greuel oder Kriegsverbrechen nach sich zogen oder als Ergebnis hatten, teilgenommen haben, sind zu verhaften und dem

Gericht zu übergeben. Nazistische Parteiführer, einflußreiche Nazianhänger und die Leiter der nazistischen Ämter und Organisationen und alle anderen Personen, die für die Besetzung und ihre Ziele gefährlich sind, sind zu verhaften und zu internieren.

6. Alle Mitglieder der nazistischen Partei, welche mehr als nominell an ihrer Tätigkeit teilgenommen haben, und alle anderen Personen, die den alliierten Zielen feindlich gegenüberstehen, sind aus den öffentlichen oder halböffentlichen Ämtern und von den verantwortlichen Posten in wichtigen Privatunternehmungen zu entfernen. Diese Personen müssen durch Personen ersetzt werden, welche nach ihren politischen und moralischen Eigenschaften fähig erscheinen, an der Entwicklung wahrhaft demokratischer Einrichtungen in Deutschland mitzuwirken.
7. Das Erziehungswesen in Deutschland muß so überwacht werden, daß die nazistischen und militaristischen Lehren völlig entfernt werden und eine erfolgreiche Entwicklung der demokratischen Ideen möglich gemacht wird.
8. Das Gerichtswesen wird entsprechend den Grundsätzen der Demokratie und der Gerechtigkeit auf der Grundlage der Gesetzlichkeit und der Gleichheit aller Bürger vor dem Gesetz ohne Unterschied der Rasse, der Nationalität und der Religion reorganisiert werden.
9. Die Verwaltung Deutschlands muß in Richtung auf eine Dezentralisation der politischen Struktur und der Entwicklung einer örtlichen Selbstverantwortung durchgeführt werden. Zu diesem Zwecke:

   (I)Die lokale Selbstverwaltung wird in ganz Deutschland nach demokratischen Grundsätzen, und zwar durch Wahlausschüsse (Räte), so schnell wie es mit der Wahrung der militärischen Sicherheit und den Zielen der militärischen Besatzung vereinbar ist, wiederhergestellt.

   (II) In ganz Deutschland sind alle demokratischen politischen Parteien zu erlauben und zu fördern mit der Einräumung des Rechtes, Versammlungen einzuberufen und öffentliche Diskussionen durchzuführen.

   (III) Der Grundsatz der Wahlvertretung soll in die Gemeinde-, Kreis-, Provinzial- und Landesverwaltungen, so schnell wie es durch erfolgreiche Anwendung dieser Grundsätze in der örtlichen Selbstverwaltung gerechtfertigt werden kann, eingeführt werden.

   (IV) Bis auf weiteres wird keine zentrale deutsche Regierung errichtet werden. Jedoch werden einige wichtige zentrale deutsche Verwaltungsabteilungen errichtet werden, an deren Spitze Staatssekretäre stehen, und zwar auf den Gebieten des Finanzwesens, des Transportwesens, des Verkehrswesens, des Außenhandels und der Industrie. Diese Abteilungen werden unter der Leitung des Kontrollrates tätig sein.
10. Unter Berücksichtigung der Notwendigkeit zur Erhaltung der militärischen Sicherheit wird die Freiheit der Rede, der Presse und der Religion gewährt. Die religiösen Einrichtungen sollen respektiert werden. Die Schaffung Freier Gewerkschaften, gleichfalls unter Berücksichtigung der Notwendigkeit der Erhaltung der militärischen Sicherheit, wird gestattet werden.

B. Wirtschaftliche Grundsätze

11. Mit dem Ziele der Vernichtung des deutschen Kriegspotentials ist die Produktion von Waffen, Kriegsausrüstung und Kriegsmitteln, ebenso die Herstellung aller Typen von Flugzeugen und Seeschiffen zu verbieten und zu unterbinden. Die Herstellung von Metallen und Chemikalien, der Maschinenbau und die Herstellung anderer Gegenstände, die unmittelbar für die Kriegswirtschaft notwendig sind, ist streng zu überwachen und zu beschränken, entsprechend dem genehmigten Stand der friedlichen Nachkriegsbedürfnisse Deutschlands, um die in dem Punkt 15 angeführten Ziele zu befriedigen. Die Produktionskapazität, entbehrlich für die Industrie, welche erlaubt sein wird, ist entsprechend dem Reparationsplan, empfohlen durch die interalliierte Reparationskommission und bestätigt durch die beteiligten Regierungen, entweder zu entfernen oder, falls sie nicht entfernt werden kann, zu vernichten.

12 In praktisch kürzester Frist ist das deutsche Wirtschaftsleben zu dezentralisieren mit dem Ziel der Vernichtung der bestehenden übermäßigen Konzentration der Wirtschaftskraft, dargestellt insbesondere durch Kartelle, Syndikate, Trusts und andere Monopolvereinigungen.

13. Bei der Organisation des deutschen Wirtschaftslebens ist das Hauptgewicht auf die Entwicklung der Landwirtschaft und der Friedensindustrie für den inneren Bedarf (Verbrauch) zu legen.

14. Während der Besatzungszeit ist Deutschland als eine wirtschaftliche Einheit zu betrachten. Mit diesem Ziel sind gemeinsame Richtlinien aufzustellen hinsichtlich:

a) der Erzeugung und der Verteilung der Produkte der Bergbau und der verarbeitenden Industrie;

b) der Landwirtschaft, Forstwirtschaft und der Fischerei;

c) der Löhne, der Preise und der Rationierung;

d) des Import- und Exportprogramms für Deutschland als Ganzes;

e) der Währung und des Bankwesens, der zentralen Besteuerung und der Zölle;

f) der Reparationen und der Beseitigung des militärischen Industriepotentials;

g) des Transport- und Verkehrswesens.

Bei der Durchführung dieser Richtlinien sind gegebenenfalls die verschiedenen örtlichen Bedingungen zu berücksichtigen.

15. Es ist eine alliierte Kontrolle über das deutsche Wirtschaftsleben zu errichten, jedoch nur in den Grenzen, die notwendig sind:

a) zur Erfüllung des Programms der industriellen Abrüstung und Entmilitarisierung, der Reparationen und der erlaubten Aus- und Einfuhr;

b) zur Sicherung der Warenproduktion und der Dienstleistungen, die zur Befriedigung der Bedürfnisse der Besatzungsstreitkräfte und der verpflanzten Personen in Deutschland notwendig sind und die wesentlich sind für die Erhaltung eines mittleren Lebensstandards in Deutschland, der den mittleren Lebensstandard der europäischen Länder nicht übersteigt. (Europäische Länder in diesem Sinne sind alle europäischen Länder mit Ausnahme des Vereinigten Königreiches und der Sowjetunion);

c) zur Sicherung - in der Reihen folge, die der Kontrollrat festsetzt - einer gleichmäßigen Verteilung der wesentlichsten Waren unter den verschiedenen Zonen, um ein ausgeglichenes Wirtschaftsleben in ganz Deutschland zu schaffen und die Einfuhrnotwendigkeit einzuschränken;
d) zur Überwachung der deutschen Industrie und aller wirtschaftlichen und finanziellen internationalen Abkommen einschließlich der Aus- und Einfuhr mit dem Ziel der Unterbindung einer Entwicklung des Kriegspotentials Deutschlands und der Erreichung der anderen genannten Aufgaben;
e) zur Überwachung aller deutschen öffentlichen oder privaten wissenschaftlichen Forschungs- oder Versuchsanstalten, Laboratorien usw., die mit einer Wirtschaftstätigkeit verbunden sind.

16. Zur Einführung und Unterstützung der wirtschaftlichen Kontrolle, die durch den Kontrollrat errichtet worden ist, ist ein deutscher Verwaltungsapparat zu schaffen. Den deutschen Behörden ist nahezulegen, in möglichst vollem Umfange die Verwaltung dieses Apparates zu fördern und zu übernehmen. So ist dem deutschen Volk klarzumachen, daß die Verantwortung für diese Verwaltung und deren Versagen auf ihm ruhen wird. Jede deutsche Verwaltung, die dem Ziel der Besatzung nicht entsprechen wird, wird verboten werden.
17. Es sind unverzüglich Maßnahmen zu treffen zur:
a) Durchführung der notwendigen Instandsetzungen des Verkehrswesens,
b) Hebung der Kohlenerzeugung,
c) weitest möglichen Vergrößerung der landwirtschaftlichen Produktion und
d) Durchführung einer beschleunigten Instandsetzung der Wohnungen und der wichtigsten öffentlichen Einrichtungen.
18. Der Kontrollrat hat entsprechende Schritte zur Verwirklichung der Kontrolle und der Verfügung über alle deutschen Guthaben im Auslande zu übernehmen, welche noch nicht unter die Kontrolle der alliierten Nationen, die an dem Krieg gegen Deutschland teilgenommen haben, geraten sind.
19. Die Bezahlung der Reparationen soll dem deutschen Volke genügend Mittel belassen, um ohne eine Hilfe von außen zu existieren. Bei der Aufstellung des Haushaltsplanes Deutschlands sind die nötigen Mittel für die Einfuhr bereitzustellen, die durch den Kontrollrat in Deutschland genehmigt worden ist. Die Einnahmen aus der Ausfuhr der Erzeugnisse der laufenden Produktion und der Warenbestände dienen in erster Linie der Bezahlung dieser Einfuhr. Die hier erwähnten Bedingungen werden nicht angewandt bei den Einrichtungen und Produkten, die in den Punkten 4a und 4b der Übereinkunft über die deutschen Reparationen erwähnt sind.

Artikel IV. Reparationen aus Deutschland

In Übereinstimmung mit der Entscheidung der Krim-Konferenz, wonach Deutschland gezwungen werden soll, in größtmöglichem Ausmaß für die Verluste und die Leiden, die es den Vereinten Nationen verursacht hat, und wofür das deutsche Volk der Verantwortung nicht entgehen kann, Ausgleich zu schaffen, wurde folgende Übereinkunft über Reparationen erreicht:

1. Die Reparationsansprüche der UdSSR sollen durch Entnahmen aus der von

der UdSSR besetzten Zone in Deutschland und durch angemessene deutsche Auslandsguthaben befriedigt werden.

2. *Die UdSSR wird die Reparationsansprüche Polens aus ihrem eigenen Anteil an den Reparationen befriedigen.*
3. Die Reparationsansprüche der Vereinigten Staaten, des Vereinigten Königreiches und der anderen zu Reparationsforderungen berechtigten Länder werden aus den westlichen Zonen und den entsprechenden deutschen Auslandsguthaben befriedigt werden.
4. In Ergänzung der Reparationen, die die UdSSR aus ihrer eigenen Besatzungszone erhält, wird die UdSSR zusätzlich aus den westlichen Zonen erhalten:
   a) 15 % derjenigen verwendungsfähigen und vollständigen industriellen Ausrüstung, vor allem der metallurgischen, chemischen und Maschinen erzeugenden Industrien, soweit sie für die deutsche Friedenswirtschaft unnötig und aus den westlichen Zonen Deutschlands zu entnehmen sind, im Austausch für einen entsprechenden Wert an Nahrungsmitteln, Kohle, Kali, Zink, Holz, Tonprodukten, Petroleumprodukten und anderen Waren, nach Vereinbarung.
   b) 10 % derjenigen industriellen Ausrüstung, die für die deutsche Friedenswirtschaft unnötig ist und aus den westlichen Zonen zu entnehmen und auf Reparationskonto an die Sowjetregierung zu übertragen ist ohne Bezahlung oder Gegenleistung irgendwelcher Art. Die Entnahmen der Ausrüstung, wie sie oben in a) und b) vorgesehen sind, sollen gleichzeitig erfolgen.
5. Der Umfang der aus den westlichen Zonen zu entnehmenden Ausrüstung, der auf Reparationskonto geht; muß spätestens innerhalb sechs Monaten von jetzt ab bestimmt sein.
6. Die Entnahme der industriellen Ausrüstung soll so bald wie möglich beginnen und innerhalb von zwei Jahren, gerechnet vom Zeitpunkt der in § 5 spezifizierten Bestimmung, abgeschlossen sein. Die Auslieferung der in § 4a) genannten Produkte soll so schnell wie möglich beginnen, und zwar in durch Vereinbarung bedingten Teillieferungen seitens der Sowjetunion, und innerhalb von fünf Jahren von dem erwähnten Datum ab erfolgen. Die Bestimmung des Umfanges und der Art der industriellen Ausrüstung, die für die deutsche Friedenswirtschaft unnötig ist und der Reparation unterliegt, soll durch den Kontrollrat gemäß den Richtlinien erfolgen, die von der alliierten Kontrollkommission für Reparationen, unter Beteiligung Frankreichs, festgelegt sind, wobei die endgültige Entscheidung durch den Kommandierenden der Zone getroffen wird, aus der die Ausrüstung entnommen werden soll.
7. Vor der Festlegung des Gesamtumfanges der Entnahme unterworfenen Ausrüstung sollen Vorschußlieferungen solcher Ausrüstung erfolgen, die als zur Auslieferung verfügbar bestimmt werden in Übereinstimmung mit dem Verfahren, das im letzten Satz des § 6 vorgesehen ist.
8. Die Sowjetregierung verzichtet auf alle Ansprüche bezüglich der Reparationen aus Anteilen an deutschen Unternehmungen, die in den westlichen Besatzungszonen in Deutschland gelegen sind. Das gleiche gilt für deutsche Auslandsguthaben in allen Ländern, mit Ausnahme der weiter unten in § 9 gekennzeichneten Fällen.

9. Die Regierungen der USA und des Vereinigten Königreichs verzichten auf ihre Ansprüche im Hinblick auf Reparationen hinsichtlich der Anteile an deutschen Unternehmungen, die in der östlichen Besatzungszone in Deutschland gelegen sind. Das gleiche gilt für deutsche Auslandsguthaben in Bulgarien, Finnland, Ungarn, Rumänien und Ostösterreich.
10. Die Sowjetunion erhebt keine Ansprüche auf das von den alliierten Truppen in Deutschland erbeutete Gold.

Artikel V. Die deutsche Kriegs- und Handelsmarine

Die Konferenz erzielte im Prinzip eine Einigung hinsichtlich der Maßnahmen über die Ausnutzung und die Verfügung über die ausgelieferte deutsche Flotte und die Handelsschiffe. Es wurde beschlossen, daß die drei Regierungen Sachverständige bestellen, um gemeinsam detaillierte Pläne zur Verwirklichung der vereinbarten Grundsätze auszuarbeiten. Eine weitere gemeinsame Erklärung wird von den drei Regierungen gleichzeitig zu gegebener Zeit veröffentlicht werden.

Artikel VI. Stadt Königsberg und das anliegende Gebiet

Die Konferenz prüfte einen Vorschlag der Sowjetregierung, daß *vorbehaltlich der endgültigen Bestimmung der territorialen Fragen bei der Friedensregelung* derjenige Abschnitt der Westgrenze der Union der Sozialistischen Sowjetrepubliken, der an die Ostsee grenzt, von einem Punkt an der östlichen Küste der Danziger Bucht in östlicher Richtung nördlich von Braunsberg-Goldap und von da zu dem Schnittpunkt der Grenzen Litauens, der Polnischen Republik und Ostpreußens verlaufen soll.

Die Konferenz hat grundsätzlich dem Vorschlag der Sowjetregierung hinsichtlich der endgültigen Übergabe der Stadt Königsberg und des anliegenden Gebietes an die Sowjetunion gemäß der obigen Beschreibung zugestimmt, wobei der genaue Grenzverlauf einer sachverständigen Prüfung vorbehalten bleibt. Der Präsident der USA und der britische Premierminister haben erklärt, *daß sie den Vorschlag der Konferenz bei der bevorstehenden Friedensregelung unterstützen werden.*

Artikel VII. Kriegsverbrecher

Die drei Regierungen haben von dem Meinungsaustausch Kenntnis genommen, der in den letzten Wochen in London zwischen britischen, USA-, sowjetischen und französischen Vertretern mit dem Ziele stattgefunden hat, eine Vereinbarung über die Methoden des Verfahrens gegen alle Hauptkriegsverbrecher zu erzielen, deren Verbrechen nach der Moskauer Erklärung vom Oktober 1943 räumlich nicht besonders begrenzt sind.

Die drei Regierungen bekräftigen ihre Absicht, diese Verbrecher einer schnellen und sicheren Gerichtsbarkeit zuzuführen. Sie hoffen, daß die Verhandlungen in London zu einer schnellen Vereinbarung führen, die diesem Zwecke dient, und sie betrachten es als eine Angelegenheit von größter Wichtigkeit, daß der Prozeß gegen diese Hauptverbrecher zum frühestmöglichen Zeitpunkt beginnt.

Die erste Liste der Angeklagten wird vor dem 1. September dieses Jahres veröffentlicht werden.

Artikel VIII. Österreich

Die Konferenz hat einen Vorschlag der Sowjetregierung über die Ausdehnung der Autorität der österreichischen provisorischen Regierung auf ganz Österreich geprüft.

Die drei Regierungen stimmten darin überein, daß sie bereit seien, diese Frage nach dem Einzug der britischen und amerikanischen Streitkräfte in die Stadt Wien zu prüfen.

Artikel IX. Polen

Die Konferenz hat die Fragen, die sich auf die Polnische Provisorische Regierung der Nationalen Einheit und auf die *Westgrenze Polens* beziehen, der Betrachtung unterzogen.

Hinsichtlich der Polnischen Provisorischen Regierung der Nationalen Einheit definierten sie ihre Haltung in der folgenden Feststellung:

a) Wir haben mit Genugtuung von dem Abkommen Kenntnis genommen, das die polnischen Vertreter aus Polen selbst und diejenigen aus dem Auslande erzielt haben, durch das die in Übereinstimmung mit den Beschlüssen der Krim-Konferenz erfolgte Bildung einer Polnischen Provisorischen Regierung der Nationalen Einheit möglich geworden ist, die von den drei Mächten anerkannt worden ist. Die Herstellung diplomatischer Beziehungen mit der Polnischen Provisorischen Regierung durch die britische Regierung und die Regierung der Vereinigten Staaten hatte die Zurückziehung ihrer Anerkennung der früheren polnischen Regierung in London zur Folge, die nicht mehr besteht.

Die Regierungen der Vereinigten Staaten und Großbritanniens haben Maßnahmen zum Schutze der Interessen der Polnischen Provisorischen Regierung der Nationalen Einheit als der anerkannten Regierung des polnischen Staates hinsichtlich des Eigentums getroffen, das dem polnischen Staate gehört, in ihren Gebieten liegt und unter ihrer Kontrolle steht, unabhängig davon, welcher Art dieses Eigentum auch sein mag.

Sie haben weiterhin Maßnahmen zur Verhinderung einer Übereignung derartigen Eigentums an Dritte getroffen.

Der Polnischen Provisorischen Regierung der Nationalen Einheit werden alle Möglichkeiten zur Anwendung der üblichen gesetzlichen Maßnahmen geboten werden zur Wiederherstellung eines beliebigen Eigentumsrechtes des Polnischen Staates, das ihm ungesetzlich entzogen worden sein sollte.

Die drei Mächte sind darum besorgt, der Polnischen Provisorischen Regierung der Nationalen Einheit bei der Angelegenheit der Erleichterung der möglichst baldigen Rückkehr aller Polen im Ausland nach Polen behilflich zu sein, und zwar für alle Polen im Ausland, die nach Polen zurückzukehren wünschen, einschließlich der Mitglieder der polnischen bewaffneten Streitkräfte und der polnischen Handelsmarine. Sie erwarten, daß den in die Heimat zurückkehrenden Polen die gleichen persönlichen und eigentumsmäßigen Rechte zugebilligt werden wie allen übrigen polnischen Bürgern.

Die drei Mächte nehmen zur Kenntnis, daß die Polnische Provisorische Regierung der Nationalen Einheit in Übereinstimmung mit den Beschlüssen der Krim-Konfe-

renz der Abhaltung freier und ungehinderter Wahlen, die sobald wie möglich auf der Grundlage des allgemeinen Wahlrechts und der geheimen Abstimmung durchgeführt werden sollen, zugestimmt hat, wobei alle demokratischen und antinazistischen Parteien das Recht zur Teilnahme und zur Aufstellung von Kandidaten haben und die Vertreter der alliierten Presse volle Freiheit genießen sollen, der Welt über die Entwicklung der Ereignisse in Polen vor und während der Wahlen zu berichten.
b) Bezüglich der *Westgrenze Polens* wurde folgendes Abkommen erzielt:
In Übereinstimmung mit dem bei der *Krim-Konferenz* erzielten Abkommen haben die Häupter der drei Regierungen die Meinung der Politischen Provisorischen Regierung der Nationalen Einheit hinsichtlich des Territoriums im Norden und Westen geprüft, das Polen erhalten soll. Der Präsident des Nationalrates Polens und die Mitglieder der Polnischen Provisorischen Regierung der Nationalen Einheit sind auf der Konferenz empfangen worden und haben ihre Auffassungen in vollem Umfange dargelegt. Die Häupter der drei Regierungen bekräftigen ihre Auffassung, *daß die endgültige Festlegung der Westgrenze Polens bis zu der Friedenskonferenz zurückgestellt werden soll.*
Die Häupter der drei Regierungen stimmen darin überein, daß *bis zur endgültigen Festlegung der Westgrenze Polens*, die früher deutschen Gebiete östlich der Linie, die von der Ostsee unmittelbar westlich von Swinemünde und von dort die Oder entlang bis zur Einmündung der westlichen Neiße und die westliche Neiße entlang bis zur tschechoslowakischen Grenze verläuft, einschließlich des Teiles Ostpreußens, der nicht unter die Verwaltung der Union der Sozialistischen Sowjetrepubliken in Übereinstimmung mit den auf dieser Konferenz erzielten Vereinbarungen gestellt wird, und einschließlich des Gebietes der früheren Freien Stadt Danzig *unter die Verwaltung des polnischen Staates kommen und in dieser Hinsicht nicht als Teil der sowjetischen Besatzungszone in Deutschland betrachtet werden sollen.*

Artikel X. Der Abschluß der Friedensverträge und Zulassung zur Organisation der Vereinten Nationen

Die Konferenz einigte sich auf die folgende Erklärung über eine gemeinsame Politik zur möglichst baldigen Schaffung der Bedingungen für einen dauerhaften Frieden nach der siegreichen Beendigung des Krieges in Europa.
Die drei Regierungen betrachten es als wünschenswert, daß die gegenwärtige anormale Stellung Italiens, Bulgariens, Finnlands, Ungarns und Rumäniens durch den Abschluß von Friedensverträgen beendigt werden soll. Sie vertrauen darauf, daß auch die anderen interessierten alliierten Regierungen diese Ansicht teilen.
Für ihren Teil haben die drei Regierungen die Vorbereitung eines Friedensvertrages für Italien als erste unter den vordringlichen und wichtigen Aufgaben vorgesehen, denen sich der Rat der Außenminister unterziehen soll. Italien war die erste der Achsenmächte, die mit Deutschland gebrochen hat, zu dessen Niederlage es materiell erheblich beigetragen hat, und es hat sich jetzt den Alliierten in ihrem Kampf gegen Japan angeschlossen. Italien hat sich selbst vom faschistischen Regime befreit und macht gute Fortschritte auf dem Wege zur Wiederherstellung einer demokratischen Regierung und demokratischer Einrichtungen. Der Abschluß eines solchen Friedensvertrages mit einer anerkannten und demokratischen italienischen

Regierung würde es den drei Regierungen ermöglichen, ihrem Wunsche entsprechend einen Antrag Italiens auf die Mitgliedschaft in der Organisation der Vereinten Nationen zu unterstützen.
Die drei Regierungen haben ferner den Rat der Außenminister mit der Aufgabe einer Vorbereitung von Friedensverträgen für Bulgarien, Finnland, Ungarn und Rumänien beauftragt. Der Abschluß von Friedensverträgen mit anerkannten demokratischen Regierungen in diesen Staaten würde ebenfalls die drei Regierungen befähigen, deren Anträge auf Mitgliedschaft in den Vereinten Nationen zu unterstützen.
Die drei Regierungen kommen überein, jede für sich in naher Zukunft im Lichte der dann vorherrschenden Bedingungen die Herstellung diplomatischer Beziehungen zu Finnland, Rumänien, Bulgarien und Ungarn zu untersuchen, soweit dies vor Abschluß von Friedensverträgen mit diesen Ländern möglich ist.
Die drei Regierungen zweifeln nicht, daß im Hinblick auf die veränderten Umstände, bedingt durch das Kriegsende in Europa, die Vertreter der alliierten Presse volle Freiheit genießen, der Welt über die Ereignisse in Rumänien, Bulgarien, Ungarn und Finnland zu berichten.
Hinsichtlich der Zulassung anderer Staaten zur Organisation der Vereinten Nationen erklärt Artikel 4 der Charta der Vereinten Nationen folgendes:

1. Die Mitgliedschaft in den Vereinten Nationen steht allen anderen friedliebenden Staaten offen, die, die in der vorliegenden Charta enthaltenen Verpflichtungen akzeptieren und nach dem Urteil der Organisation willens und in der Lage sind, diese Verpflichtungen durchzuführen.
2. Die Zulassung jedes derartigen Staates zur Mitgliedschaft der Vereinten Nationen erfolgt durch Beschluß der Generalversammlung auf Empfehlung des Sicherheitsrates.

Die drei Regierungen werden ihrerseits Anträge auf Mitgliedschaft seitens solcher Staaten, die während des Krieges neutral geblieben sind und die oben aufgeführten Bedingungen erfüllen werden, unterstützen. Die drei Regierungen fühlen sich jedoch verpflichtet, klarzustellen, daß sie für ihren Teil einen Antrag auf Mitgliedschaft seitens der gegenwärtigen spanischen Regierung, die sich mit Unterstützung der Achsenmächte gebildet hat, nicht begünstigen werden, da diese angesichts ihres Ursprunges, ihres Charakters, ihrer Geschichte und ihrer engen Verbindung mit den Angreiferstaaten nicht die notwendigen Qualifikationen zur Rechtfertigung einer derartigen Mitgliedschaft besitzt.

Artikel XI. Territoriale Treuhänderschaft

Die Konferenz prüfte einen Vorschlag der Sowjetregierung hinsichtlich einer Treuhänderschaft über Territorien, wie sie in dem Beschluß der Krim-Konferenz und in der Charta der Vereinten Nationen definiert sind.
Nach einem Meinungsaustausch über diese Frage wurde beschlossen, daß die Verfügung über frühere italienische Kolonialgebiete im Zusammenhang mit der Vorbereitung eines Friedensvertrages für Italien geklärt und im September vom Rat der Außenminister beraten werden soll.

Artikel XII. Verfahrensrevision bei der alliierten Kontrollkommission in Rumänien, Bulgarien und Ungarn

Die drei Regierungen nahmen zur Kenntnis, daß die Sowjetvertreter bei den alliierten Kontrollkommissionen in Rumänien, Bulgarien und Ungarn ihren britischen und amerikanischen Kollegen Vorschläge zur Verbesserung der Arbeit der Kontrollkommissionen übermittelt haben, nachdem die Feindseligkeiten in Europa aufgehört haben.

Die drei Regierungen kamen überein, daß die Revision des Verfahrens der alliierten Kontrollkommission in diesen Ländern jetzt durchgeführt werden könne, wobei die Interessen und Verantwortlichkeiten der drei Regierungen berücksichtigt sind, die gemeinsam die Waffenstillstandsbedingungen den jeweiligen Ländern vorgelegt haben, und wobei die vereinbarten Vorschläge als Grundlage dienen sollen.

Artikel XIII. Ordnungsmäßige Überführung deutscher Bevölkerungsteile

Die Konferenz erzielte folgendes Abkommen über die Ausweisung Deutscher aus *Polen, der Tschechoslowakei und Ungarn:*

Die drei Regierungen haben die Frage unter allen Gesichtspunkten beraten und erkennen an, daß die Überführung der deutschen Bevölkerung oder Bestandteile derselben, die in *Polen, Tschechoslowakei und Ungarn* zurückgeblieben sind, nach Deutschland durchgeführt werden muß. Sie stimmen darin überein, daß jede derartige Überführung, die stattfinden wird, *in ordnungsgemäßer und humaner Weise* erfolgen soll. Da der Zustrom einer großen Zahl Deutscher nach Deutschland die Lasten vergrößern würde, die bereits auf den Besatzungsbehörden ruhen, halten sie es für wünschenswert, daß der alliierte Kontrollrat in Deutschland zunächst das Problem unter besonderer Berücksichtigung der Frage einer gerechten Verteilung dieser Deutschen auf die einzelnen Besatzungszonen prüfen soll. Sie beauftragen demgemäß ihre jeweiligen Vertreter beim Kontrollrat, ihren Regierungen so bald wie möglich über den Umfang zu berichten, in dem derartige Personen schon aus *Polen, der Tschechoslowakei und Ungarn* nach Deutschland gekommen sind, und eine Schätzung über Zeitpunkt und Ausmaß vorzulegen, zu dem die weiteren Überführungen durchgeführt werden könnten, wobei die gegenwärtige Lage in Deutschland zu berücksichtigen ist. Die tschechoslowakische Regierung, die Polnische Provisorische Regierung und der Alliierte Kontrollrat in Ungarn werden gleichzeitig von obigem in Kenntnis gesetzt und ersucht werden, inzwischen *weitere Ausweisungen der deutschen Bevölkerung einzustellen*, bis die betroffenen Regierungen die Berichte ihrer Vertreter an den Kontrollausschuß geprüft haben.

Artikel XIV. Militärische Besprechungen

Während der Konferenz fanden Sitzungen zwischen den Stabschefs der drei Regierungen über militärische Themen gemeinsamen Interesses statt.

2. August 1945. (Dieser Bericht ist von J. W. Stalin, Harry S. Truman und C. R. Attlee unterzeichnet.)

Quelle: Amtsblatt des Kontrollrats in Deutschland. Ergänzungsblatt Nr. 1. Berlin 1946, S.13ff. Aus: Potsdamer Abkommen, Ausgewählte Dokumente zur Deutschlandfrage 1943 bis 1949, Staatsverlag der DDR, Berlin 1967, Seite 55 ff

Anhang 3

Politbürositzung vom 6. Juni 1961

Protokoll Nr. 24/61 [AP - Archivsignatur J IV 2/2 A/824]

"Tagesordnung: 1. ...

.

.

.

7. **Grenzgängerprobleme**

Berichterstatter: Genosse **Verner**

.

.

.

10. ...

Anwesende Mitglieder: ...**Stoph**, ... **Honecker** ...

Anwesende Kandidaten: ... **Hager**, **Pisnik**, ...

.

.

.

Zur Sitzung hinzugezogen: ...

Sitzungsleitung: **Ulbricht** Protokollführung: **Schön**

Beginn: 10.00 Uhr Ende: 20.15 Uhr

- 2 -

Arch. PB 24/7 v. 6.6.61

An die

Mitglieder und Kandidaten des Politbüros

Liebe Genossen!

Anbei übergebe ich die Vorlage über "Vorschläge zur weitgehenden Eindämmung der Grenzgänger-Bewegung nach Westberlin aus der Hauptsadt der DDR und den Grenzkreisen um Berlin".

Die Vorlage soll die Grundlage für die prinzipielle Diskussion dieses Problems (1.Lesung in der Sitzung des PB am 6.6.1961) darstellen.

Die Vorschläge wurden von einer kleinen Gruppe von Genossen unter bestimmten Sicherungsmaßnahmen ausgearbeite

Anlage!

Mit sozialistischem Gruß

Paul Verner

/ Paul Verner /

Streng geheim!

30 Exemplare
1.Exemplar

Inhalts-Verzeichnis

Teil A Vorlage zur weitgehenden Eindämmung der Grenzgängerbewegung nach Westberlin aus der Hauptstadt der DDR

Teil B Zweite Durchführungsbestimmung zur Anordnung über Umtausch und Verrechnung Deutscher Mark gegen Westgeld

Teil C Verordnung über den Umtauschvon Einkünften aus Arbeitsverhältnissen in Westberlin

Teil D Anordnung über die Lohnumtauschkasse

Teil E Begründung der Anordnung und Grundsätze für den organisatorischen Aufbau der Lohnumtauschkasse

Teil F Gemeinsame Richtlinie des Ministeriums der Finanzen und des Komitees für Arbeit und Löhne zur Durchführung der gesetzlichen Bestimmungen über die Umtauschpflicht der Grenzgänger

Teil G Gesichtspunkte zur Durchführung der Registrierpflicht

Teil H Entwurf des Maßnahmeplanes zur Vorbereitung und Durchführung des Lohnumtausches für Grenzgänger

Anlagen:

Anhang 1: Einige Daten über die Beschäftigung der Grenzgänger und der westberliner Bürger, die im demokratischen Berlin arbeiten

Anhang 2: Abschrift der Verordnung über die Lohnausgleichskasse vom 8.11.1950 (Westberlin)

Anhang 3: Abschrift der Anordnung über statistische Erhebung der Beschäftigtenverhältnisse vom 14.1.1953 (Demokratisches Berlin)

Anlage Nr. 4

Streng geheim!
30 Exemplare
7. Exemplar.

V o r l a g e
zur weitgehenden Eindämmung der Grenzgänger-Bewegung nach Westberlin aus der Hauptstadt der DDR und den Grenzkreisen um Berlin.

- -

I

Die Grenzgänger-Bewegung aus der Hauptstadt Berlin und aus Kreisen der Bezirke Potsdam und Frankfurt /O. nach Westberlin ist durch den Schwindelkurs zwischen unserer Mark und der Westmark und vor allem auf Grund der gegenwärtigen wirtschaftlichen Hochkonjunktur in Westberlin stark angewachsen. Diese Konjunktur wird aus Gründen der systematischen Schädigung der DDR und ihrer Wirtschaft von den Monopolen Westdeutschlands und der USA sowie der Bonner Regierung und des westberliner Senats noch besonders gestützt und gefördert. So beträgt gegenwärtig die Zahl der in Westberlin beschäftigten Bürger der Deutschen Demokratischen Republik (Grenzgänger) rund 65.000. Im Dezember 1953 waren es 30.889 registrierte Grenzgänger. In diesen Angaben sind nicht die sogenannten Schwarzarbeiter wie Gelegenheitsarbeiter, Scheuerfrauen usw. enthalten. Der jährliche Produktionsverlust durch den Abzug dieser Arbeitskräfte beläuft sich auf mindestens eine Milliarde DM.

Den wachsenden Arbeitskräftemangel in Westberlin, besonders bei qualifizierten Facharbeitern und in Berufen der Elektroindustrie, die für Frauen geeignet sind, versuchen die Frontstadtpolitiker und Unternehmer durch vielfältige Maßnahmen, vor allem mit Hilfe des spekulativen Wechselkurses, weitgehendst zu lösen.

Das Grenzgängertum - und bei diesen Menschen handelt es sich in der Hauptsache um politisch rückständigere Personen, die sich durch den Schwindelkurs zwischen Westmark und unserer Mark persönliche Vorteile verschaffen - trägt Zersetzung und Zweifel in die Reihen unserer Werktätigen, schwächt die Staatsdisziplin, untergräbt den gesunden Bürgersinn und die Moral der Menschen. Darin besteht aber genau die politische Absicht und Zielsetzung der Frontstadtpolitiker und der Monopolherren.

Die übergroße Mehrheit unserer Werktätigen, die ehrlich und gut arbeiten, sind über die Grenzgänger und ihre schmarotzerhafte Einstellung zur Arbeit und zum Leben empört. Die Grenzgänger leisten keine produktive Arbeit in unserer Volkswirtschaft, sie schaffen keine Werte für unsere Gesellschaft, kommen aber in den vollen Genuß unserer Errungenschaften, so der billigen Mieten, der Dienstleistungen, der kulturellen Einrichtungen und Leistungen der Sozialversicherung unserer Republik. Durch den Schwindelkurs sind die Grenzgänger auch in ihrer täglichen Lebenshaltung besser gestellt als unsere Arbeiter. Unsere Werktätigen drängen deshalb immer stärker darauf, daß die Staatsorgane alle notwendigen Maßnahmen ergreifen, um das Grenzgängerproblem zu lösen, und das umsomehr, als mit politisch-ideologischer Aufklärung allein keine grundlegende Veränderung herbeigeführt werden kann.

Auch viele Aussprachen mit westberliner Arbeitern haben deutlich gemacht, daß Maßnahmen gegen Grenzgänger bei großen Teilen westberliner Werktätiger Zustimmung finden würden. Sie sind damit unzufrieden, daß in zahlreichen Fällen Grenzgänger von den Unternehmern als Lohndrücker und zersetzende Elemente gegenüber westberliner Arbeitern benutzt werden.

Da für die Arbeitsaufnahme in westberliner Betrieben durch unsere Bürger in der Hauptsache der starke ökonomische Anreiz wirkt, muß die dringend erforderliche Korrektur der eingetretenen Entwicklung durch wirkungsvolle politisch-ideologische, administrative und vor allem ökonomische Maßnahmen herbeigeführt werden.

Bei der Ausarbeitung von Maßnahmen wurde darauf orientiert, daß sie nicht mit den Problemen des Friedensvertrages und der friedlichen Lösung der Westberlin-Frage gekoppelt werden können. Deshalb tragen die vorgeschlagenen Maßnahmen ihrem Wesen nach ökonomischen Charakter mit dem Ziel, die Spekulation mit den Westmarkeinnahmen einzuschränken bzw. zu beseitigen. Diese Maßnahmen berühren nicht den freien Verkehr zwischen den beiden Teilen Berlins, die Freizügigkeit der Arbeitsplatzwahl usw. Es ist in jeder Hinsicht politisch zweckmäßig, Maßnahmen gegen die Grenzgänger unabhängig von dem Abschluß eines Friedensvertrages und der friedlichen Lösung der Westberlinfrage durchzuführen, da eine Koppelung mit diesen Fragen das Grenzgängerproblem ein völlig anderes Gewicht erhalten und die Fragen des Friedensvertrages und das Westberlinproblem noch zusätzlich kompliziert würde. Man könnte z.B. sagen, jetzt fangen sie mit der Einschränkung des freien Verkehrs und des Status der Freien Stadt an.

Aus Gründen unserer wirtschaftlichen Lage und des Arbeitskräfteproblems sowie aus den oben dargelegten politischen Gründen ist es notwendig, Maßnahmen gegen die Grenzgänger so schnell wie möglich durchzuführen.

II

Zur Eindämmung der Grenzgänger-Bewegung gibt es Vorstellungen in zwei Grundrichtungen:

Variante 1: Die Einrichung einer Lohnausgleihskasse im demokratischen Berlin, bei der alle Westmarkeinnahmen der Grenzgänger im Verhältnis 1 : 1 in DM-DN umzutauschen sind.

Variante 2: Die Verpflichtung, verschiedene Leistungen wie Miete, Sozialversicherung, Dienstleistungen usw. im demokratischen Berlin und in den Randgebieten in Westmark zu bezahlen.

Beide Vorstellungen setzen voraus, daß eine exakte Registrierung der Grenzgänger auf Grund gesetzlicher Bestimmungen durchgeführt wird.

1. Erläuterung zur Variante 1:

Durch die Einführung einer vollständigen Abführung der Westmarkeinnahmen (mit Ausnahme eines Taschengeldes) an eine Lohnumtauschkasse im demokratischen Berlin und den 1 : 1 Umtausch in DM-DN wird erreicht, daß dem Grenzgänger mit einem einmaligen Akt der ökonomische Anreiz zur Arbeit in Westberlin genommen wid.
Diese Maßnahme ist die konsequenteste und auch einschneidendste Form zur Beseitigung der Spekulationsmöglichkeiten. Sie wird auch zunächst die größten Spannungen erzeugen. Sie hat gegenüber den Maßnahmen der Variante 2 wesentliche Vorteile.

a) Mit der Errichtung der Lohnumtauschkasse schaffen wir eine Einrichtung mit ähnlicher Bezeichnung, wie sie der westberliner Senat mit seinen Lohnausgleichskassen schon seit Jahren hat. Das erleichtert uns die Argumentation.

b) Außerdem handelt es sich bei der Errichtung der Lohnumtauschkasse um eine verhältnismäßig einfach zu begründende Maßnahme zum Schutz der Interessen unserer Bürger, zur Sicherung der Währung und der Verhinderung von Spekulationen. Die politische Zielsetzung ist leicht verständlich zu erläutern.

c) Die gesetzgeberische Seite läßt sich ohne Einschaltung der Volkskammer und des Ministerrates verwirklichen.

d) Die Organisation der Maßnahmen kann verhältnismäßig leicht in der Hand behalten werden. Sie kann konzentriert nach einheitlichen Weisungen durchgeführt werden.

Alle Überlegungen sprechen für die Durchführung dieser Variante.

2. Erläuterung zur Variante 2:

Hierzu gibt es eine Reihe von Vorstellungen:

a) Erhebung des SVK-Beitrages in Westmark
Die Grenzgänger zahlen z.Zt. ihre Sozialversicherungsbeiträge an westberliner Versicherungsanstalten. Dem steht gegenüber, daß sie solche Leistungen wie Rentenansprüche usw. nach dem Wohnsitzprinzip aus den Mitteln der SVK gezahlt erhalten.

b) Erhebung eines Leistungsbeitrages (Sondersteuern) in Westmark.
Da die Grenzgänger in den Genuß aller Errungenschaften der DDR kommen, ohne daß sie durch ihre Arbeitsleistung zu deren Schaffung beitragen, wäre die Erhebung eines solchen Leistungsbeitrage denkbar.

c) Erhebung von Mieten und weiteren Dienstleistungen in Westmark.
Die Grenzgänger kommen in den Genuß der bei uns bestehenden niedrigen Preise für Wohnungsmieten, Garagenmieten, Licht-, Gas- und Wassertarife u.ä.
Bei Einführng dieser Maßnahme würde allerdings nur ein geringer Teil der Grenzgänger erfaßt werden können. Z.B. würden solche Grenzgänger, die bei ihren Eltern oder in Untermiete wohnen, also nicht Hauptmieter sind ausfallen. Dazu käme, daß sehr schnell betrügerische Ausweichmöglichkeiten gefunden werden, wie Umschreiben der Verträge, Schenkungen usw.

Das trifft auch für die übrigen Vorschläge der Variante 2 zu.

Außerdem wäre ein umfangreiher technischer Apparat zur Bewältigung dieser Aufgabe notwendig.

Aus all diesen Gründen wurde die Variante 2 fallen gelassen.

3. Gesetzliche Maßnahmen zur Durchführung der Variante 1

a) Voraussetzung ist die Registrierung aller Arbeitsverhältnisse einschließlich verbindlicher Angaben über den Lohn und die Lohnanteile in Westmark. Durch eine derartige Registrierung zum Zwecke der Arbeitskräfteerfassung und -lenkung entfällt die Notwendigkeit der Schaffung der Anmelde- und Anbietungspflicht nach dem Gesetz zur Regelung des innerdeutschen Zahlungsverkehrs und die dazu nötige Veränderung des Gesetzes durch die Volkskammer bzw. durch den Ministerrat auf Grund einer Ermächtigung durch die Volkskammer vom 8.2.1956 zur Regelung der Fragen des innerdeutschen Zahlungsverkehrs.

b) Zu sichern ist auf der Basis der Registrierung der Arbeitsverhältnisse die Umtauschpflicht für die Grenzgänger. Diese

Verpflichtung kann für das Gebiet der DDR mit Ausnahme des demokratischen Berlin durch eine Durchführungsbestimmung des Finanzministers gesetzlich gesichert werden. Nach der Durchführungsbestimmung zur Anordnung über den Umtauschund die Verrechnung der Deutschen Mark gegen Westgeld vom 19.6.1950 sind die Grenzgänger von der Umtauschpflicht ihrer Westmarkeinnahmen aus Arbeitsverhältnissen befreit. Dieser § muß durch den Minister der Finanezen außer Kraft gesetzt werden. In einer zweiten Durchführungsbestimmung zur genannten Anordnung ist das zu tun. Das Kernstück dieser 2. Durchführungsbestimmung und auch unserer Maßnahmen ist die Verpflichtung des Grenzgängers, af jeden Fall den zum Zeitpunkt des Inkrafttretens anteiligen Westmarklohn - auf keinen Fall weniger als nach den geltenden westberliner Bestimmungen den Mindestumtauschsatz von 40 % - umzutauschen.

Das konsequente Festhalten an dieser Forderung - unabhängig von Gegenmaßnahmen, die der Senat nach Erlaß der Durchführungsbestimmung einleitet - läßt solche Gegenmaßnahmen des Senats letzten Endes scheitern.

Außerdem muß in dieser 2. Durchführungsbestimmung enthalten sein:

aa) die Schaffung einer Lohnumtauschkasse (als Anlge liegt bei der Entwurf einer Anordnung über die Errichtung einer Lohnumtauschkasse, s. Teil D)

bb) die Möglichkeit von Ausnahmeregelungen, z.B. für Arbeiter, die schon lange, also vor 1948, in Westberlin arbeiten.

Der Entwurf einer Durchführungsbestimmung ist beigefügt, (s. Teil B.)

Anders als in der übrigen Republik ist die Situation in Berlin. Der Magistrat von Groß-Berlin hat die Anordnung über den Umtausch und die Verrechnung der Deutschen Mark gegen Westgeld vom 14. September 1949 und die Durchführungsbestimmung zu dieser Anordnung vom 19.6.1950 nicht übernommen.

Die Umtauschpflicht von Westmark ist damit für Berlin gesetzlich nicht geregelt. Zur Herstellung des gleichen Zustandes, wie er durch die neue Durchführungsbestimmung für die Grenzgänger aus den Randgebieten der Republik geschaffen wird, muß der Magistrat eine Verordnung für die Berliner Grenzgänger erlassen. Diese Verordnung muß mit Ausnahme der Bezugnahme auf die früheren gesetzlichen Bestimmungen, die für das Gebiet von Berlin nicht wirksam wurden, alle Punkte enthaten, die in der 2. Durchführungsbestimmung des Finanzministers zur Anordnung über den Umtausch und die Verrechnung der Deutschen Mark gegen Westgeld enthalten sind. Der Entwurf einer Verordnung des Magistrats ist beigefügt. (S. Teil C)

Die Übernahme der alten gesetzlichen Bestimmungen, also der Anordnung von 1949 und der Durchführungsbestimmung von 1950, durch den Magistrat wird nicht empfohlen, da mit dieser Übernahme auch die Umtauschverpflichtung für alle anderen Westmarkeingänge festgelegt wird, was weit über den mit der Regelung des Grenzgängerproblems gewollten Rahmen hinausgeht.

3. Strafrechtliche Bestimmungen

Auf Grund der vorliegenden gesetzlichen Entwürfe gelten folgende strafrechtlichen Bestimmungen:

a) Für die 2. Durchführungsbestimmung des Finanzministers gelten die Vorschrften nach § 9 der Wirtschaftsstrafverordnung. Diese Bestimmung wurde nicht in den neuen Durchführungsbestimmungsentwurf aufgenommen, sondern er ist verankert in der Durchführungsbestimmung vom 19.6.1950.

b) In die Verordnung des Magistrats wurden folgende strafrechtlichen Bestimmungen aufgenommen:

Verstöße gegen die Bestimmungen dieser Verordnung werden mit Geldstrafen bis zu 10.000 DM oder mit einer Gefängnisstrafe bis zu ..... Jahren bestraft. Strafen werden aber auch für notwendig gehalten, vor allem deshalb, weil erwartet werden muß, daß der westberliner Senat Wege zur Umgehung unserer Maßnahmen sucht und die Grenzgänger dazu anhält. Es kann der Zustand eintreten, daß leichtere Erziehungsmaßnahmen zur

Durchsetzung unserer Anweisung vor allem in der ersten Zeit nicht immer ausreichen werden.

Die wichtigste Voraussetzung für den Erfolg und auch für die Konsequenz unserer Maßnahmen ist darin zu sehen, daß die Unterstützung unserer Bevölkerung und auch breiter Kreise der westberliner Bevölkerung gegeben ist.

4. <u>Mögliche Gegenmaßnahmen des Gegners</u>

Unabhängig von direkten Gegenmaßnahmen wird der Gegner

a) versuchen, in der Öffentlichkeit unsere Maßnahmen als einen Versuch der Störung des freien Verkehrs, als einen Anschlag auf den Status Berlin und sogar als nicht vereinbar mit unseren Thesen über eine freie Stadt Westberlin zu charakterisieren.

b) Er wird weiterhin durch Einwirkung auf die Grenzgänger in der Richtung, daß sie unseren Anweisungen nicht oder unvollständig nachkommen, testen

  aa) mit welcher Konsequenz wir unsere Maßnahmen durchführen, vor allem hinsichtlich der Strafbestimmungen bei Nichteinhaltung,

  bb) was wir über die echten Einnahmen der Grenzgänger effektiv wissen, um Nutzen aus eventueller Nichtkenntnis für weitere Bestechung der Grenzgänger zu ziehen.

Außerdem muß damit gerechnet werden, daß ein Teil der Grenzgänger die Republik verläßt. Das könnte sich vor allem auf Jugendliche konzentrieren.

Die möglichen Gegenmaßnahmen selbst lassen sich in zwei Hauptgruppen unterteilen:

1) Gegenmaßnahmen, die sich direkt auf unsere Maßnahmen beziehen, also auf dem Gebiet des Lohnumtausches, wie

  a) Ausschluß der im demokratischen Sektor arbeitenden westberliner Bürger aus dem Lohnumtausch.

Bei Ausschluß aller umtauschberechtgten Personen träte nach überschlägiger Rechnung bei diesen Bürgern ein Ausfall von Westmarkeinnahmen in Höhe von ca. 40 Mio ein. bei konsequeker Durchsetzung unserer Maßnahmen wäre es möglich, aus den daraus erzielten Westmarkeinnahmen von den Grenzgängern von unserer Sete her diese Westmarkausstattung der Bürger vorzunehmen. Damit wäre eine solche Gegenmaßnahme für die westberliner Seite mit einem politischen Prestigeverlust verbunden. Der polišsche Gewinn z.B. bei den in Westberlin arbeitenden Eisenbahnern usw. wäre auf unserer Seite.

b) Der Versuch, durch verschiedene Maßnahmen in Übereinstimmung mit den Unternehmern oder durch die Unternehmer die echten Einkommensverhältnisse der Grenzgänger zu verschleiern. Solche Maßnahmen könnten sein:

aa) ein vorgetäuschter Arbeitsplatwechsel mit niedrigerer Bezahlung,
bb) Ermunterung der Unternehmer zur Zahlung zusätzlicher Bestechungsgelder in DM-DN (steuerliche Anerkennung),
cc) evtl. Auszahlung nur in DM-DN, wenn auch nicht in der gesamten Höhe des Lohnes, über den Wechselstubenkurs.

Mit diesen Maßnahmen von seiten des Senats kann er die Durchkreuzung oder Annullierung unserer Maßnahmen nicht erreichen. Der Grenzgänger kann zeitweilig in der einen oder anderen Form einen materiellen Anreiz für die Arbeit in Westberlin erhalten, wobei unsere Bestimmungen und unsere Arbeit auf der Basis dieser Bestimmungen bei Bekanntwerden solcher Fakten uns in die Lage versetzen, dieser Tätigkeit des Gegners mit Erfolg zu begegnen. Solche Bestimmungen, die wir konsequent anwenden müssen, sind:

Angabe und Ablieferungspflicht für alle Einkünfte, auch für die übertariflichen, oder Umtauschpflicht für einmalige Zuwendungen, oder unbedingtes Festhalten am Umtausch der Mindestgrenze von 40 % des Einkommens in Westmark, unabhängig von eventuellen Verminderungen der Umtauschquoten seitens des Senats.

dd) Errichtung von Wohnlagern in Westberlin, in denen ein Teil der Grenzgänger unter Zurücklassung ihrer Familien lebt. Vorteile für den Senat:

1. Sicherung der Arbeitskräfte.
2. Ausnutzung des Schwindelkurses für die Versorgung der Familie.

Es ist also noch ein Anreiz bei den Grenzgängern vorhanden, obwohl er sich durch die Tatsache, daß er dann in Westberlin wohnt und höhere Westmarkausgaben für sich selbst hat, vermindert.

Diese Maßnahme könnte dem Senat gelingen für einen Teil der Jugendlichen oder für Saisonarbeiter, die diese Trennung teilweise gewöhnt sind. Diese Maßnahme ist nicht geeignet, alle Grenzgänger oder auch nur den größten Teil zu erfassen.

Voraussetzung für den Erfolg unserer Maßnahmen ist, daß wir sie konsequent durchführen und Verstößen gegen unsere Weisungen konsequent begegnen. Der Gegner kann insgesamt mit diesen Gegenmaßnahmen den Erfolg unserer Tätigkeit evtl. zeitweilig einschränken oder für einen bestimmten Personenkreis, aber er kann den Erfolg einer entscheidenden Verringerung der Spekulationsmöglichkeiten und damit der Verringerung des Anreizes, in Westberlin zu arbeiten, nicht vereiteln.

2. Die zweite Hauptgruppe möglicher Maßnahmen des Senats sind solche, die nicht unmittelbar mit der von uns vorgesehenen Maßnahme zusammenhängen, aber in die psychologische Kriegsführung gehören.

Das könnten solche Maßnahmen sein wie:

a) Der Gegner kann versuchen, für kurze Zeit durch die Organisierung einer Kauftätigkeit im demokratischen Sektor oder durch Störtrupps Unruhe zu stiften und damit unsere Bevölkerung ablenken oder negativ beeinflussen, um unsere Konsequenz bei der Durchsetzung der von uns vorgesehenen Maßnahmen zu mindern.

b) Er könnte die Beschlagnahme einiger Konten in Westberlin vornehmen oder einen Angriff auf Einnahmen in Westmark, die wir in Westberlin haben, wie S-Bahn-Einnahmen.

c) Einschränkende Maßnahmen auf dem Gebiet des innerdeutschen Handels.

5. Welche Auswirkungen können die Maßnahmen gegen die Grenzgänger auf den Schwindelkurs haben?

In Höhe der in unserer Lohnumtauschkasse von Grenzgängern eingezahlten Westmarkbeträge bleiben in der Wechselstube zum Schieberkurs ungerechnete DM der Deutschen Notenbank liegen.
Nach überschlägiger Rechnung wird dieser Betrag, der bisher von den Grenzgängern in Westberlin umgetauscht wurde, jährlich eine Summe von ca. 500 Millionen DM der DN ausmachen. Dabei wird vorausgesetzt, daß alle anderen Faktoren (Kauftätigkeit usw.) gleich bleiben. Das ist - gemessen an dem Gesamtgeschäft der Wechselstuben - eine sehr erhebliche Summe. Das wird deutlich, wenn man berücksichtigt, daß sich schätzungsweise im Verlaufe der letzten 3 Jahre eine Summe von insgesamt 600 Millionen DM der DN in Westberlin angesammelt hat und als Reserve gehortet wird.
Die starke Redzierung in der Nachfrage nachunserer DM der DN durch unsere Maßnahmen muß sich auf den Schieberkurs auswirken.

Entsprechend der geringeren Nachfrage nach unserer Mark bei gleichem Angebot muß sich der Kurs verschlechtern. Anstelle des Schieberkurses 1 : 4,65 kann er dann 1 : 5 - 1 : 6 und mehr betragen.
Eine solche Entwicklung ist positiv zu bewerten, denn sie bewirkt, daß

a) der Anreiz zum Einkauf in Westberlin durch unsere Bürger gemindert wird,
b) das Verbringen von DM der DN (Kontenanlge in Westberlin und Umtausch, insbesondere im Zusammenhang mit Republikflucht) sich ungünstiger für den Besitzer von DM der DN auswirkt.

Die Verschlechterung des Kurses für unsere DM der DN wirkt also hemmend auf die Kauftätigkeit in Westberlin und auf die Republikflucht.

Andererseits bedeutet eine solche Kursentwicklung für Westberliner (Schieber usw.) einen erhöhtem Anreiz zum Erwerb von DM der DN und dadurch zum Kauf von Waren im demokratischen Berlin (optische Waren usw.) Das erfordert die strenge Anwendung unserer gesetzlichen Bestimmungen und die Verschärfung der Kontrolle durch unsere Organe. //

In einer solchen Situation wird der Senat zunächst versuchen, durch Aufkauf von DM-DN den Kurs zu stützen. Die Wirksamkeit unserer Maßnahmen und das damit verbundene anhaltende Steigen der DM-DN-Bestände in Westberlin läßt erwarten, daß der Senat eine Lösung der entstandenen Schwierigkeiten auch durch andere Maßnahmen versuhen wird. Es liegt nahe, daß er damit rechnet, daß wir zur Entwertung seiner rasch wachsenden DM-DN-Bestände erneut einen Bargeldumtausch durchführen können. Es könnte eintreten, daß er versuchen wird durch schnelles Absetzen dieser Bestände einen vermutlichen Geldumtausch zu vereiteln und durch Provokationen daraus für sich noch politische Vorteile zu ziehen.

Aus der Darstellung geht hervor, daß das Gelingen unserer Maßnahmen und das Erreichen einer ständig sinkenden Tendenz in der Nachfrage nach unserer DM der DN den westberliner Senat und vor allem das Wechselgeschäft in ernste Schwierigkeiten bringen wird.

Anhang 4

Paß-Gesetz

der Deutschen Demokratischen Republik.

Vom 15. September 1954

§ 1

(1) Deutsche Staatsangehörige, die das Gebiet der Deutschen Demokratischen Republik nach dem Ausland verlassen oder aus dem Ausland betreten, sind verpflichtet, sich durch einen Paß auszuweisen.

(2) Für jeden Grenzübertritt ist ein im Paß eingetragenes Visum erforderlich.

§ 2

(1) Personen, die nicht die deutsche Staatsangehörigkeit besitzen, müssen sich sowohl beim Betreten oder Verlassen des Gebietes der Deutschen Demokratischen Republik als auch beim Aufenthalt in diesem Gebiet durch einen Paß ausweisen.

(2) Für jedes Betreten oder Verlassen des Gebietes der Deutschen Demokratischen Republik ist ein im Paß eingetragenes Visum erforderlich.

§ 3

(1) Als Pässe im Sinne dieses Gesetzes sind anzusehen.

a) für Personen deutscher Staatsangehörigkeit:
Diplomatenpässe, Dienstpässe, Reisepässe, Aufenthaltspässe der Deutschen Demokratischen Republik;

b) für Ausländer:
anerkannte Pässe des Heimat- oder Aufenthaltsstaates und Fremdenpässe der Deutschen Demokratischen Republik.

(2) Durch eine Durchführungsbestimmung kann angeordnet werden, daß andere Ausweise als Paßersatzgelten.

§ 4

Deutsche Staatsangehörige ausweispflichtigen Alters können unabhängig von ihrem Wohnsitz einen Paß der Deutschen Demokratischen Republik erhalten.

§ 5

Fremdenpässe können alle Personen ausweispflichtigen Alters erhalten, die keine deutsche Staatsangehörigkeit besitzen und denen die Beschaffung eines Passes ihres Heimatstaates nicht oder nicht innerhalb einer angemessenen Frist möglich oder aus besonderen Gründen nicht zuzumuten ist.

§ 6

(1) Für die Ausstellung von Pässen sind im Inland das Ministerium für Auswärtige Angelegenheiten sowie die von diesem ermächtigten Dienststellen, im Ausland die hierzu ermächtigten Vertretungen der Deutschen Demokratischen Republik zuständig. Dasselbe gilt für die Erteilung von Visa, soweit keine andere Regelung durch Vereinbarungen mit anderen Staaten vorgesehen ist.

(2) Die im Abs. 1 genannten Stellen und das Ministerium des Innern sind zur Entziehung und Ungültigkeitserklärung von Pässen sowie zur Ungültigkeitserklärung von Visa berechtigt.

§ 7

Für den lokalen Grenzverkehr können besondere Bestimmungen erlassen werden.

§ 8

(1) Wer ohne Genehmigung das Gebiet der Deutschen Demokratischen Republik verläßt oder aus dem Ausland betritt oder wer ihm vorgeschriebene Reiseziele, Reisewege oder Reisefristen oder sonstige Beschränkungen der Reise oder des Aufenthalts hierbei nicht einhält, wird mit Gefängnis bis zu drei Jahren bestraft.

(2) Ebenso wird bestraft, wer für sich oder einen anderen durch falsche Angaben eine Genehmigung zum Verfassen oder Betreten des Gebietes der Deutschen Demokratischen Republik erschleicht.

(3) Der Versuch ist strafbar.

§ 9

Ausländer, die gegen dieses Gesetz und die hierzu erlassenen Durchführungsbestimmungen und Anordnungen verstoßen, können aus der Deutschen Demokratischen Republik verwiesen werden.

§ 10

Durchführungsbestimmungen erläßt das Ministerium des Innern im Einvernehmen mit dem Ministerium für Auswärtige Angelegenheiten.

§ 11

(1) Dieses Gesetz tritt drei Monate nach seiner Verkündung in Kraft.

(2) Mit dem Inkrafttreten dieses Gesetzes treten außer Kraft:

a) das Gesetz vom 12. Oktober 1867 über das Paßwesen (Bundesgesetzbl. S. 33) in der Fassung des Gesetzes vom 5. November 1923 (RGB1. I S. 1077)

b) die Verordnung vom 10. Juni 1919 (RGBL S. 516) über die Abänderung der Verordnung vom 21. Juni 1916, betreffend anderweite Regelung der Paßpflicht (RGB1wS.5~9)

c) die Bekanntmachung vom 7. Juni 1932 zur Ausführung der Paßverordnung (Paßbekanntmachung) (RG Bl. 1 S. 257)

d) die Paßstrafverordnung vom 27. Mai 1942 (RGBl. 1 S. 348) und die auf das Paßwesen bezüglichen Vorschriften

e) das Gesetz vom 11. Mai 1937 über das Paß-, das Ausländerpolizei- und das Meldewesen sowie über das Ausweiswesen (RGBI. 1 S. 589)
f) die Verordnung vom 10, September 1939 über den Paß- und Sichtvermerkszwang sowie über den Ausweiszwang (RGBL I S. 1739)
g) die Verordnung vom 20. Juli 1940 zur Ergänzung der Verordnung über den Paß- und Sichtvermerkszwang sowie über den Ausweiszwang (RGBI. 1 S. 1008)
h) die Zweite Durchführungsbestimmung vom 24. Juni 1954 zur Verordnung über die Ausgabe von Personalausweisen der Deutschen Demokratischen Republik (GBI. S. 573)
i) die Verordnung vom 12. Januar 1950 über die Ausgabe von Diplomatenpässen und Dienstpässen (GBI. S. 61) sowie die auf Grund der vorstehenden Bestimmungen erlassenen Verwaltungsvorschriften.

Das vorstehende, vom Präsidenten der Volkskammer unter dem sechzehnten September neunzehnhundertvierundfünfzig ausgefertigte Gesetz wird hiermit verkündet.

Berlin, den zweiundzwanzigsten September neunzehnhundertvierundfünfzig
Der Präsident
der Deutschen Demokratischen Republik
W. Pieck

Anhang 5

Bekanntmachung
des Beschlusses
über die Regelung der Bezahlung ausgefallener Arbeitszeit infolge von Arbeitsniederlegung.

Vom 25. Juni 1953

Nachstehend wird der Beschluß des Ministerrates vom 25. Juni 1953 über die Regelung der Bezahlung ausgefallener Arbeitzeit infolge von Arbeitsniederlegung bekannt gemacht.
Berlin, den 25. Juni 1953

Staatssekretär der Regierung und Chef der Regierungskanzlei
Dr. Geyer

Beschluß

Der Ministerrat hat zu der Frage der Bezahlung ausgefallener Arbeitszeit infolge Arbeitsniederlegung Stellung genommen und folgende über die bisherigen Anordnungen des Ministeriums für Arbeit hinausgehende Regelung getroffen:

Die durch die Beteiligung an den volksfeindlichen Kundgebungen und Arbeitsniederlegungen versäumte Arbeitszeit ist den Arbeitern und Angestellten nicht zu bezahlen.

Die Arbeiter und Angestellten haben in den letzten Tagen in immer größerer Anzahl ihre Bereitschaft erklärt, den durch die Arbeitsniederlegungen verursachten Arbeits- und Lohnausfall durch Nacharbeit wieder aufzuholen.

1. Allen Arbeitern und Angestellten, die zur Arbeit bereit waren und infolge der verursachten Störung des Betriebes ihre Arbeit nicht ausführen konnten, sowie diejenigen, die wegen der Verkehrsschwierigkeiten schuldlos Arbeitszeit einbüßten, erhalten für diese Zeit 90% des Zeitlohnes (auch für Leistungslöhner) bzw. Grundgehaltes.
   Wo die Feststellung darüber, ob eine Beteiligung an der Arbeitsniederlegung oder ob Arbeitsbereitschaft vorlag, auf Schwierigkeiten stößt, genügt als Nachweis eine entsprechende schriftliche Erklärung des betreffenden Arbeiters oder Angestellten an die Betriebsleitung.

2. Diejenigen Arbeiter und Angestellten, die sich an der Arbeitsniederlegung beteiligt haben, können 90% des Zeitlohnes bzw. Grundgehaltes für die ausge-

fallene Arbeitszeit bei der nächsten Lohnzahlung nur unter der Bedingung erhalten, daß sie sich schriftlich verpflichten, die versäumte Arbeitszeit auf ihren Urlaub anrechnen zu lassen oder sie innerhalb eines Monats nachzuarbeiten. Der gezahlte Betrag von 90% gilt als Vorschuß und ist mit dem tatsächlich erzielten Verdienst nach Beendigung der gesamten Nacharbeit zu verrechnen. Arbeiter und Angestellte, die sich an der Arbeitsniederlegung beteiligt haben, erhalten bei der Nacharbeit keine Überstunden-, Sonntags- oder Nachtzuschläge.
Sofern sie sich verpflichten, die versäumte Arbeitszeit auf ihren Urlaub anrechnen zu lassen, erhalten sie bei der nächsten Lohnzahlung für die ausgefallene Arbeitszeit ihren Durchschnittsverdienst der letzten 13 Wochen vor dem Arbeitsausfall.

3. Die bereits unter Ziff. 1 genannten Arbeiter, die schuldlos Arbeitszeit einbüßten, können sich an der Nacharbeit beteiligen und erhalten diese Arbeitszeit voll bezahlt, unabhängig von den bereits erhaltenen 90%.
   Den Arbeitern und Angestellten, die schuldlos ihre Arbeitszeit einbüßten und hierfür 90% des Zeit1ohnes bzw. Grundgehaltes erhielten, wird für die geleistete Nacharbeit Überstunden- bzw. Sonntags- oder Nachtzuschlag bezahlt.

4. Diejenigen Arbeiter und Angestellten, die ordnungsgemäß an der Bewachung des Betriebes im Rahmen des erweiterten Betriebsschutzes teilgenommen haben, erhalten die volle Bezahlung nach ihrem bisherigen Durchschnittsverdienst.

Mit diesem Beschluß des Ministerrates treten die entsprechenden Anordnungen des Ministeriums für Arbeit außer Kraft.

Der Herausgeber, Guntram König, Jahrgang 1940. Er leistete seinen Grundwehrdienst in der NVA von 1966-68 im MSR-3 in Brandenburg-Hohenstücken. Als Maschinenschlosser arbeitete er in verschiedenen Betrieben in und in der Umgebung von Dippoldiswalde. Seit Jahrzehnten füllen die Philatelie und andere Sammelgebiete sein Leben aus. Er wohnt in Sachsen. In Gemeinschaftsarbeit mit Herrn Heinemann erstellte er einen Katalog zur Bewertung von philatelistischen Belegen der NVA und des MdI.

Mitarbeiter Günter Heinemann, Jahrgang 1952, nach dem Abitur zur NVA, Berufssoldat in verschiedenen Dienststellungen der Pioniertruppen und nach der Wende in einer Panzerpionierkompanie bei der Bundeswehr. Zuletzt Dienst im Materialamt/Logistikzentrum des Heeres in Bad Neuenahr. Er lebt mit seiner Familie in Rheinland-Pfalz.

Bernd Biedermann Jahrgang 1942, nach dem Abitur Laufbahn als Berufssoldat, Ausbildung zum Offizier der Fla-Raketentruppen der Luftverteidigung, Truppendienst, Studium an der Militärakademie in Dresden, dort Fachlehrer für Schießlehre, Wechsel zur Militäraufklärung der NVA, Einsatz als Gehilfe des Militärattachés in Peking (1979-82), von 1984 bis 1988 Militärattaché bei der Botschaft der DDR im Königreich Belgien und Großherzogtum Luxemburg, wiederholt als Manöverbeobachter eingesetzt, bis zur Auflösung der NVA im Verifikationszentrum tätig, danach als Oberst in die Bundeswehr übernommen und Weiterverwendung bis Dezember 1990. Nach der Entlassung aus dem aktiven Dienst Tätigkeit in der Kampfmittelräumung, zunächst als Prokurist, ab 1993 als Geschäftsführer. Seit 2002 im Ruhestand.
Veröffentlichte 2008 ein Buch mit dem Titel »Offizier, Diplomat und Aufklärer der NVA-Streiflichter aus dem Kalten Krieg«.
Mitherausgeber des Sammelbandes »Die Militäraufklärung der NVA - Ehemalige Aufklärer berichten«.